수록의
프랑스자수 스티치 대백과

수록의
프랑스자수 스티치 대백과

SUROCK'S EMBROIDERY STITCH

박성희(수록) 지음

기초부터 고급까지 정통 스티치 기법 204

티나

Prologue

프랑스자수와 친구가 된 지 한참 지난 지금도
처음 자수를 놓았을 때의 신기하고 설레던 마음이 생각납니다.

일상적인 사물들을 자수로 수놓으면 특별해지고
예쁜 꽃들을 자수로 수놓으면 더 예뻐 보이고
좋아하는 화가의 그림을 자수로 수놓으면
화가가 된 듯 설레며 그의 영원한 팬이 됩니다.

이 책이 프랑스자수를 처음 시작하는 분들께는 체계적인 입문서로,
독학하는 분들과 프랑스자수와 오랜 친구인 분들께는 잘 정리된 기본서로,
프랑스자수를 좋아하는 분들께는 한 권쯤 갖고 싶던
스티치 정리서가 되길 바라는 마음입니다.

책마다 다른 스티치 기법을 정리하는 작업이 쉽지는 않았지만
지금까지 출간된 국내외 자수 책들과 Stitch Dictionary, 지식백과 등
많은 자료들을 참고해 평소 궁금하고 아리송했던 부분들을
비교, 정리하는 작업이 저에게도 도움이 되어
집필하는 동안 즐거웠습니다.

수많은 스티치 기법 중 기본적이면서도 꼭 필요한,
그리고 예쁜 스티치 기법들을 모아
가능하면 쉽게 안내해 드리려고 노력했습니다.

한 가지 스티치 기법만으로도 멋진 자수 작품이 나올 수 있지만
여러 가지 기법을 활용하면 더 다채로운 표현을 할 수 있을 거라 생각합니다.
자수를 많이 해볼수록 수를 더 예쁘게 놓을 수 있고
많이 써본 스티치일수록 여기저기 활용도 쉽습니다.

이 책이 바느질 통 옆에 두고 언제든 펼쳐볼 수 있는
친구 같은 자수 책이 되었으면 하는 바람입니다.

프랑스자수를 사랑하는 우리의 일상이 프랑스자수로 더 반짝반짝 빛나기를 바라며.

― 2019년 6월, 수록

Surock's
embroidery stitch

Contents

part 1 자수에 필요한 재료와 도구

1. 자수 실		6. 가위	17
2. 자수 원단	14	7. 먹지, 트레이싱 페이퍼	18
3. 자수 바늘	15	8. 실뜯개, 철필, 실 끼우개	19
4. 수틀	16	**TIP. 자수 작품 손질과 세탁 방법**	19
5. 도안용 펜	17		

1. 자수 실 — 13

part 2 프랑스자수 스티치 기법 204

001. 러닝 스티치	23	017. 휘프트 백 스티치	29
002. 휘프트 러닝 스티치	23	018. 스레디드 백 스티치	29
003. 스레디드 러닝 스티치	23	019. 인터레이스드 백 스티치	29
004. 인터레이스드 러닝 스티치	24	020. 스파 스티치	30
005. 휘프트 더블 러닝 스티치	24	021. 페키니즈 스티치	30
006. 레이스드 더블 러닝 스티치	24	022. 더블 페키니즈 스티치	30
007. 아웃라인 스티치	25	023. 오버캐스트 스티치	31
008. 레이즈드 아웃라인 스티치	25	024. 오버캐스트 바 스티치	31
009. 더블 아웃라인 스티치	25	025. 스트레이트 스티치	31
010. 아웃라인 필링 스티치	26	026. 밀 플라워 스티치	32
011. 스템 스티치	26	027. 스포크 스티치	32
아웃라인 스티치 VS 스템 스티치	26	028. 크로스 스티치	32
012. 휘프트 스템 스티치	27	029. 스타 크로스 스티치	33
013. 인크로칭 스템 스티치	27	030. 스타 스티치	33
014. 홀바인 스티치	27	031. 스타 필링 스티치	33
015. 포르투갈 노티드 스템 스티치	28	032. 어민 스티치	34
016. 백 스티치	28	033. 스워드 에지 스티치	34

034. 포 레기드 노트 스티치 … 34	064. 백본 스티치 … 47
035. 우븐 크로스 스티치 … 35	065. 페더 스티치 … 47
036. 체인 스티치 … 35	066. 더블 페더 스티치 … 47
037. 휘프트 체인 스티치 … 35	**백본 스티치 VS 페더 스티치** … 48
038. 트위스티드 체인 스티치 … 36	067. 노티드 페더 스티치 … 48
039. 케이블 체인 스티치 … 36	068. 오픈 크레탄 스티치 … 48
040. 지그재그 체인 스티치 … 36	069. 클로즈드 페더 스티치 … 49
041. 오픈 체인 스티치 … 37	070. 더블 체인 스티치 … 49
042. 백 스티치드 체인 스티치 … 37	**클로즈드 페더 스티치 VS 더블 체인 스티치** … 49
043. 러시안 체인 스티치 … 37	071. 손 스티치 … 50
044. 인터레이스드 체인 스티치 … 38	072. 휘티어 스티치 … 50
045. 브로큰 체인 스티치 … 38	073. 반다이크 스티치 … 51
046. 크레스티드 체인 스티치 … 39	074. 코랄 스티치 … 51
047. 체커드 체인 스티치 … 39	075. 지그재그 코랄 스티치 … 51
048. 브로드 체인 스티치 … 40	076. 코디드 코랄 스티치 … 52
049. 노티드 케이블 체인 스티치 … 40	077. 스크롤 스티치 … 52
050. 헤비 체인 스티치 … 41	078. 케이블 스티치 … 53
051. 버터플라이 체인 스티치 … 41	079. 브레이드 스티치 … 53
052. 헝가리안 브레이디드 체인 스티치 … 42	080. 스플릿 스티치 … 54
053. 로제트 체인 스티치 … 42	081. 스플릿 백 스티치 … 54
054. 노티드 체인 스티치 … 43	**스플릿 스티치 VS 스플릿 백 스티치** … 54
055. 체인드 페더 스티치 … 43	082. 마운트멜릭 스티치 … 55
056. 지그재그 스티치 … 44	083. 카우칭 스티치 … 55
057. 애로헤드 스티치 … 44	084. 휘프트 카우칭 스티치 … 56
058. 글로브 스티치 … 44	085. 펄 스티치 … 56
059. 펀 스티치 … 45	086. 퍼피 카우칭 스티치 … 57
060. 플라이 스티치 … 45	087. 플라이 리프 스티치 … 57
061. 체인 앤 플라이 스티치 … 45	088. 크레탄 스티치 … 58
펀 스티치 VS 플라이 스티치 … 46	089. 피쉬본 스티치 … 58
062. 트위스티드 플라이 스티치 … 46	090. 레이즈드 피쉬본 스티치 … 59
063. 프렌치 노티드 플라이 스티치 … 46	091. 플랫 스티치 … 59

092. 레이즈드 클로즈 헤링본 스티치	59	
093. 리프 스티치	60	
094. 다닝 스티치	60	
095. 씨드 스티치	60	
096. 도트 스티치	61	
097. 프리 라이스 스티치	61	
098. 프렌치 노트 스티치	61	
099. 콜로니얼 노트 스티치	62	
프렌치 노트 스티치 VS 콜로니얼 노트 스티치	62	
100. 저먼 노트 스티치	63	
101. 피스틸 스티치	63	
102. 링 스티치	63	
103. 레이지데이지 스티치	64	
104. 더블 레이지데이지 스티치	64	
105. 트위스티드 레이지데이지 스티치	64	
106. 프렌치 노티드 레이지데이지 스티치	65	
107. 레이지 로프 스티치	65	
108. 페탈 스티치	65	
109. 테테 드 보프 스티치	66	
110. 헤링본 스티치	66	
111. 백 헤링본 스티치	66	
112. 더블 헤링본 스티치	67	
113. 클로즈드 헤링본 스티치	67	
더블 헤링본 스티치 VS 클로즈드 헤링본 스티치	67	
114. 턱트 헤링본 스티치	68	
115. 스레디드 헤링본 스티치	68	
116. 인터레이스드 헤링본 스티치	68	
117. 헤링본 레더 필링 스티치	69	
118. 브르통 스티치	69	
119. 보닛 스티치	70	
120. 번들 스티치	70	
121. 베이스 패고트 필링 스티치	70	
122. 노티드 시프 스티치	71	
123. 시프 필링 스티치	71	
124. 길로시 스티치	72	
125. 로만 스티치	72	
126. 크로스 앤 스트레이트 스티치	72	
127. 노티드 펄 스티치	73	
128. 소르벨로 스티치	73	
129. 차이니즈 노트 스티치	74	
130. 레이즈드 노트 스티치	74	
131. 체인드 크로스 스티치	75	
132. 쉐브론 스티치	75	
133. 하프 쉐브론 스티치	76	
134. 스레디드 쉐브론 스티치	76	
135. 더블 쉐브론 스티치	76	
136. 휘프트 쉐브론 스티치	77	
137. 블랭킷 링 스티치	77	
138. 하프 블랭킷 링 스티치	77	
139. 버튼홀 스티치	78	
140. 블랭킷 스티치	78	
버튼홀 스티치 VS 블랭킷 스티치	78	
141. 크로스드 블랭킷 스티치	79	
142. 더블 블랭킷 스티치	79	
143. 노티드 블랭킷 스티치	79	
144. 인덴티드 블랭킷 스티치	80	
145. 클로즈드 블랭킷 스티치	80	
146. 얼터네이팅 블랭킷 스티치	81	
147. 디태치드 블랭킷 스티치	81	
148. 저먼 노티드 블랭킷 스티치	82	
149. 스캘럽 에징 블랭킷 스티치	82	
150. 루프트 블랭킷 스티치	83	
151. 리프 블랭킷 스티치	83	
152. 셰이딩 버튼홀 스티치	84	
153. 테일러스 버튼홀 스티치	84	
154. 업 앤 다운 버튼홀 스티치	84	
155. 다이아몬드 스티치	85	
156. 블랭킷 체인 스티치	85	
157. 바스크 스티치	86	
158. 이탈리안 노티드 보더 스티치	86	

159. 새틴 스티치	87	
160. 패디드 새틴 스티치	87	
161. 새틴 스티치 다트	87	
162. 그라니토스 스티치	88	
163. 롱 앤 숏 스티치	88	
164. 바스켓 스티치	88	
165. 카우치드 트렐리스 스티치	89	
166. 버든 카우칭 스티치	89	
167. 루마니안 카우칭 스티치	90	
168. 허니콤 스티치	90	
169. 버든 스티치	91	
170. 클로즈드 바스켓 스티치	91	
클로즈드 바스켓 스티치 VS 클로즈드 헤링본 스티치	91	
171. 오픈 버튼홀 필링 스티치	92	
172. 실론 스티치	92	
173. 브릭 스티치	93	
174. 코디드 버튼홀 스티치	93	
175. 레이즈드 블랭킷 스티치	94	
176. 레이즈드 스템 스티치	94	
177. 레이즈드 체인 밴드 스티치	95	
178. 스파이더웹 로즈 스티치	95	
179. 립드 스파이더웹 스티치	96	
180. 레이즈드 스템 스파이더웹 스티치	96	
181. 휠 스티치	96	

182. 로제트 스티치	97	
183. 우븐 오벌 스티치	97	
184. 블리온 스티치	98	
185. 블리온 노트 스티치	98	
186. 블리온 데이지 스티치	99	
187. 블리온 로즈 스티치	99	
188. 트라이앵글 블리온 스티치	100	
189. 램블러 로즈 스티치	100	
190. 캐스트온 스티치	101	
191. 캐스트온 링 스티치	101	
192. 더블 캐스트온 스티치	102	
193. 서큘러 로즈 스티치	103	
194. 스템 스티치 로즈	103	
195. 스미르나 스티치	104	
스미르나 스티치 VS 루프트 블랭킷 스티치	104	
196. 레이즈드 리프 스티치	105	
197. 니들 위빙 바 스티치	106	
198. 랩핑 비즈 스티치	107	
199. 와이어 스티치	108	
200. 엉겅퀴 스티치	109	
201. 카네이션 스티치	110	
202. 레이즈드 로즈 스티치	111	
203. 레이즈드 컵 스티치 Ⅰ	111	
204. 레이즈드 컵 스티치 Ⅱ	112	

part 3 프랑스자수 작품과 도안 12

작품 1. 나무들	117	작품 7. 웨딩 액자	136	
작품 2. 눈 브로치	120	작품 8. LOVE	139	
작품 3. 어린왕자	123	작품 9. 플라워 에코백	142	
작품 4. 알파벳	126	작품 10. 알파벳 스티치 북	145	
작품 5. 가을 니들 케이스	130	작품 11. 화초들	149	
작품 6. 야생화 매트	133	작품 12. 우주 가방	152	

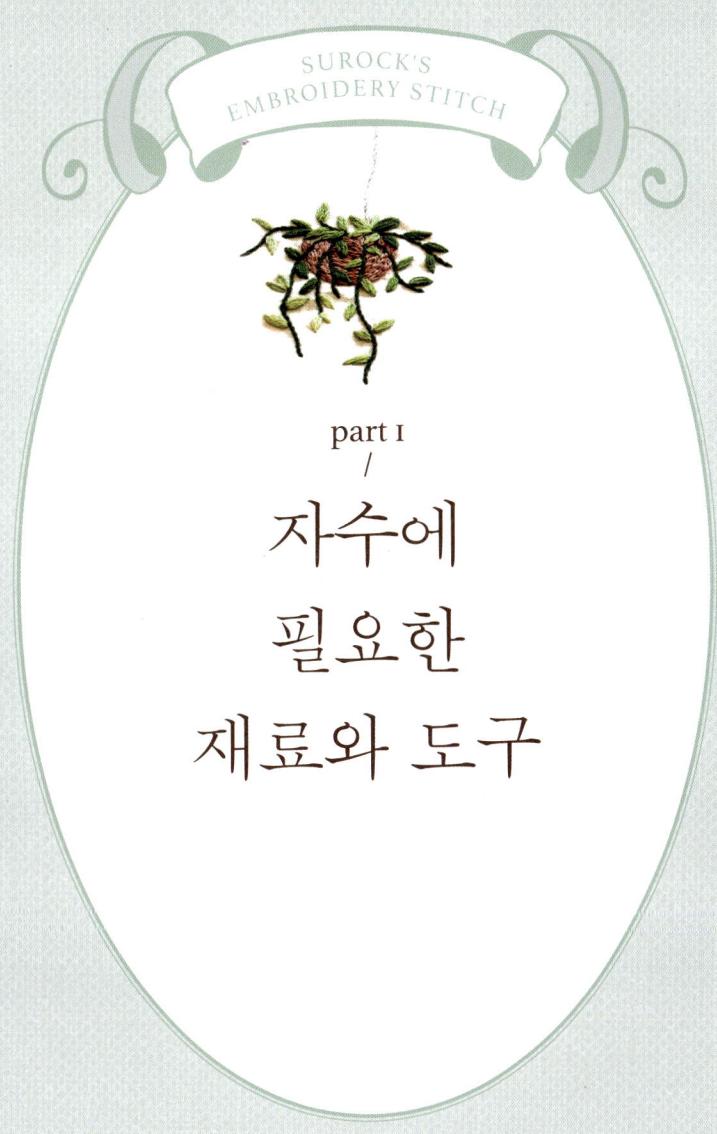

part 1

자수에 필요한 재료와 도구

1. 자수 실

자수 실의 종류는 다양합니다. 숫자가 작아질수록 실의 두께가 굵어집니다.

- 25번사 : 십자수 실이라고 부르는 면사로 가장 많이 사용하는 실입니다. 여섯 가닥으로 되어 있어 필요한 가닥만큼 뽑아내어 실의 굵기를 조절할 수 있습니다.
- 8번사 : 꼬임이 있는 자수실로 25번사 세 가닥 정도의 두께입니다.
- 5번사 : 꼬임이 있는 자수실로 25번사 여섯 가닥 정도의 두께입니다.
- 4번사 : 울사 느낌이 나고 광택이 없습니다.
- 울사(모사) : 울로 만들어진 실로 털실 느낌이 나며 입체감을 살리기에 좋습니다.
- 복합사 : 여러 가지 색상이 염색돼 있어 한 개의 실로 여러 가지 색감을 자연스럽게 표현할 수 있습니다.
- 메탈릭사 : 금속 질감의 실로 포인트를 주고 싶을 때 사용하기 좋습니다.

2. 자수 원단

리넨　　　　　　　　　광목　　　　　　　　　무명

자수에 사용되는 원단의 종류는 다양합니다.
너무 얇거나 신축성이 좋은 원단은 울기 쉽고 너무 두껍거나 조직이 성긴 원단도 수를 놓기에 어렵습니다. 숫자가 커질수록 원단의 두께가 얇아집니다.

- 리넨 : 아마의 섬유로 만들어진 원단으로 100% 퓨어리넨과 면이나 레이온 등이 섞인 하프리넨이 있습니다. 일상생활에서 흔히 사용하는 소재로 쉽게 구할 수 있고 흡습성이 좋고 부드러워 자수에 많이 사용하는 원단입니다.
- 광목 : 폭이 넓은 면직물로, 세탁할수록 색이 밝아지고 부드러워지는 반면 구김이 잘 생기고 수축되기 쉬운 단점이 있습니다.
- 무명 : 목화솜으로 만든 무명실로 직조한 부드러운 원단입니다. 베틀로 짠 손 무명은 광폭이 작고 고급스러운 느낌이고 기계무명은 광폭이 크고 손 무명에 비해 저렴해 실용적입니다.

3. 자수 바늘

여러 가닥의 자수 실을 꿰어야 하는 자수바늘은 일반 바늘보다 바늘귀가 큰 것이 특징입니다. 호수가 커질수록 바늘이 가늘어지고 바늘귀도 작아집니다.

- 일반 자수용 바늘 : 보통 3~10호로 나누어져 있습니다.
- 울사용 바늘 : 바늘귀가 일반 자수용 바늘보다 더 큽니다.
- 테피스트리 바늘 : 화이트 자수에서 주로 사용하는 바늘로 끝이 뭉툭하여 입체 자수용 바늘로 사용하기에도 좋습니다.

4. 수틀

수틀은 원단을 팽팽하게 잡아주어 자수의 면을 고르게 수놓기에 좋습니다.
나무 수틀은 플라스틱 수틀에 비해 원단이 미끄러지지 않아 좋고 지름 15cm 이하가 한 손에 잡고 수놓기 편리합니다.

5. 도안용 펜

원단에 도안을 그릴 때 사용합니다.

- **수성펜** : 물에 닿으면 쉽게 지워집니다.
- **열펜** : 뜨거운 열에 닿으면 지워지는 펜으로 수놓은 후 다림질로 정돈해 주면 좋습니다.

6. 가위

원단을 자를 때 사용하는 원단 가위와 자수 실을 자를 때 사용하는 자수 가위로 구분해서 사용하면 편리합니다.

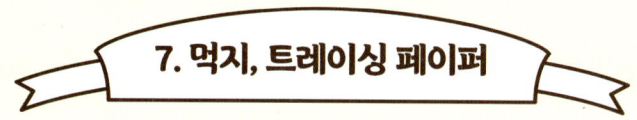
7. 먹지, 트레이싱 페이퍼

• 먹지 : 원단에 도안을 옮길 때 사용합니다.

① 일반용 : 저렴하고 도안을 그리기에 편리하나 자국을 깨끗이 지우기가 다소 어렵습니다.

② 수성용 : 세탁하면 자국이 잘 지워지나 일반 먹지보다 가격이 비쌉니다.

• 트레이싱 페이퍼 : 도안을 옮겨 그릴 때 사용하는 투명한 종이로 기름종이라고도 합니다. 너무 얇은 것보다는 두께가 있는 것이 사용하기 좋습니다.

8. 실뜯개, 철필, 실 끼우개

- **실뜯개** : 수놓은 후 수정해야 할 때 실을 쉽게 뜯을 수 있는 도구입니다.
- **철필** : 먹지에 대고 도안을 그릴 때 사용합니다.
- **실 끼우개** : 바늘에 실을 끼울 때 사용하는 도구로 특히 울사나 메탈릭사 등을 사용할 때 편리합니다.

> **TIP**
>
> **자수 작품 손질과 세탁 방법**
> 자수 작품이 완성되면 흐르는 물에 원단을 적셔 도안 자국을 지워 주고 평평한 곳에서 말려 줍니다. 원단이 다 마르면 자수 작품의 뒷면에서 다림질해 줍니다.
> 입체 자수를 많이 수놓은 작품은 바닥의 천을 두껍게 하고 자수가 납작하게 눌리지 않도록 주의하며 다림질해 줍니다.
> 자수 작품은 세탁기로 세탁하기보다는 가급적 손으로 세탁해야 수명이 더 오래 갑니다. 세탁기 사용 시에는 작품을 세탁 망에 넣어 울 코스로 세탁하는 것이 좋습니다. 건조시킬 때에는 그늘에서 평평한 곳에서 말려줍니다.

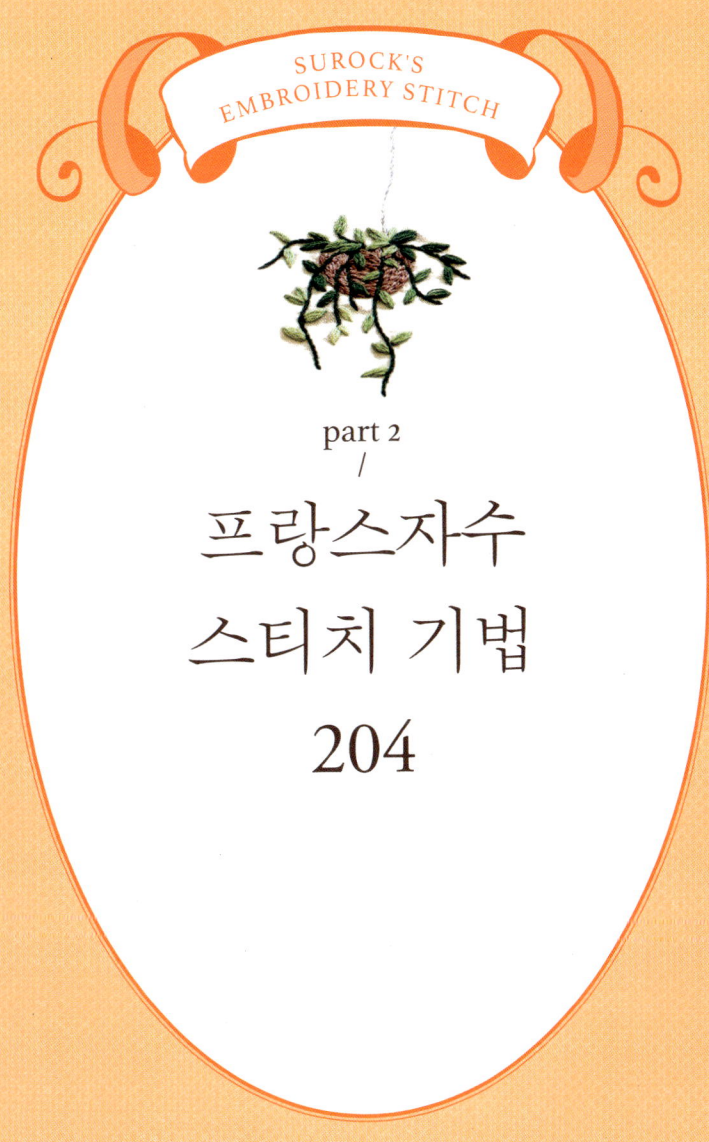

SUROCK'S
EMBROIDERY STITCH

part 2
/
프랑스자수
스티치 기법
204

난이도

상 : ★★★
중 : ★★☆
하 : ★☆☆

▶ 유튜브에서 '**수록의 프랑스자수**'를 검색해 보세요. 동영상으로 스티치 기법을 배우실 수 있습니다.

001 러닝 스티치 Running stitch ★☆☆

도안의 윤곽이나 선을 약하게 표현할 때 사용합니다.

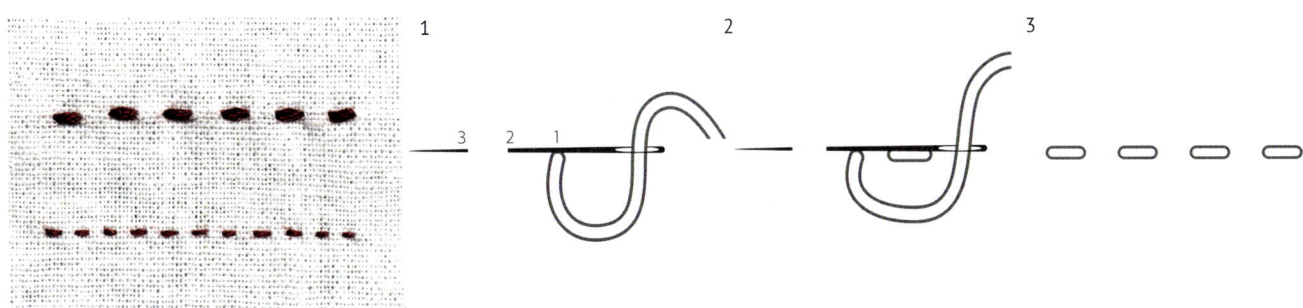

002 휘프트 러닝 스티치 Whipped Running stitch ★☆☆

러닝 스티치를 한 후 다른 실로 천을 꿰지 않고 땀 사이를 휘감아나가는 스티치입니다.

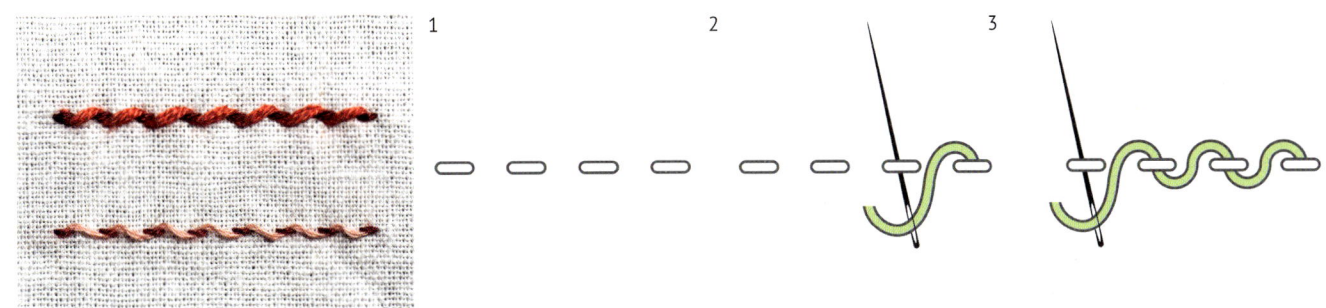

② 휘프트 스티치를 할 때 첫 땀의 위에서 시작해도 되고, 아래에서 시작해도 됩니다.

003 스레디드 러닝 스티치 Threaded Running stitch ★☆☆

스레디드는 '실을 꿰다'란 뜻으로 러닝 스티치를 한 후 천을 꿰지 않고 땀 사이를 물결 모양으로 꿰는 스티치입니다.

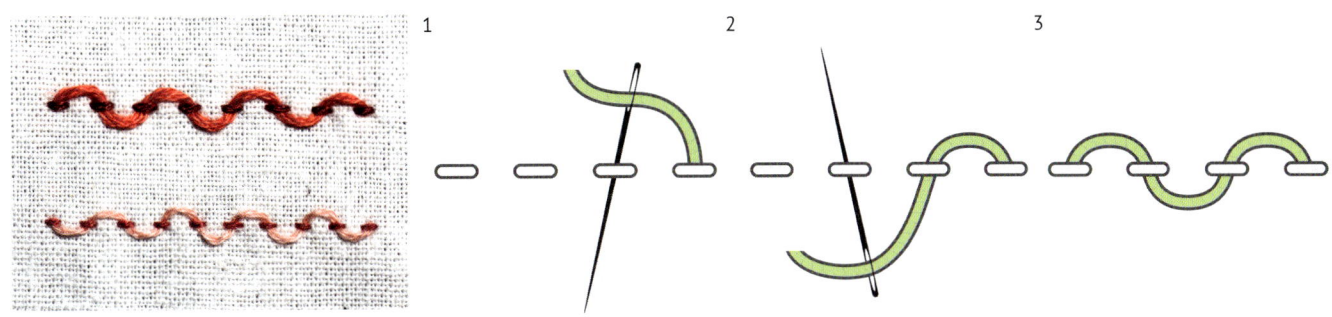

004 인터레이스드 러닝 스티치 Interlaced Running stitch ★☆☆

스레드 러닝 스티치를 방향을 다르게 두 번 하여 사슬 모양을 만드는 스티치입니다.

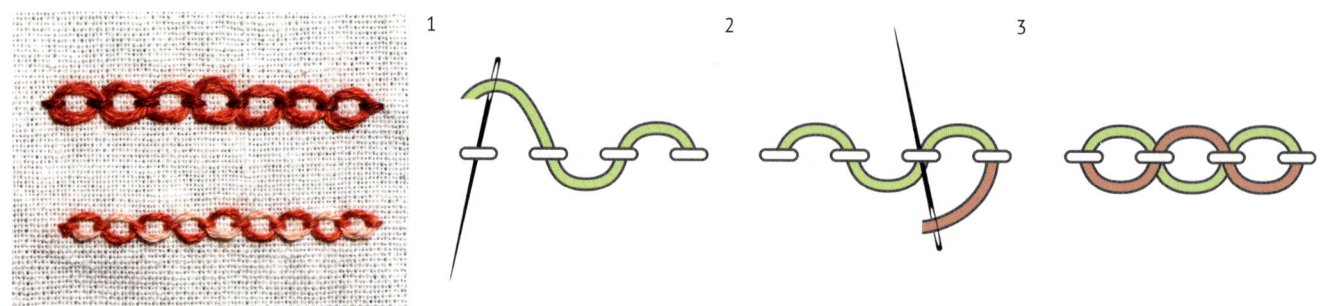

005 휘프트 더블 러닝 스티치 Whipped Double Running stitch ★☆☆

휘프트 러닝 스티치를 한 후 방향을 다르게 휘프트 러닝 스티치를 한 번 더 해줍니다.
세가지의 색을 다르게 하면 색과 효과를 더욱 강조할 수 있습니다.

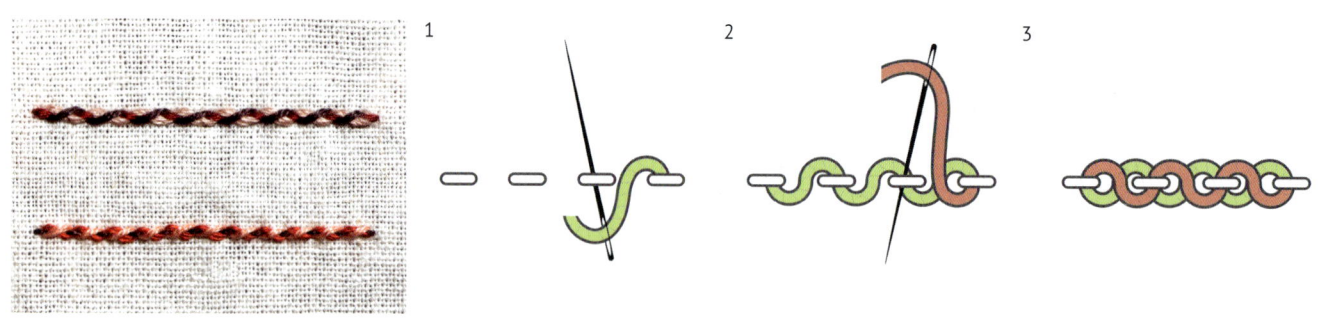

006 레이스드 더블 러닝 스티치 Laced Double Running stitch ★★☆

두 줄의 러닝 스티치에 실을 교차로 꿰어 넓은 라인을 장식할 수 있습니다.

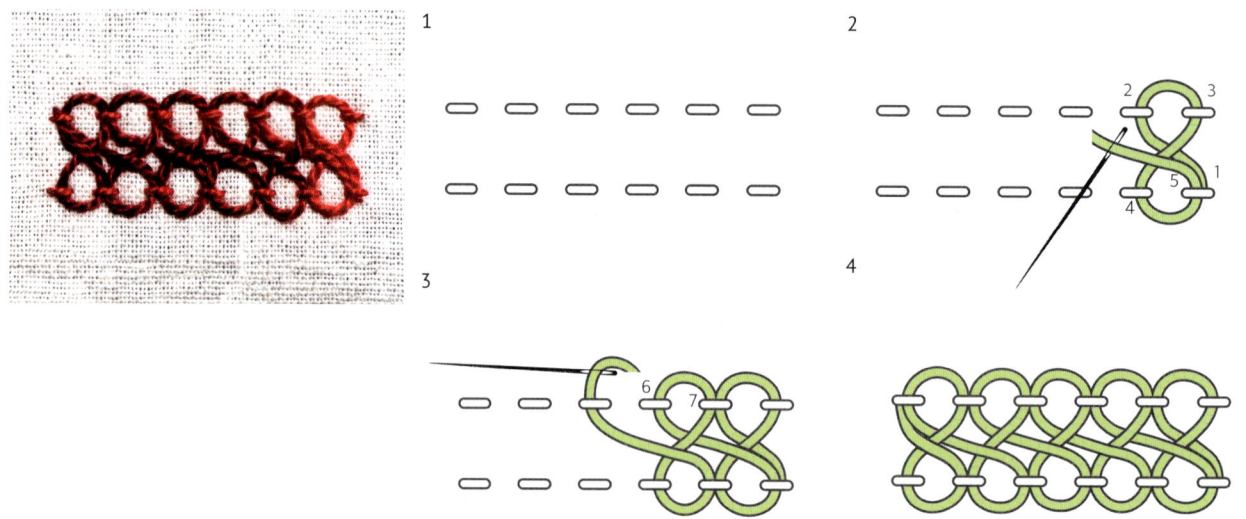

007 아웃라인 스티치 Outline stitch ★☆☆

도안의 윤곽이나 선을 나타낼 때 가장 많이 사용합니다.

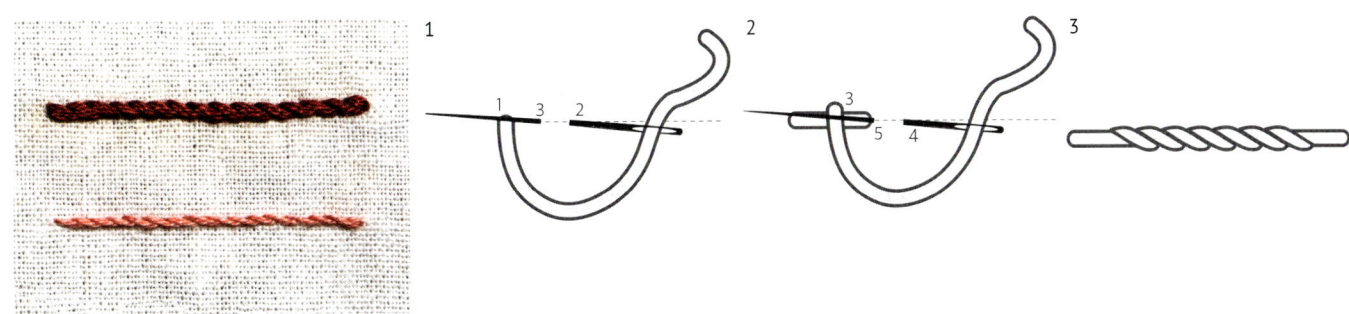

008 레이즈드 아웃라인 스티치 Raised Outline stitch ★☆☆

아웃라인 스티치와 차이가 있다면 바늘을 조금 떨어진 곳으로 빼서 스티치의 간격을 더 넓게 하는 방법으로 아웃라인 스티치보다 더 가는 선의 느낌을 표현할 수 있습니다.

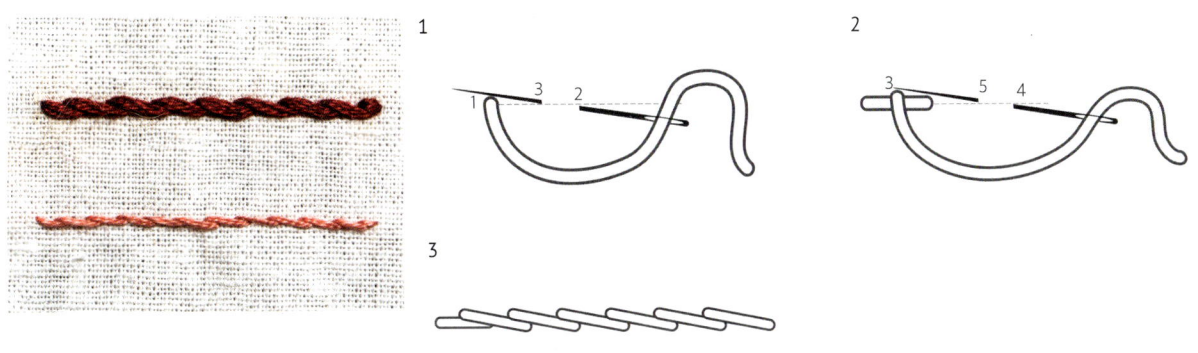

009 더블 아웃라인 스티치 Double Outline stitch ★★☆

아웃라인 스티치를 어긋나게 두 줄 해주는 스티치로 굵은 선을 표현할 수 있습니다.

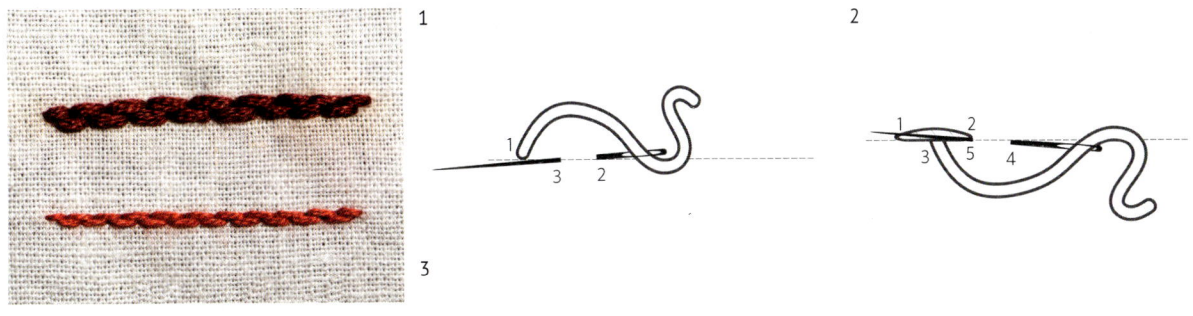

010 아웃라인 필링 스티치 Outline Filling stitch ★☆☆

아웃라인 스티치를 여러 번 반복하여 면을 채워주는 스티치로 원형을 채울 때는 실을 약하게 당기면서 스티치해야 원단이 울지 않습니다. 원이 끝날 때는 시작 땀의 가운데로 넣어줘야 마무리가 예쁘게 됩니다.

011 스템 스티치 Stem stitch ★☆☆

스템은 '초목의 가지, 줄기'란 뜻으로 식물의 줄기와 외곽선을 표현할 때 많이 사용하며 땀을 촘촘히 감은 것처럼 엮어가는 스티치입니다.

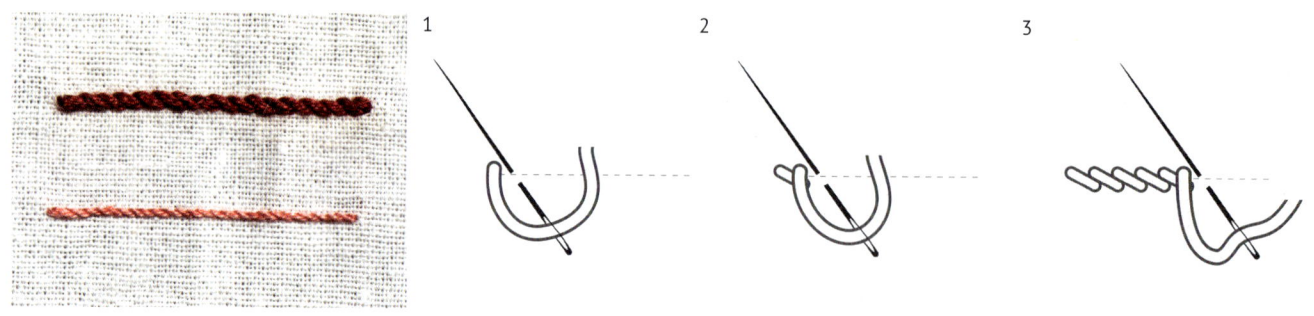

> 🌱 비교
>
> **아웃라인 스티치(25쪽) vs 스템 스티치(26쪽)**
> 아웃라인 스티치와 스템 스티치는 수를 놓는 방법과 스티치의 모양이 거의 비슷합니다.
> 차이를 구분하자면 스템 스티치는 아웃라인 스티치보다 더 땀을 촘촘히 하고 감은 것처럼 엮어나가는 방법으로 실의 질감에 약간의 차이가 있습니다.

012 휘프트 스템 스티치 Whipped Stem stitch ★☆☆

스템 스티치를 한 후 다른 실로 땀 사이로 휘감아주는 스티치로 좀 더 입체감을 줄 수 있습니다.

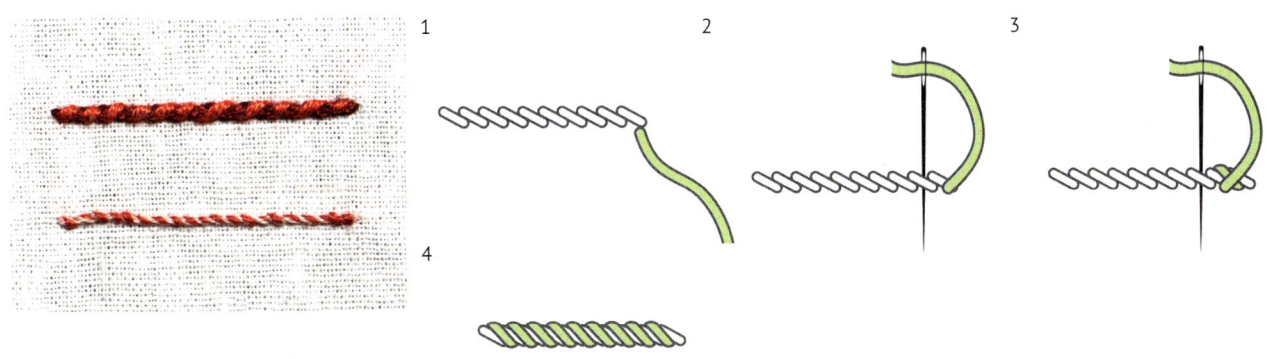

013 인크로칭 스템 스티치 Encroaching Stem stitch ★☆☆

바늘을 일직선으로 꽂지 않고 라인을 가로질러 기울여 스티치하는 방법으로 스티치의 면이 넓게 표현됩니다.

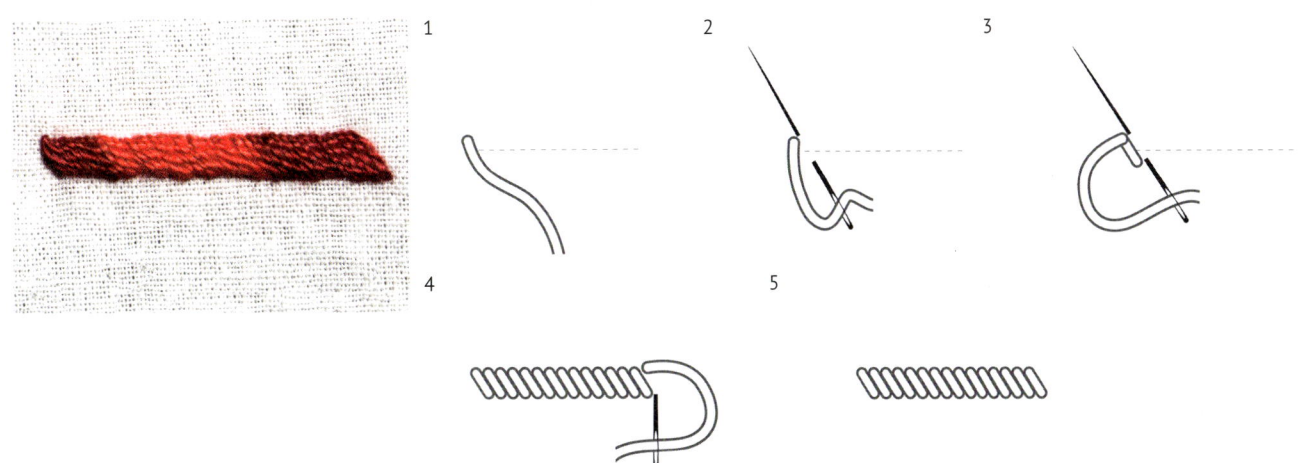

014 홀바인 스티치 Holbein stitch ★☆☆

러닝 스티치를 한 줄 수놓은 후 남은 공간을 채우며 러닝 스티치를 한 번 더 해주는 스티치입니다. 독일 화가 홀바인이 초상화의 장식 무늬로 이 기법을 잘 사용한 데에서 연유된 명칭입니다. '더블 러닝(Double Running) 스티치, 라인(Line) 스티치, 스트로크(Stroke) 스티치'라고도 합니다.

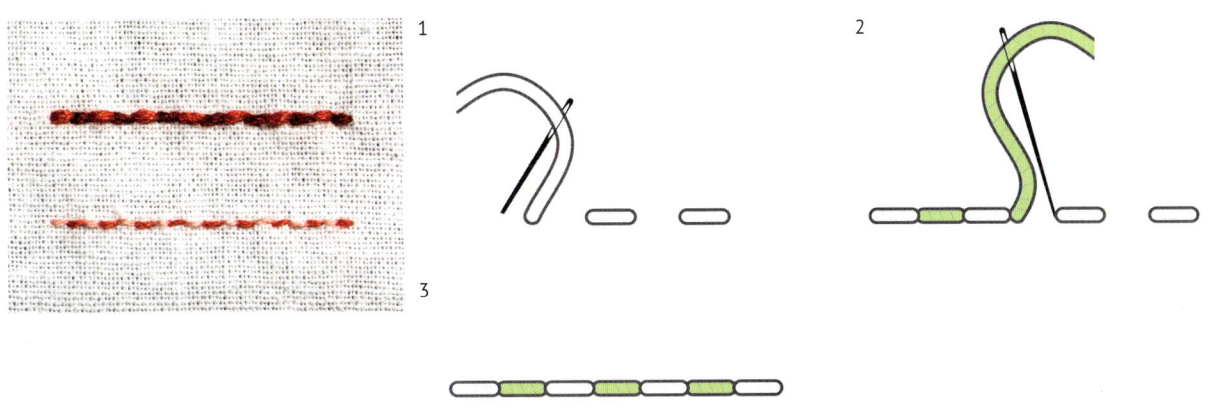

015 포르투갈 노티드 스템 스티치 Portuguese Knotted Stem stitch ★★☆

스템 또는 아웃라인 스티치 한 땀마다 실을 두 번 휘감아 매듭을 만들어주는 스티치로 라인을 장식하기에 좋습니다.

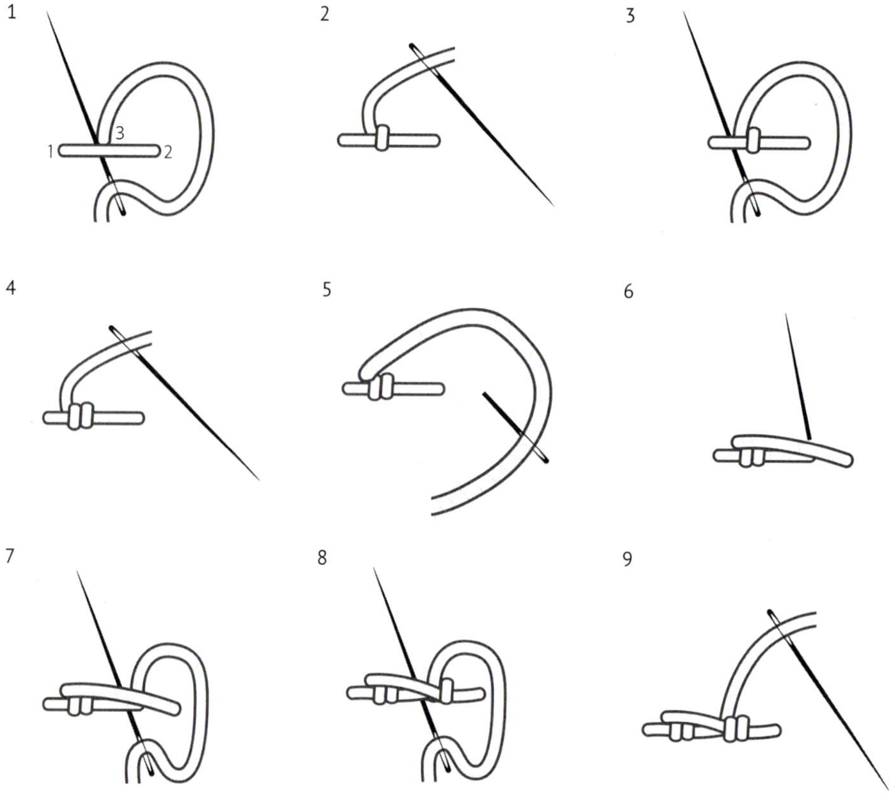

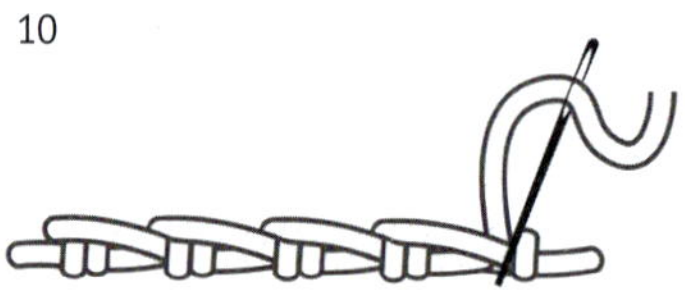

⑦ 두 개의 실 아래로 바늘을 넣어 줍니다.
⑨ 5~8번을 반복해 줍니다.

016 백 스티치 Back stitch ★☆☆

바느질의 박음질과 모양이 같으며 뚜렷하고 가는 선을 표현하기 좋습니다.

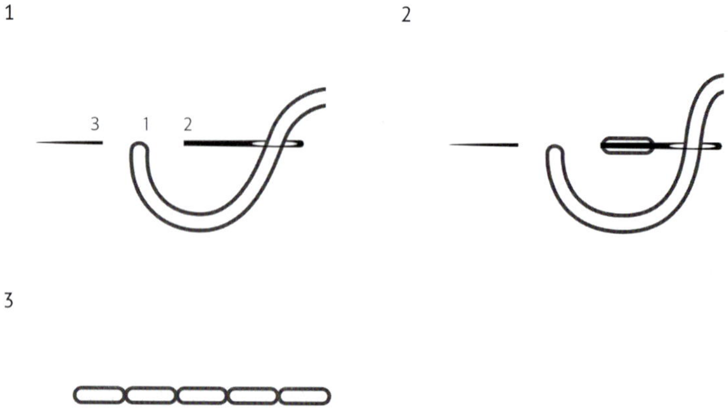

017 휘프트 백 스티치 Whipped Back stitch ★☆☆

백 스티치를 한 후 천을 뜨지 않고 다른 실로 땀 사이를 휘감아나가는 스티치입니다.

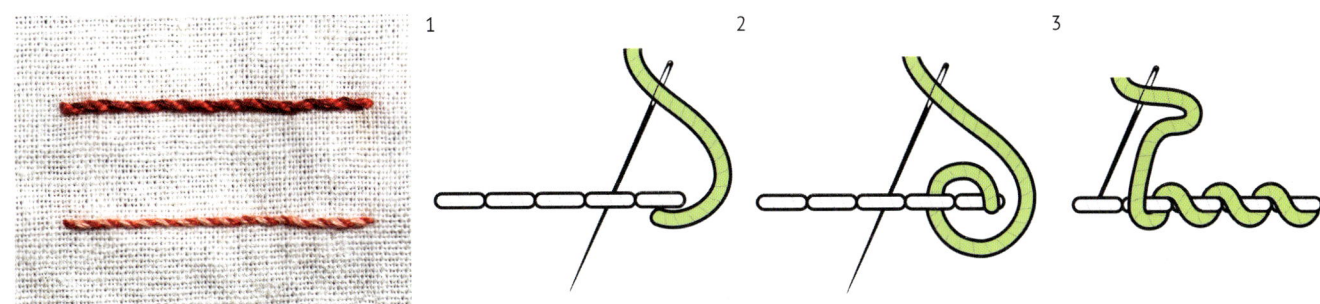

018 스레디드 백 스티치 Threaded Back stitch ★☆☆

백 스티치를 한 후 천을 뜨지 않고 땀 사이를 물결 모양으로 뜨는 스티치입니다.

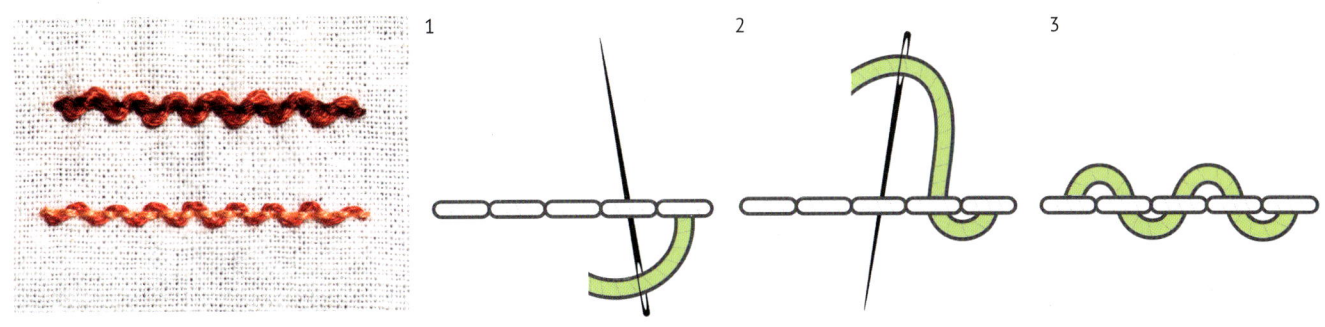

019 인터레이스드 백 스티치 Interlaced Back stitch ★☆☆

스레디드 백 스티치를 방향을 다르게 두 번 하는 스티치로 실 색깔을 다르게 하여 특별한 효과를 줄 수 있습니다.

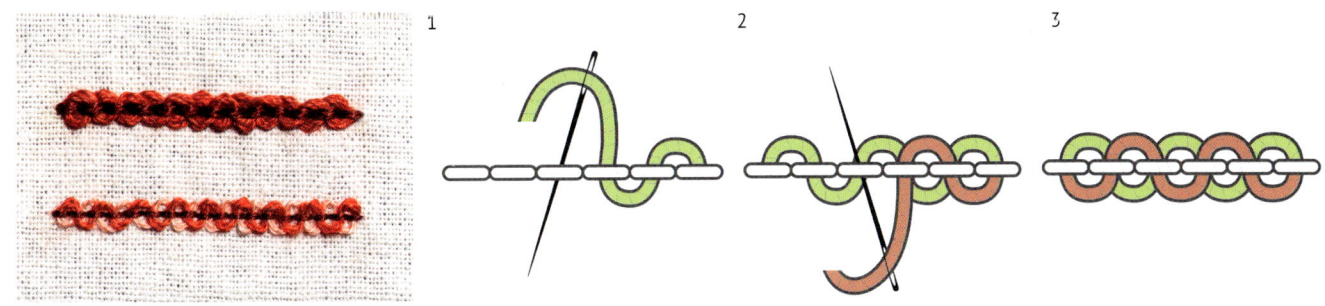

020 스파 스티치 Spar stitch ★☆☆

가로로 평행하게 백 스티치를 두 줄 수놓은 후 다른 실로 땀과 땀 사이를 통과시켜주는 스티치입니다.

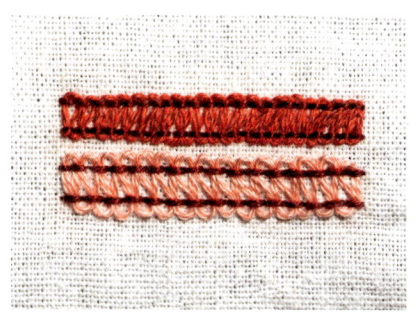
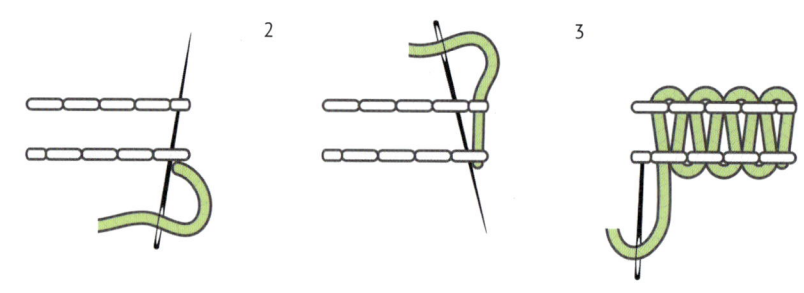

① 그림처럼 백 스티치의 윗줄 첫 땀을 짧게, 아랫줄 첫 땀을 길게 조절하면 고리 모양이 수직이 되게 수를 놓을 수 있습니다.

021 페키니즈 스티치 Pekinese stitch ★☆☆

백 스티치를 한 후 느슨하게 고리를 만들어 꿰나가는 스티치입니다.

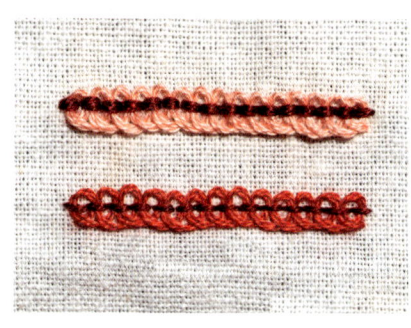
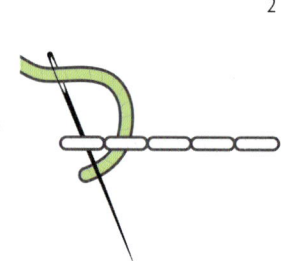
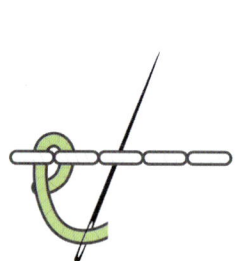

022 더블 페키니즈 스티치 Double Pekinese stitch ★★☆

가로로 평행하게 2줄의 백 스티치를 수놓은 후 위아래로 통과시켜 수놓는 스티치로 넓은 라인을 장식하기 좋습니다.

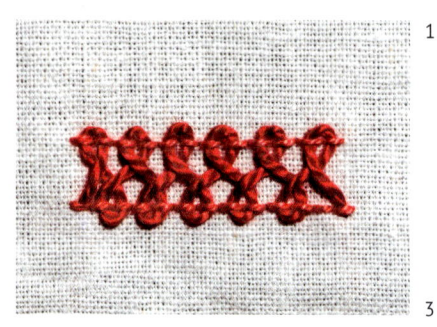
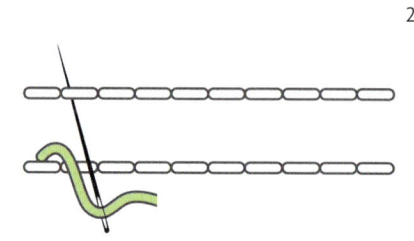
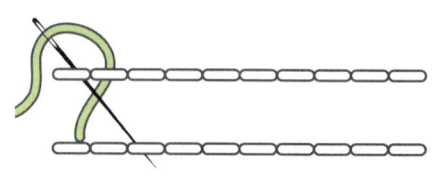
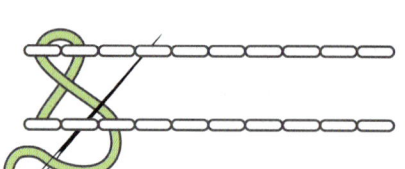

023 오버캐스트 스티치 Overcast stitch

★☆☆

오버캐스트는 '씌운다. 덮다'라는 뜻으로 백 스티치 또는 러닝 스티치를 한 후 매우 촘촘하게 휘감으면서 수놓는 방법으로 볼륨감 있는 선을 표현할 때 사용합니다. '롤(Roll) 스티치'라고도 합니다.

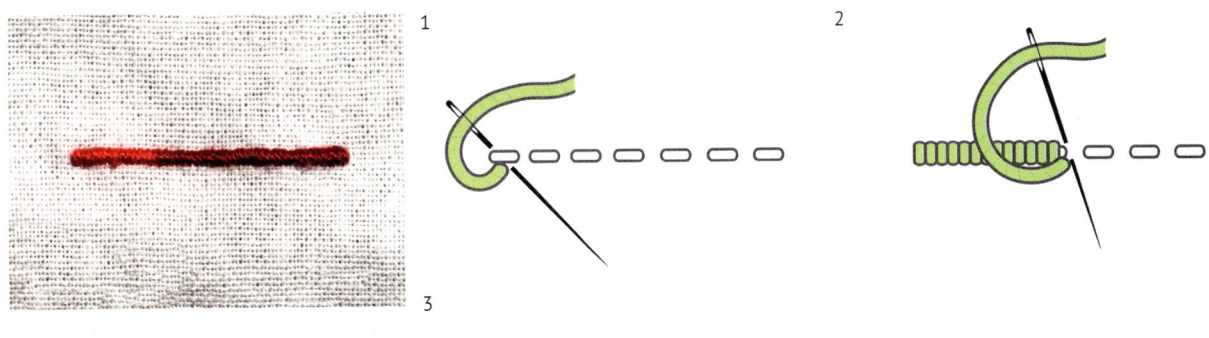

024 오버캐스트 바 스티치 Overcast Bar stitch

★☆☆

오버캐스트 스티치보다 더 굵은 선을 표현하는 스티치로 스트레이트 스티치를 세 줄 수놓은 후 천을 꿰지 않고 3줄의 선을 휘감는 스티치입니다.

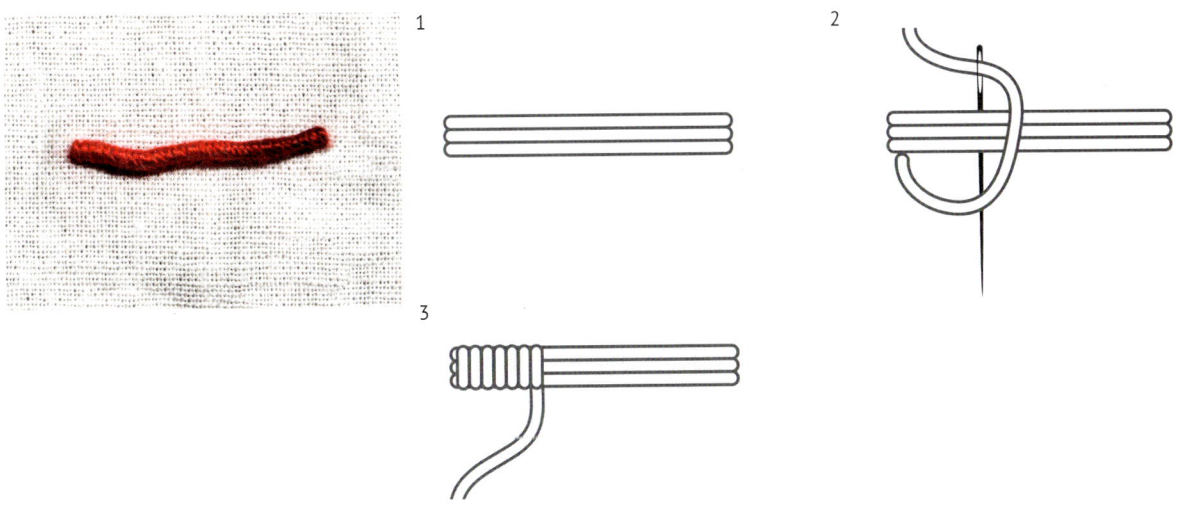

025 스트레이트 스티치 Straight stitch

★☆☆

도안의 선을 한 땀으로 수놓는 스티치로 짧은 라인을 표현하기 좋습니다.

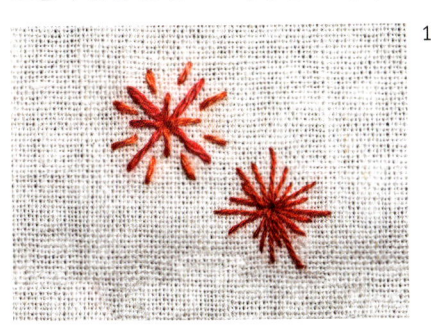 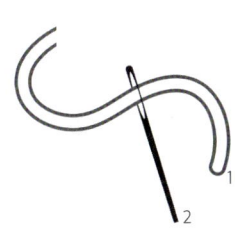 

026 밀 플라워 스티치 Mill Flower stitch ★☆☆

'스트레이트(Straight) 스티치 플라워'라고도 하며 스트레이트 스티치를 방사형으로 수놓아 꽃을 표현하는 스티치입니다.

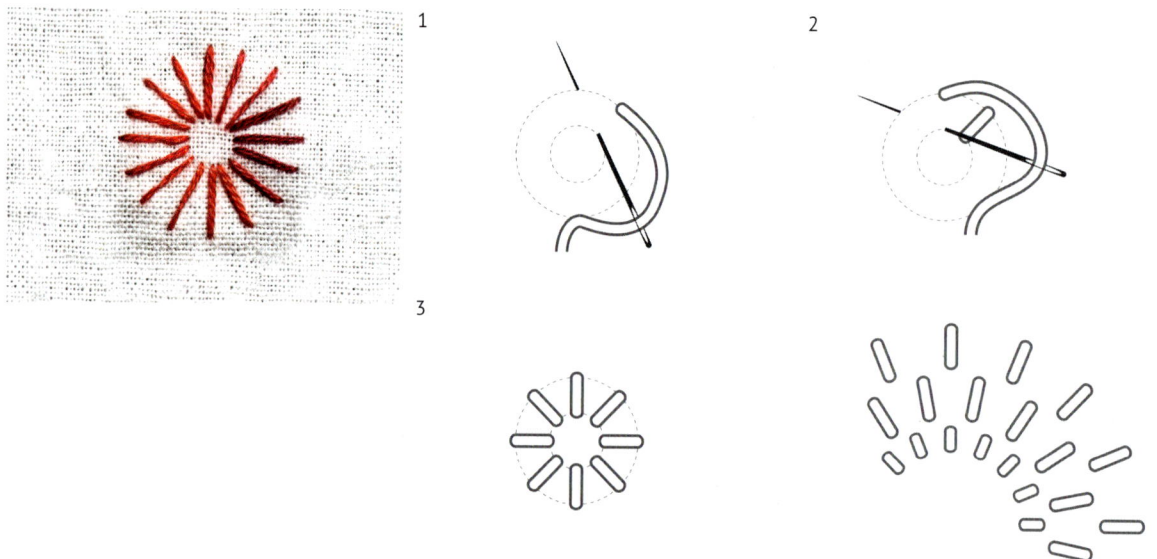

027 스포크 스티치 Spoke stitch ★☆☆

스포크는 '수레바퀴의 바퀴살'이란 뜻으로 바퀴살과 같은 모양으로 스트레이트 스티치로 한군데에서 방사형으로 수놓는 스티치입니다.

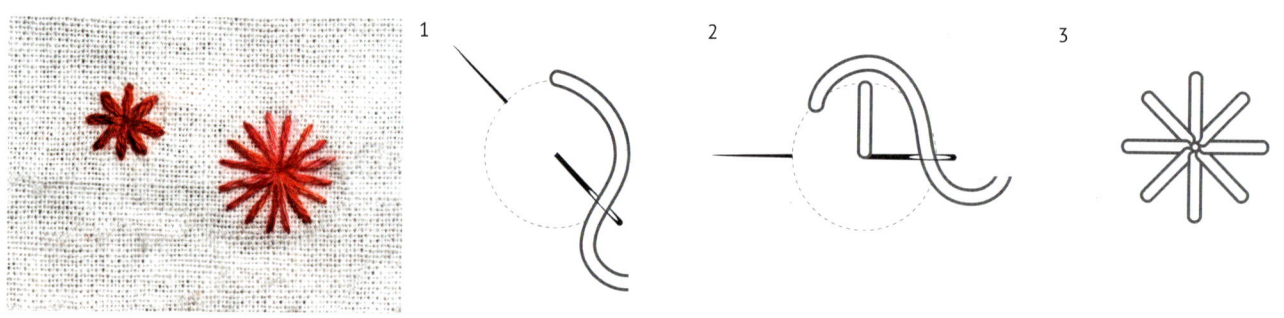

028 크로스 스티치 Cross stitch ★☆☆

X자형으로 교차하여 수놓으며 흔히 십자수라고 합니다.

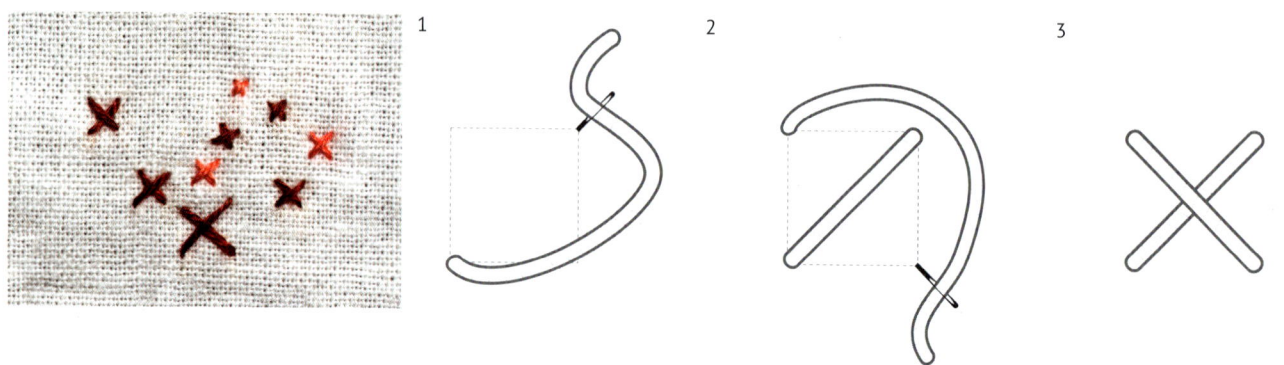

029 스타 크로스 스티치 Star Cross stitch ★☆☆

크로스 스티치 가운데에 작은 크로스 스티치를 합니다.

1
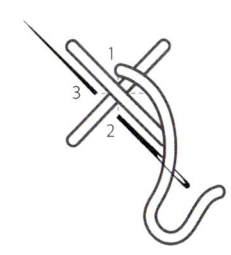

2

030 스타 스티치 Star stitch ★☆☆

네 개의 스트레이트 스티치로 별 모양을 수놓은 후 중심을 고정시켜 완성합니다.

1
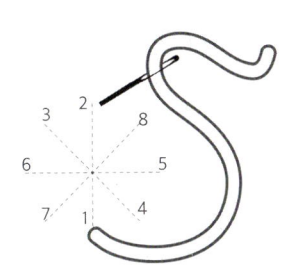

2
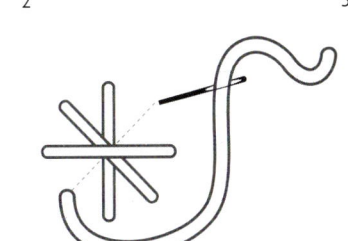

3

4

031 스타 필링 스티치 Star Filling stitch ★☆☆

더블 크로스 스티치를 한 후 중앙에 작은 크로스 스티치를 하여 별 모양을 만듭니다.

1
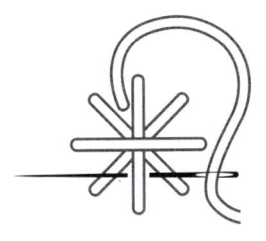

2
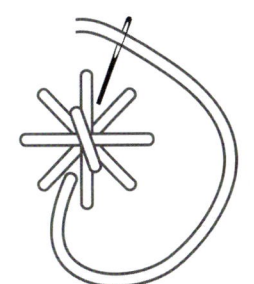

3

032 어민 스티치 Ermine stitch ★☆☆

어민은 '북방족 제비'라는 뜻으로 겨울에는 꼬리만 검고 모두 흰색이 되는데 흰색 바탕에 검은 실로 수놓았을 때 족제비 꼬리 같다고 하여 붙여진 이름입니다.

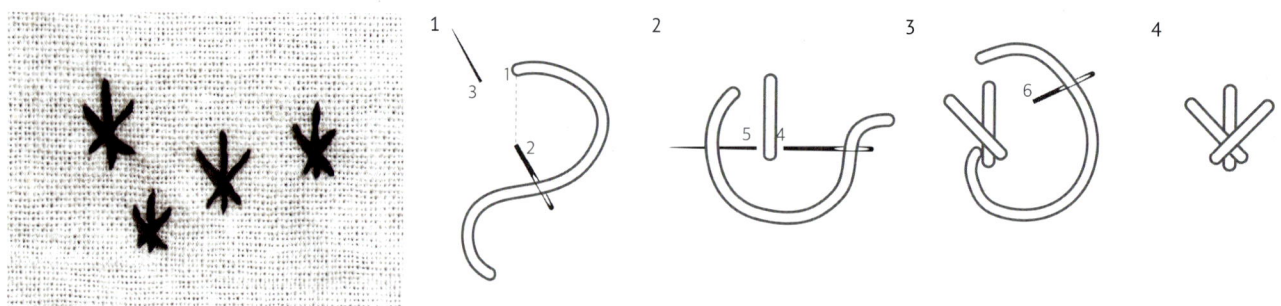

033 스워드 에지 스티치 Sword Edge stitch ★☆☆

스워드 에지는 '칼 끝'이란 뜻으로 칼로 X자를 새기듯 비틀어진 십자 모양의 스티치입니다.

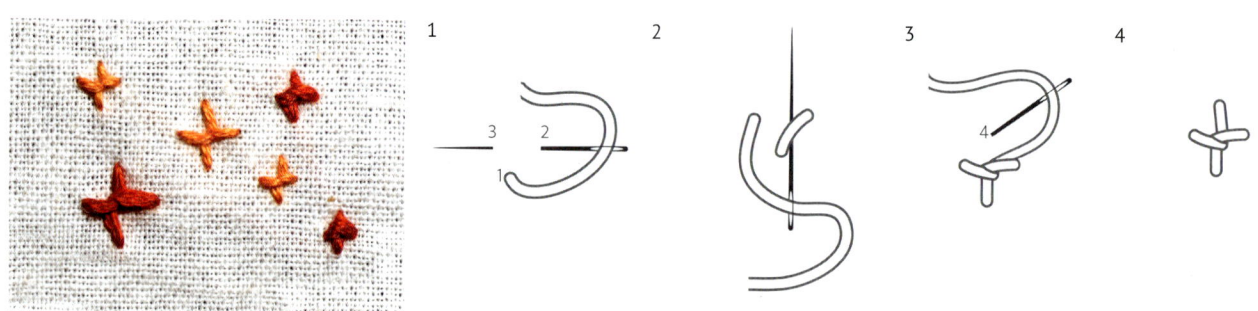

034 포 레기드 노트 스티치 Four Legged Knot stitch ★☆☆

가운데에 매듭이 있는 십자 모양의 스티치입니다.

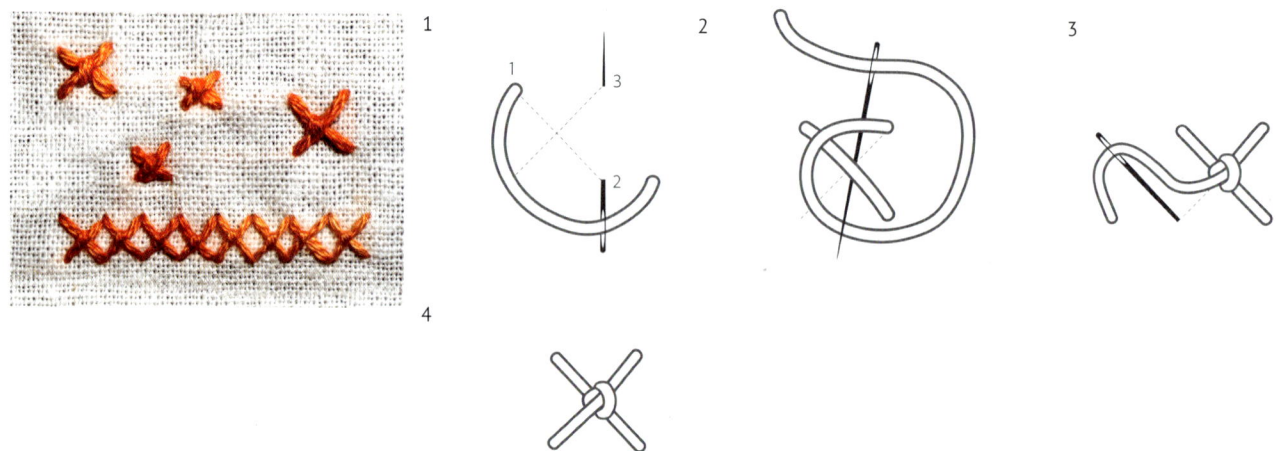

035 우븐 크로스 스티치 Woven Cross stitch ★★☆

크로스 스티치를 한 후 실의 아래로 가로질러 크로스 스티치를 한 번 더 해줍니다. 크로스 형태의 귀여운 장식 모양을 만들 수 있습니다.

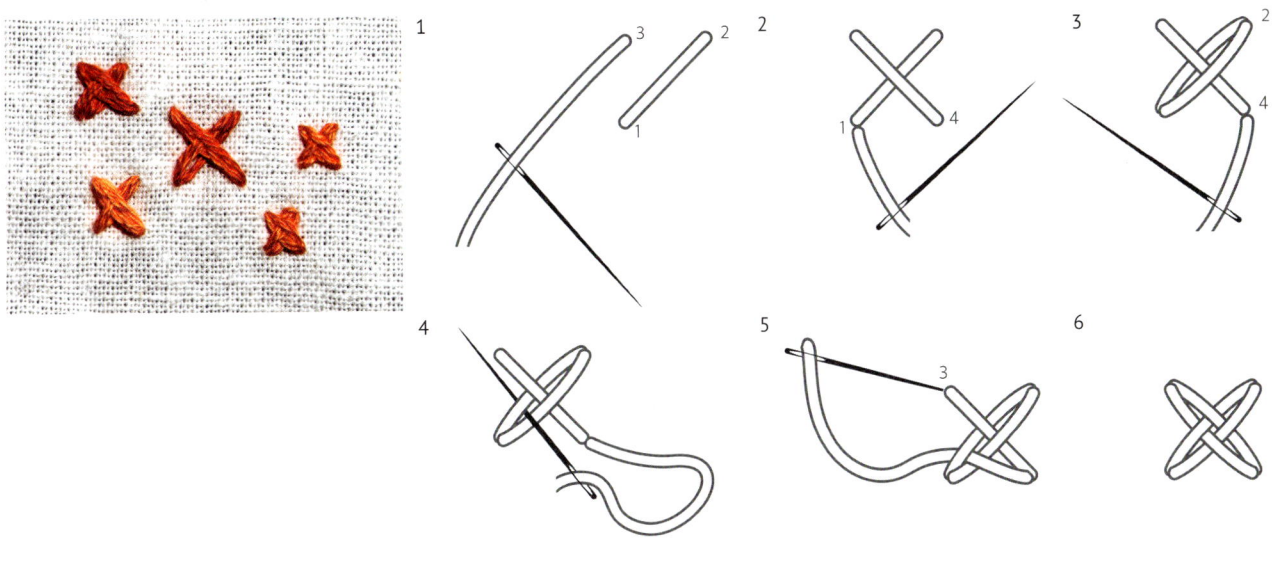

② 바늘을 1로 뺍니다.
③ 바늘을 2로 넣어 4로 뺍니다.
⑤ 바늘을 3으로 넣어 줍니다.

036 체인 스티치 Chain stitch ★☆☆

연속하여 고리를 만드는 사슬 모양의 스티치로 선이나 면을 채우는 데 사용합니다.

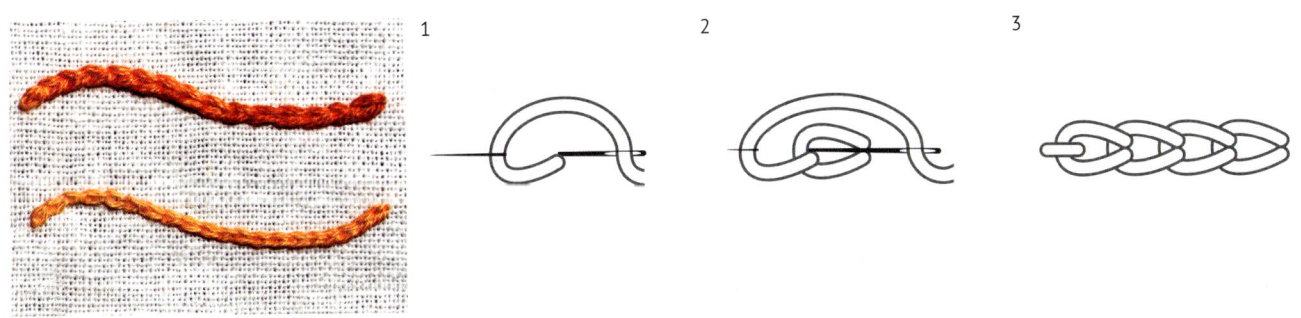

037 휘프트 체인 스티치 Whipped Chain stitch ★☆☆

체인 스티치 위에 다른 실로 휘감아주는 스티치입니다.

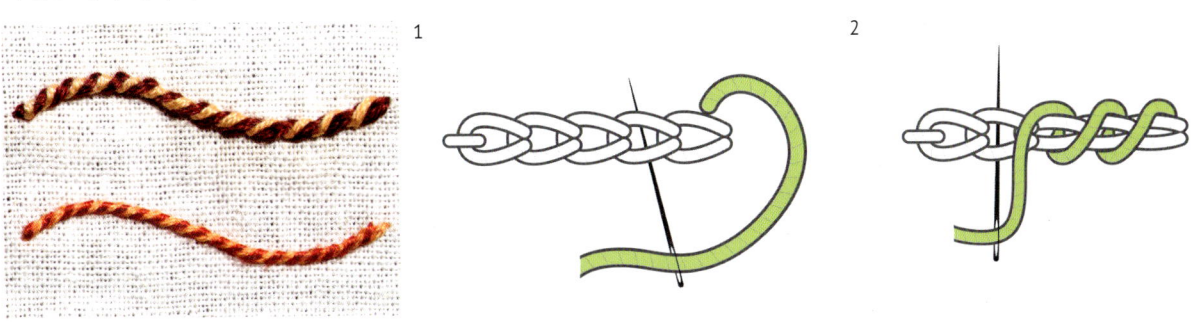

038 트위스티드 체인 스티치 Twisted Chain stitch ★★☆

꼬이거나 비틀어진 사슬 모양의 스티치입니다.

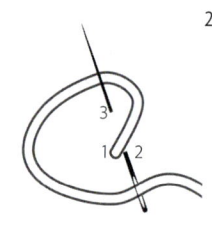

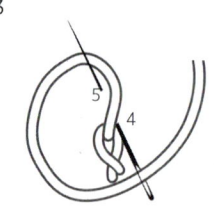
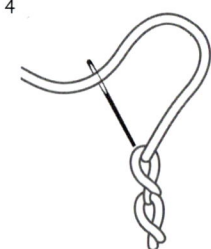

1   2   3   4

③ 고리의 바깥 지점 4로 바늘을 꽂습니다.

039 케이블 체인 스티치 Cable Chain stitch ★★☆

체인 스티치에 연결 고리가 있는 모양의 스티치입니다.

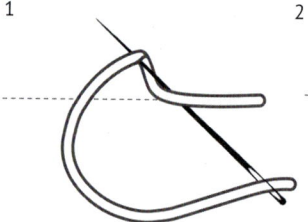
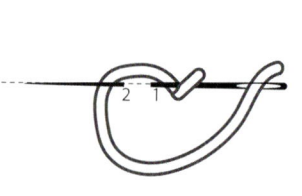
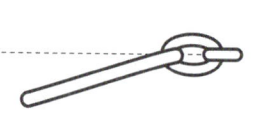

1   2   3

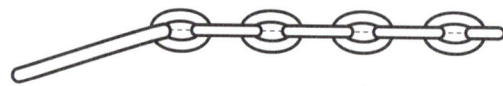

4

① 그림처럼 실을 바늘에 감아준 후 팽팽하게 당깁니다.
② 바늘을 1로 집어넣어 2로 뺀 후 실을 꼬이지 않게 돌려 줍니다.
③ 실을 팽팽하게 당겨 주면 케이블 체인 스티치 1개가 완성됩니다.
④ 1부터 3을 반복합니다.

040 지그재그 체인 스티치 Zigzag Chain stitch ★★☆

지그재그 모양으로 수놓는 체인 스티치입니다.

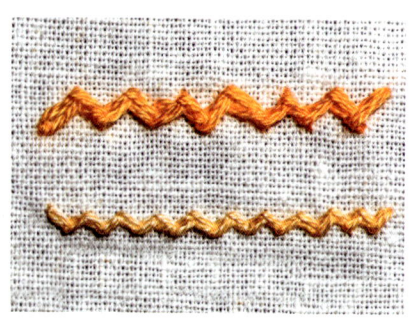
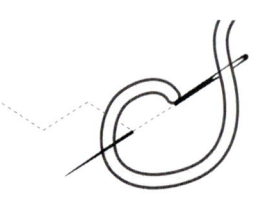
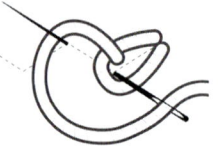

1   2   3

041 오픈 체인 스티치 Open Chain stitch ★☆☆

체인 스티치의 폭을 넓게 네모난 모양으로 수놓는 기법으로 '스퀘어 체인(Square Chain) 스티치'라고도 합니다.

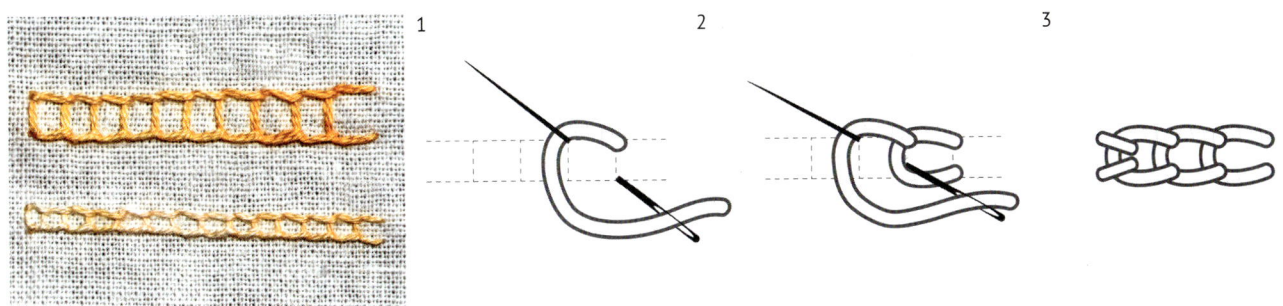

042 백 스티치드 체인 스티치 Back Stitched Chain stitch ★☆☆

체인 스티치를 수놓은 후 각각의 고리를 백 스티치로 연결하는 스티치입니다.

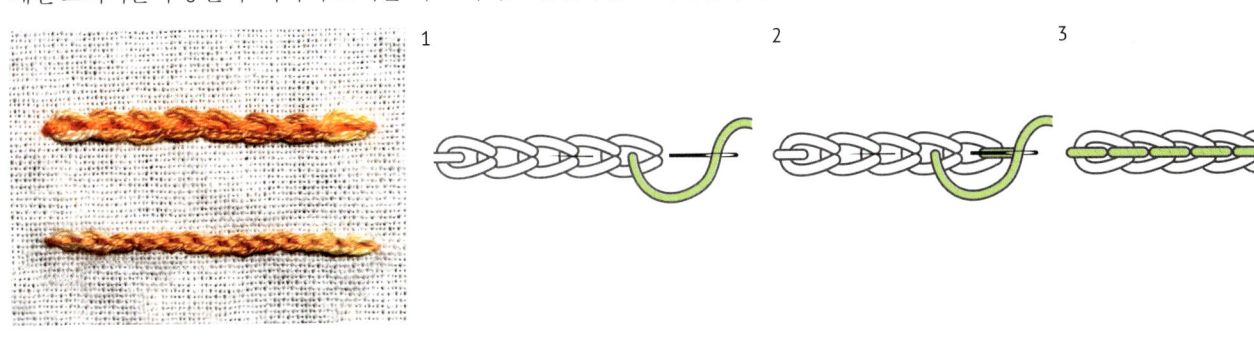

043 러시안 체인 스티치 Russian Chain stitch ★★☆

러시아의 체인 스티치로 하나의 고리에 V형으로 2개의 레이지데이지 스티치를 수놓는 스티치입니다.

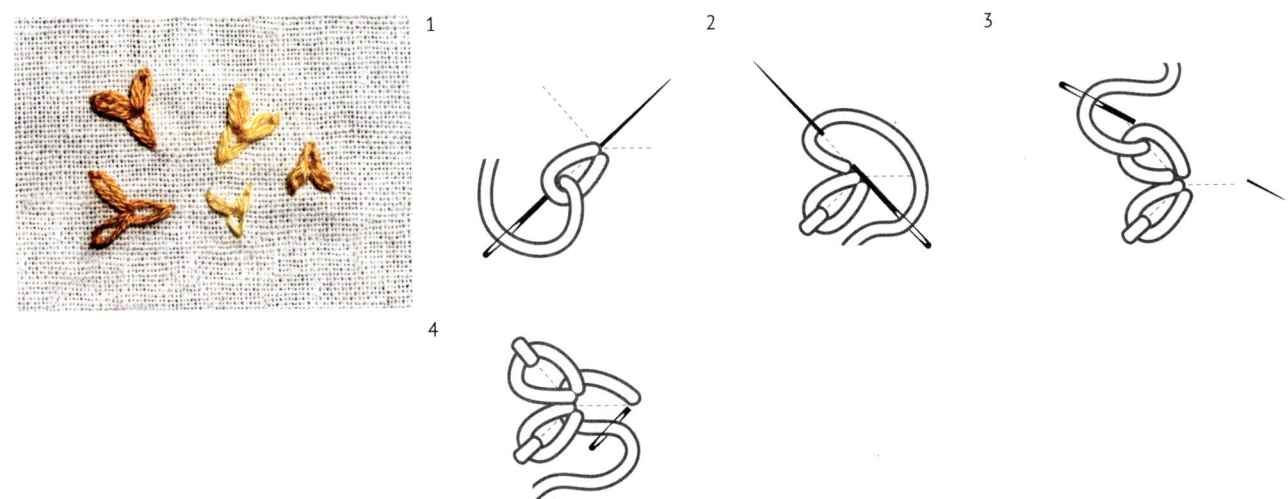

044 인터레이스드 체인 스티치 Interlaced Chain stitch ★★☆

색이 대비되는 실로 수를 놓으면 모양을 효과적으로 표현할 수 있으며 체인 스티치를 엮는 실은 처음과 끝을 제외하고는 천을 통과하지 않습니다.

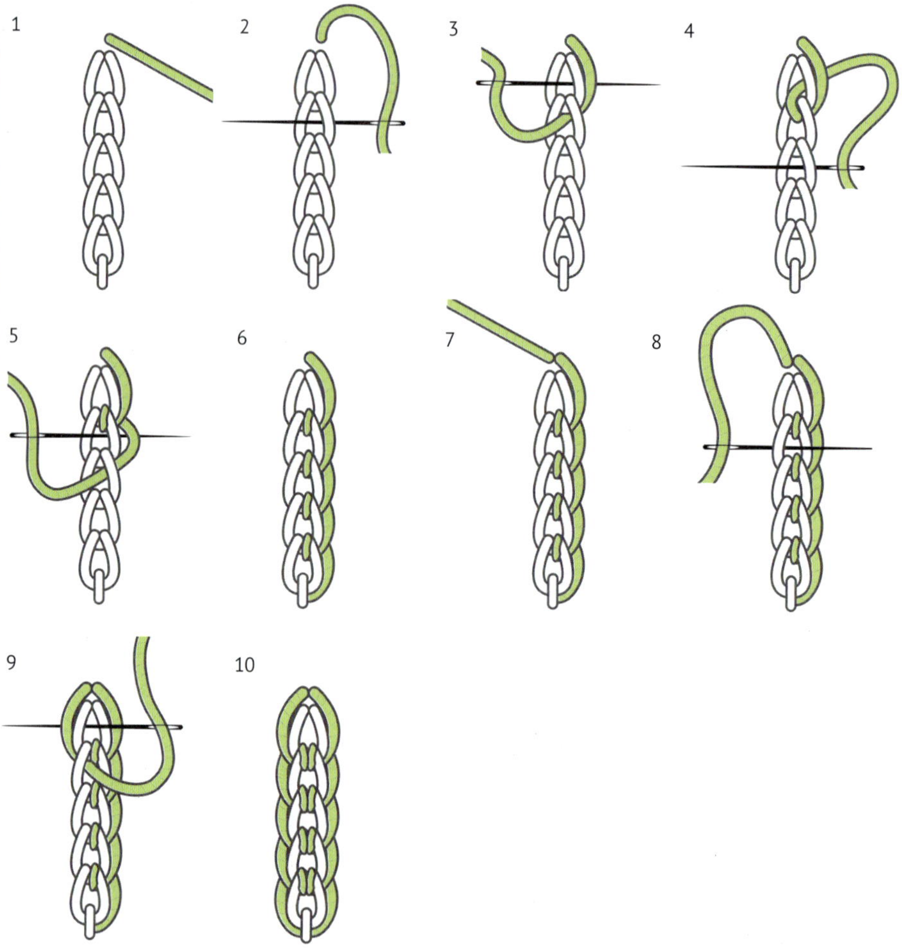

045 브로큰 체인 스티치 Broken Chain stitch ★★☆

브로큰은 '부서진, 깨진'이란 뜻으로 고리가 끊어진 모양의 체인 스티치입니다.

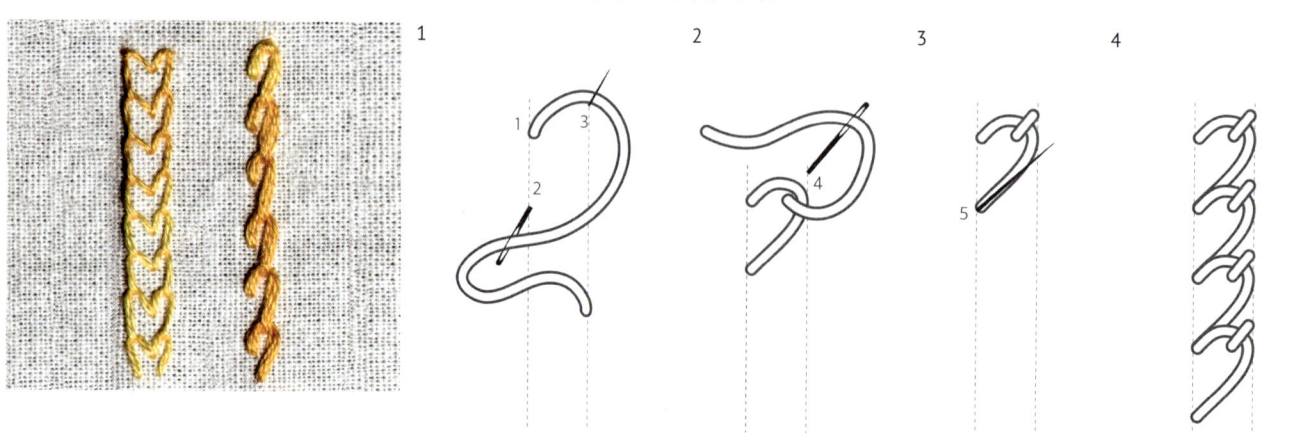

③ 1~2를 반복해 줍니다.
④ 마주보게 수를 놓으면 하트 모양을 만들 수 있습니다.

046 크레스티드 체인 스티치 Crested Chain stitch ★★☆

크레스티드는 '물결치는'이란 뜻으로 폭이 넓은 레이스 모양의 선을 만들 수 있습니다.

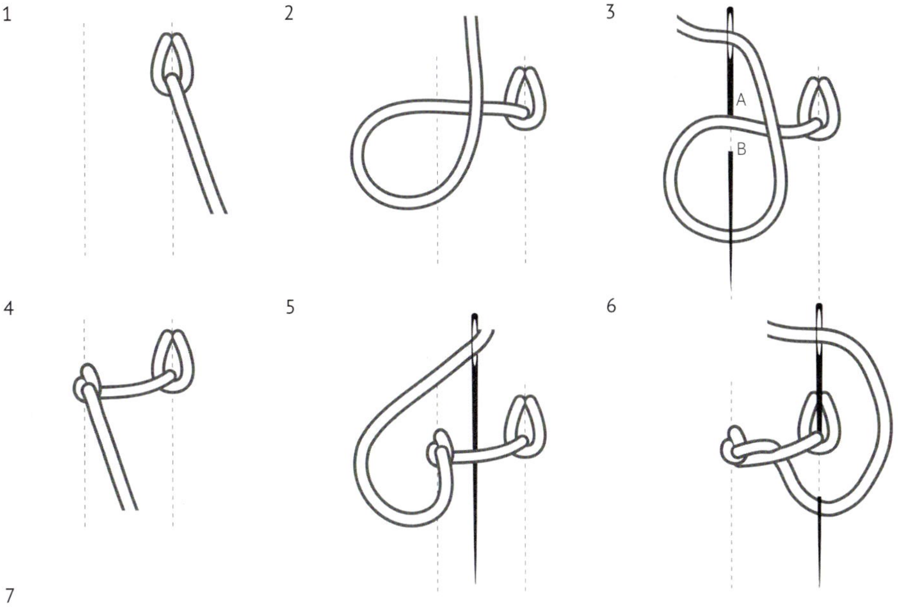

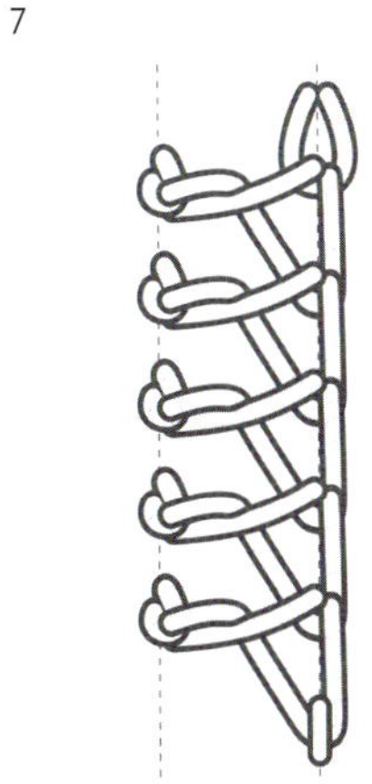

① 체인 스티치를 놓습니다.
② 고리를 만들어 줍니다.
③ 고리 아래 부분 A에 바늘을 넣고 B로 빼 줍니다.
④ 실을 당겨 매듭을 만듭니다.
⑤ 천을 꿰지 않고 바늘을 실 아래로 넣어 줍니다.
⑥ 바늘을 고리 안쪽으로 넣어 빼 줍니다.
⑦ 2부터 6을 반복합니다.

047 체커드 체인 스티치 Chequered Chain stitch ★★☆

체커드는 '바둑판 무늬'라는 뜻으로 두 가지 색의 실을 동시에 사용하여 색이 다른 체인 스티치를 표현할 수 있습니다.

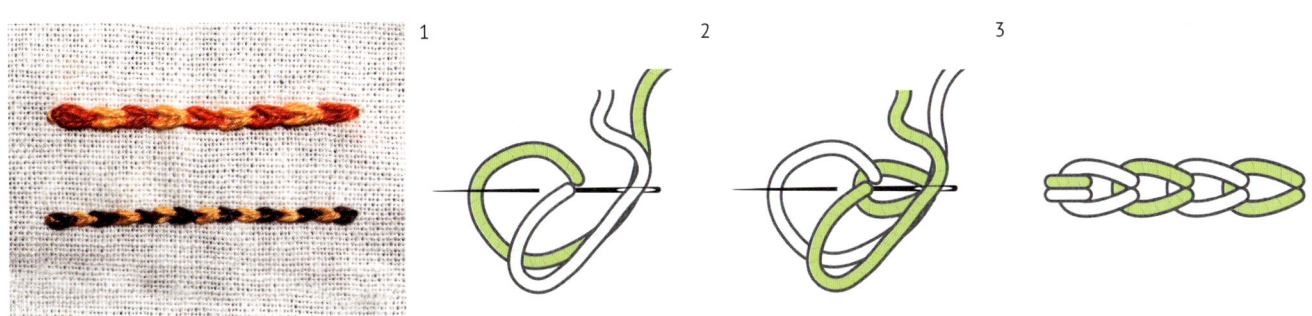

048 브로드 체인 스티치 Broad Chain stitch ★★☆

브로드는 '폭넓은'이란 뜻으로 체인 스티치보다 폭이 넓어서 체인의 윤곽을 더 눈에 띄게 해줍니다. 체인 스티치와 반대 방향으로 수놓습니다.

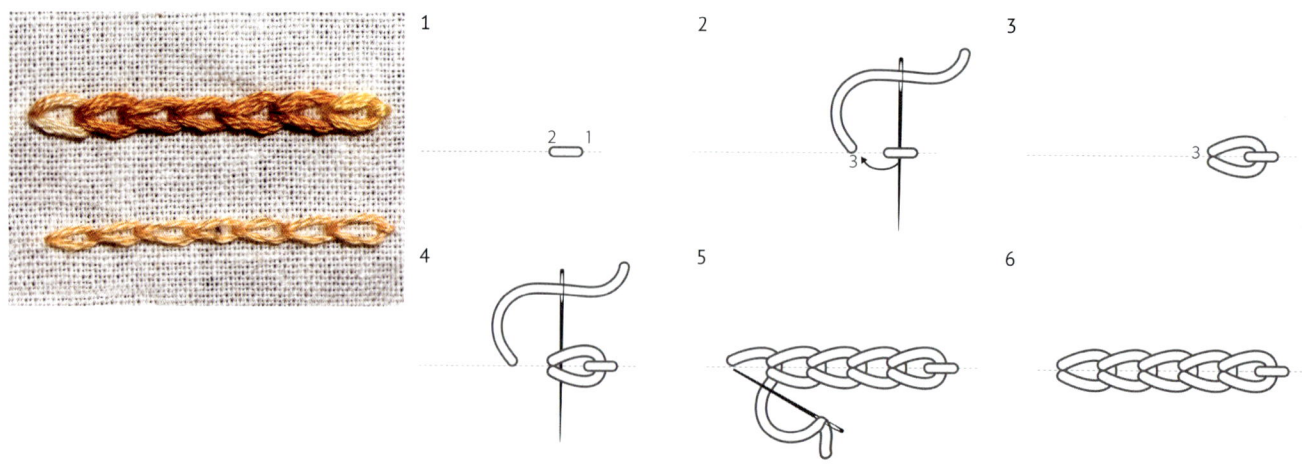

② 3으로 뺀 바늘을 땀 아래로 통과시킵니다.
③ 통과시킨 바늘을 다시 3으로 넣어 주면 브로드 체인 스티치 1개가 완성됩니다.
④ 2~3 과정을 반복합니다.

049 노티드 케이블 체인 스티치 Knotted Cable Chain stitch ★★☆

노티드는 '매듭', 케이블은 '굵은 밧줄'이란 뜻으로 굵은 밧줄을 매듭지은 사슬 모양입니다.

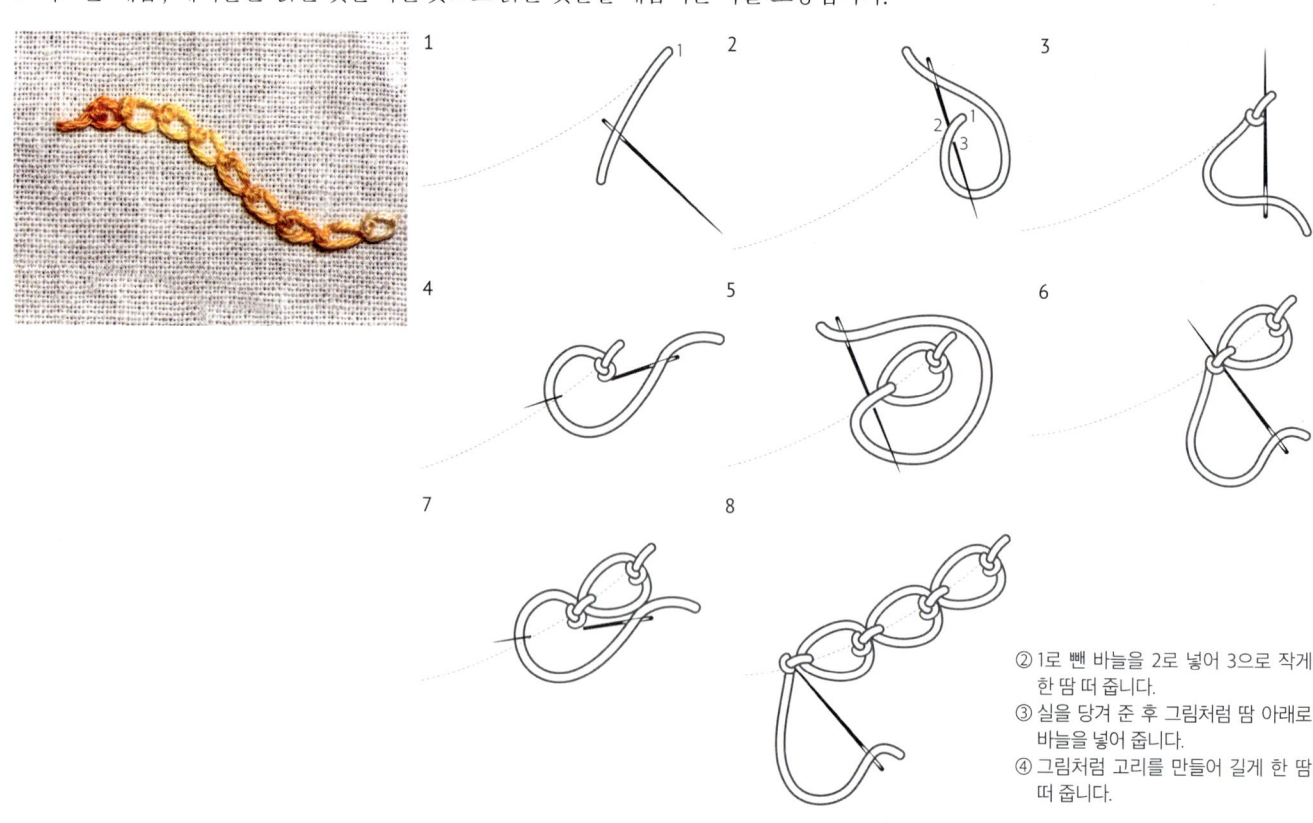

② 1로 뺀 바늘을 2로 넣어 3으로 작게 한 땀 떠 줍니다.
③ 실을 당겨 준 후 그림처럼 땀 아래로 바늘을 넣어 줍니다.
④ 그림처럼 고리를 만들어 길게 한 땀 떠 줍니다.

050 헤비 체인 스티치 Heavy Chain stitch ★★☆

브로드 체인 스티치를 두 번 겹쳐 하는 방식으로 체인 스티치보다 두껍게 표현되는 스티치입니다.

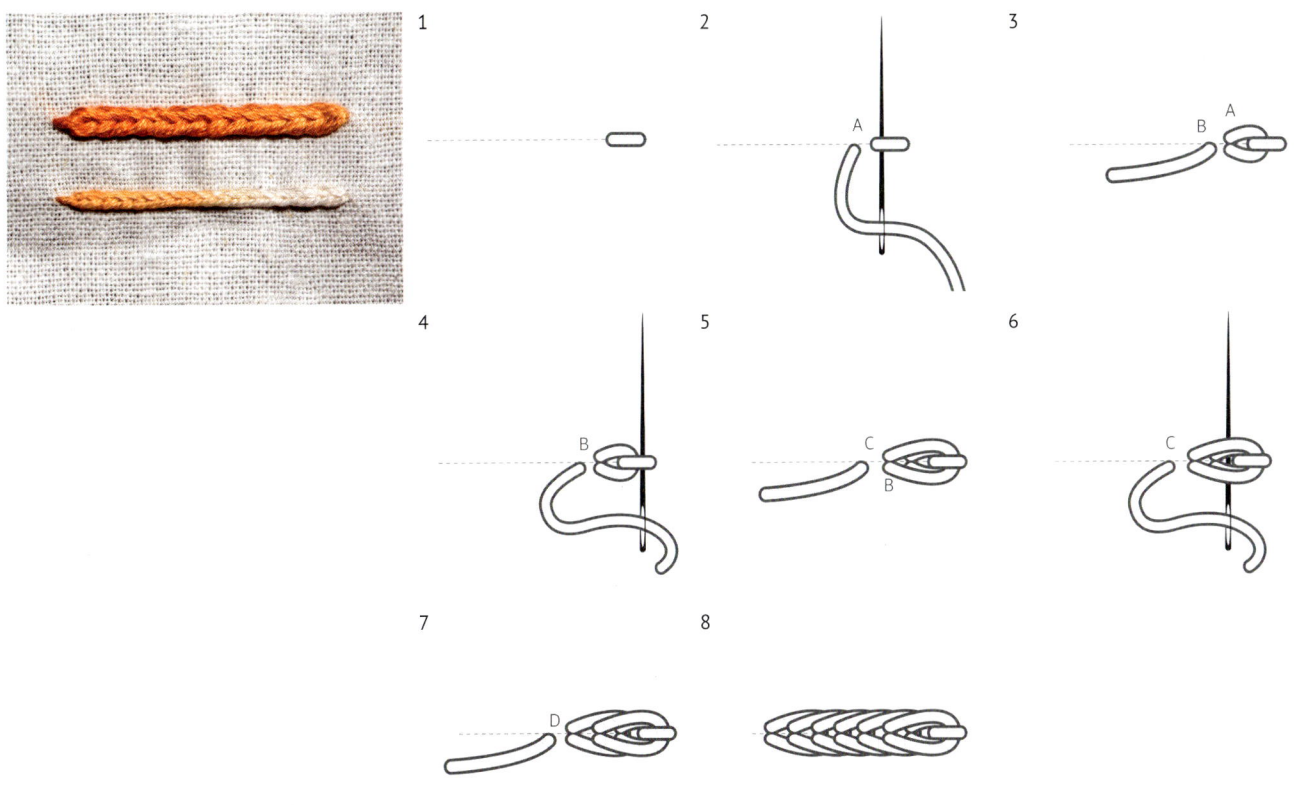

① 작은 스트레이트 스티치를 놓습니다.
② 천을 꿰지 않고 A로 뺀 바늘을 땀 아래로 통과시킵니다.
③ 바늘을 A로 넣어 체인 스티치를 만든 후 B로 빼 줍니다.
④ B로 뺀 바늘을 다시 땀 아래로 통과시킵니다.
⑤ 두 번째 체인 스티치를 겹쳐 만든 후 C로 빼 줍니다.
⑥ c로 뺀 바늘을 두 개의 체인 스티치 밑으로 통과시킵니다.
⑦ 같은 방식으로 두 개의 체인 스티치를 밑으로 통과시키며 반복합니다. (5~7 반복)

051 버터플라이 체인 스티치 Butterfly Chain stitch ★★☆

번들 스티치가 하나의 선으로 연결되어 있는 모양입니다.

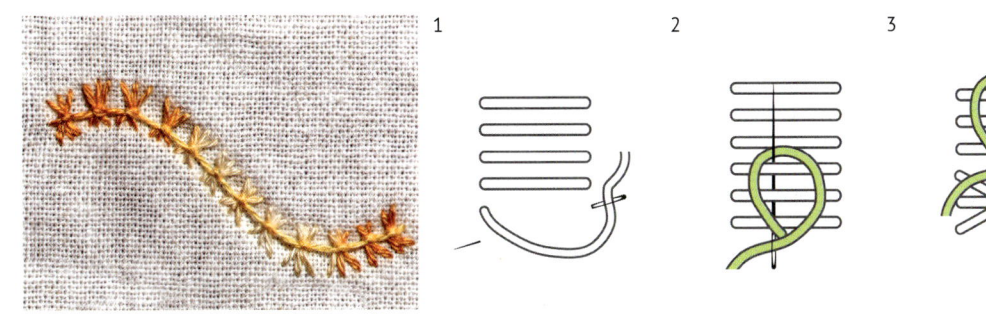

① 일정한 간격을 두고 평행하게 수를 놓습니다.
② 세 줄씩 한 묶음으로 그림처럼 묶어 줍니다.

052 헝가리안 브레이디드 체인 스티치 Hungarian Braided Chain stitch ★★★

헤비 체인 스티치보다 훨씬 더 입체적인 선을 표현할 수 있습니다.

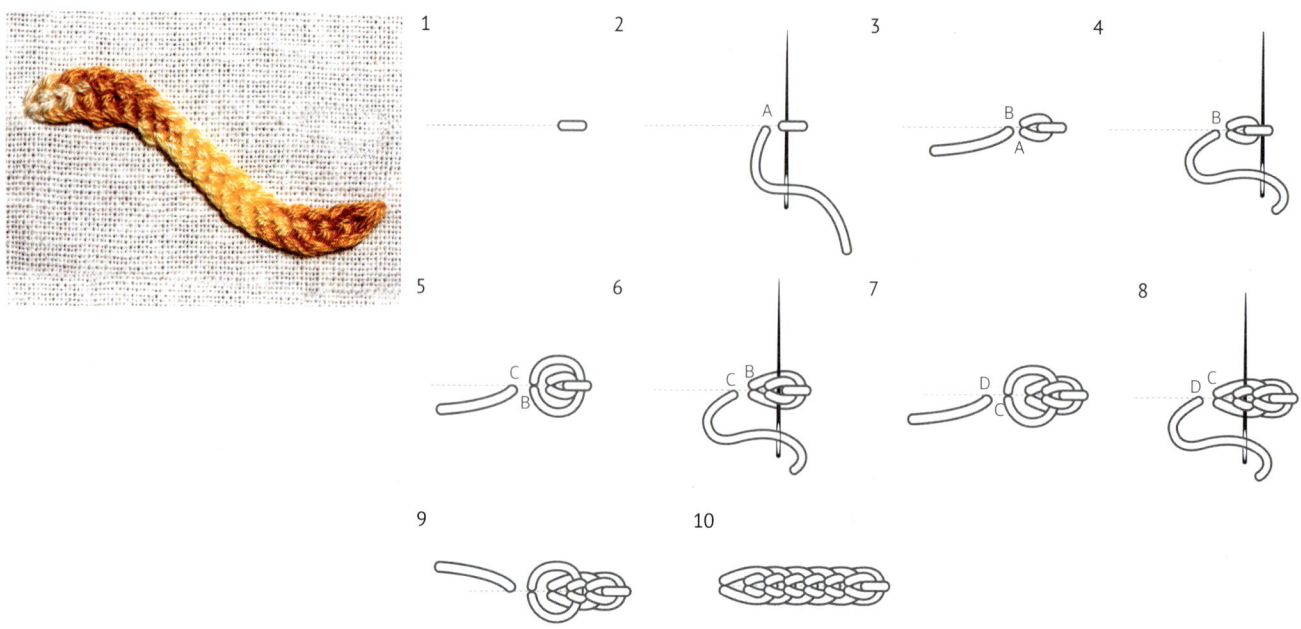

① 작은 스트레이트 스티치를 놓습니다.
② 천을 꿰지 않고 A로 뺀 바늘을 땀 아래로 통과시킵니다.
③ 바늘을 A로 넣어 체인 스티치를 만든 후 B로 빼 줍니다. ④ B로 뺀 바늘을 다시 땀 아래로 통과시킵니다.
⑤ 그림처럼 느슨한 고리를 만든 후 B로 넣어 C로 빼 줍니다. ⑥ C로 뺀 바늘을 첫 번째 체인 스티치 밑으로만 통과시키고 느슨한 고리를 조여 줍니다.
⑦ 다시 C로 바늘을 넣어 느슨한 고리를 만든 후 D로 빼 줍니다.
⑧ D로 뺀 바늘을 두 번째 체인 스티치 밑으로만 통과시키고 느슨한 고리를 조여 줍니다.
⑨ 5~7을 반복합니다.

053 로제트 체인 스티치 Rosette Chain stitch ★★★

로제트는 '장미 모양의 장식'이란 뜻으로 입체적인 느낌의 라인을 장식할 수 있습니다. 실을 세게 잡아당기지 않아야 예쁘게 만들어집니다.

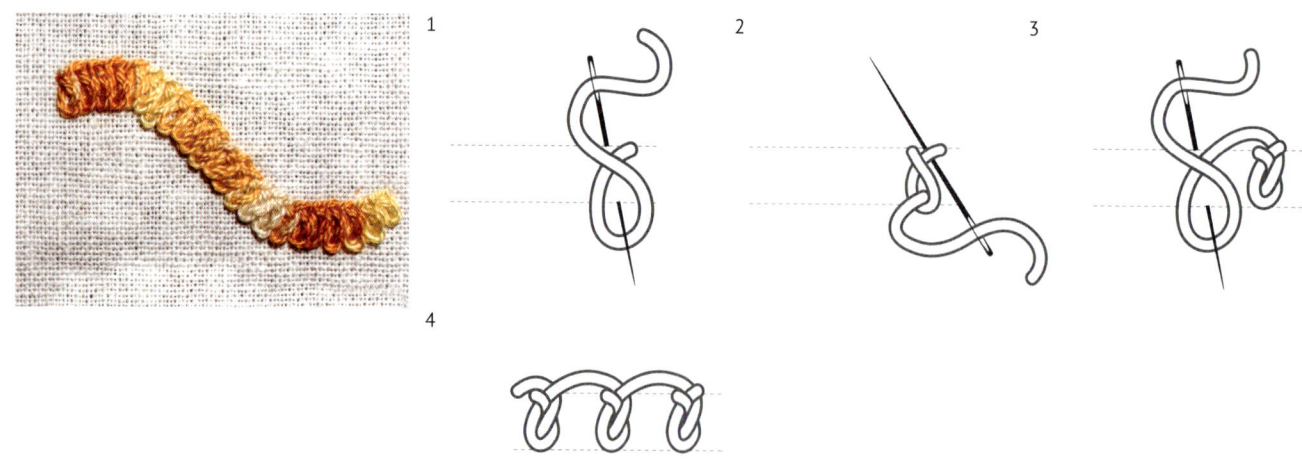

④ 스티치 간격을 좁게 하면 입체감이 살아납니다.

054 노티드 체인 스티치 Knotted Chain stitch ★★☆

연결 부분이 매듭지어진 사슬 모양으로 동그란 체인 스티치를 표현하기에 좋습니다.

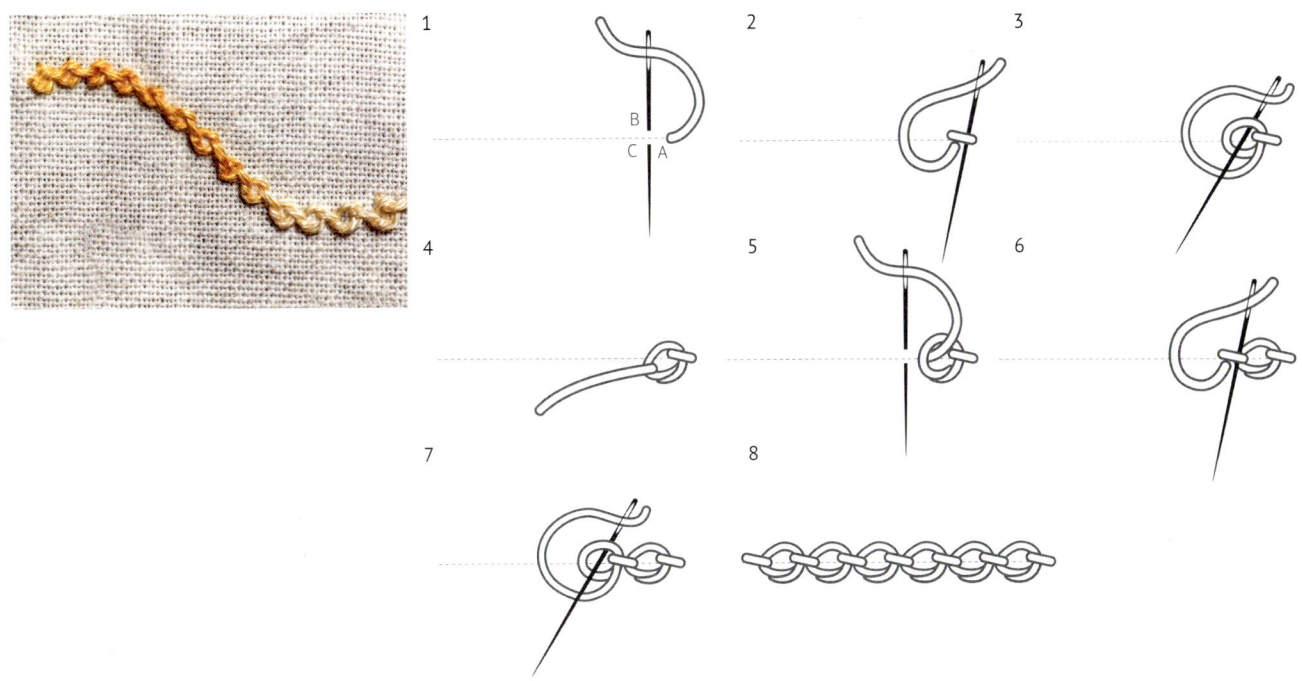

① A로 뺀 바늘을 B로 넣어 C로 빼 줍니다.
② 실을 당겨 준 후 그림처럼 고리를 만들어 땀 아래로 넣어 줍니다.
③ 실을 당겨 동그랗게 고리를 만든 후 그림처럼 바늘을 고리 안으로 넣어 줍니다.
④ 실을 당깁니다.

055 체인드 페더 스티치 Chained Feather stitch ★★☆

체인 스티치를 페더(깃털) 모양처럼 수놓는 기법입니다. '페더 체인(Feather Chain) 스티치'라고도 합니다.

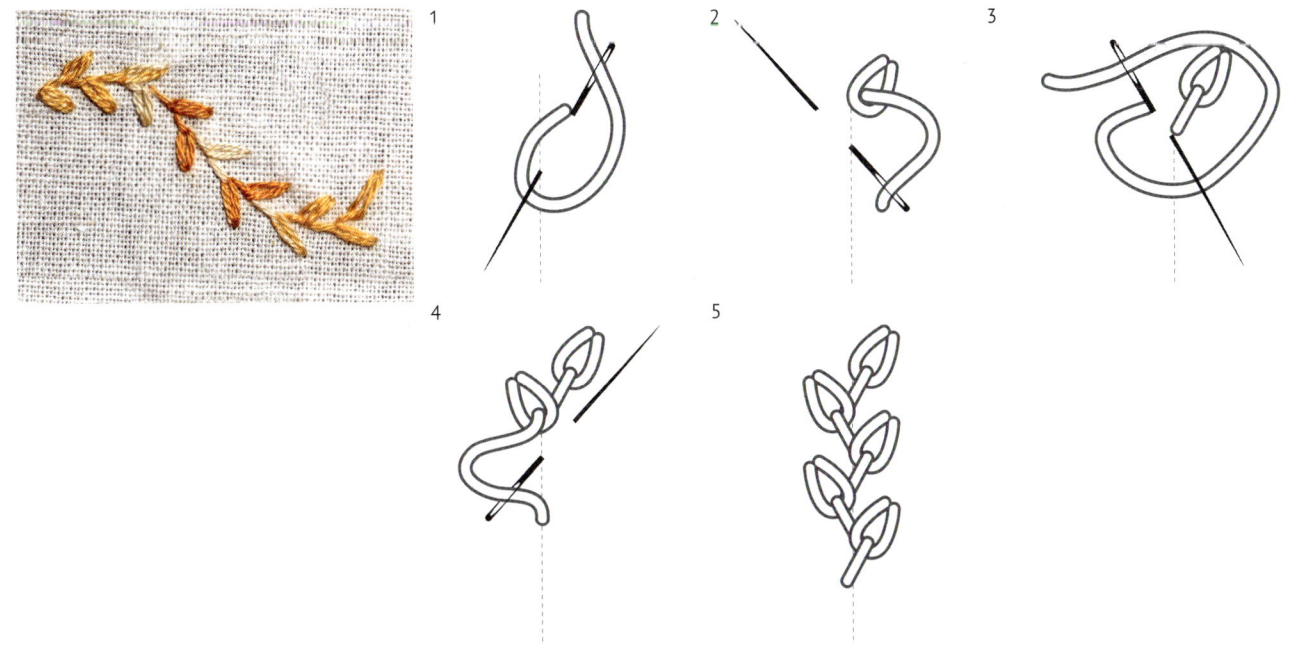

056 지그재그 스티치 Zigzag stitch ★☆☆

'웨이브(Wave) 스티치'라고도 하며 지그재그 모양으로 수놓는 스티치입니다.

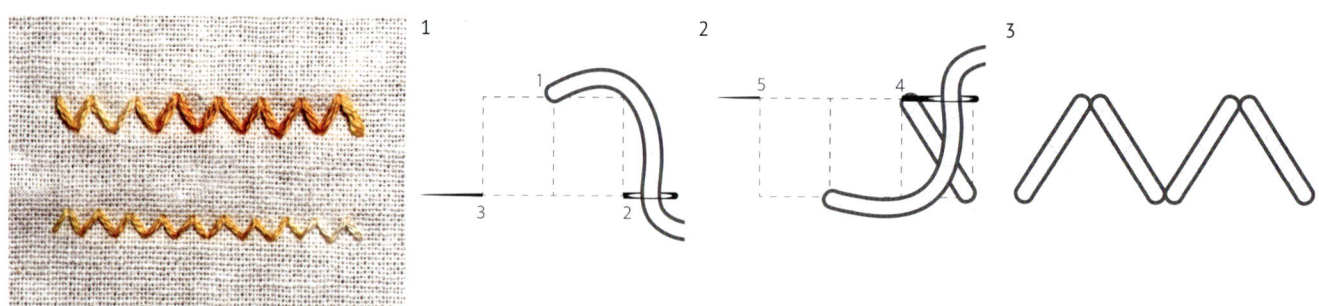

057 애로헤드 스티치 Arrowhead stitch ★☆☆

애로헤드는 '화살촉'이란 뜻으로 스트레이트 스티치를 좌우로 교대하면서 화살촉 모양으로 수놓습니다.

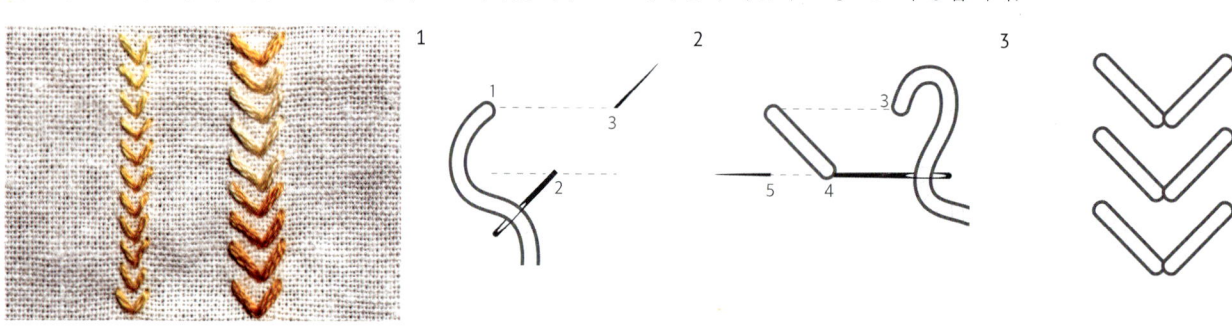

058 글로브 스티치 Glove stitch ★☆☆

원래 장갑을 꿰맬 때 사용하던 스티치로 기울어진 지그재그 모양입니다.

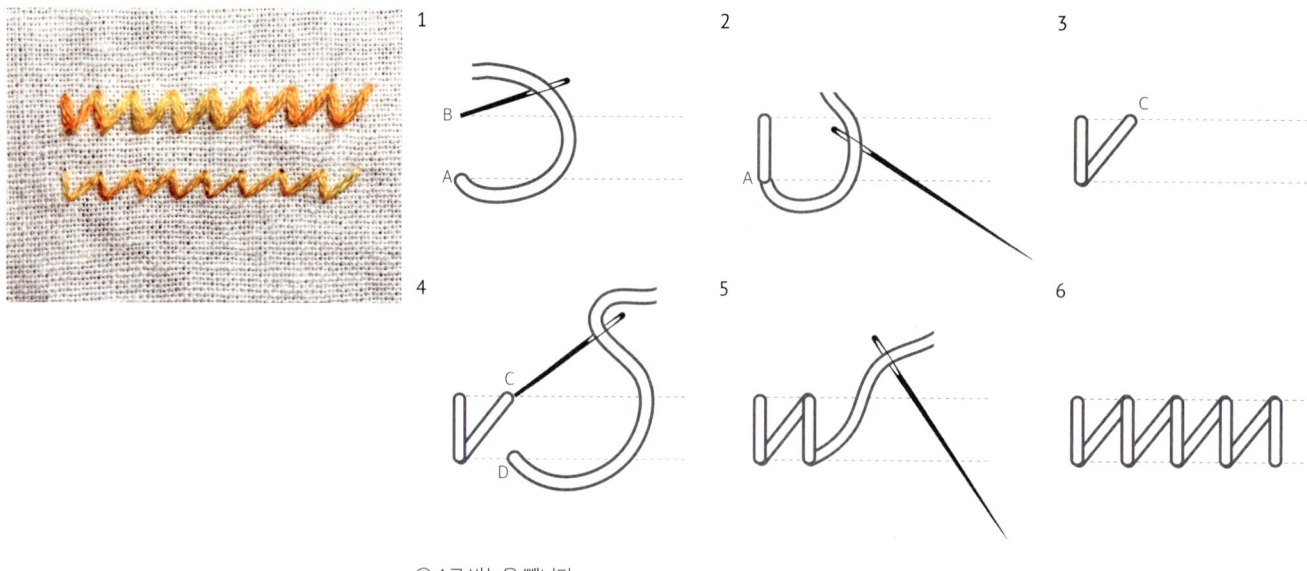

② A로 바늘을 뺍니다.
③ C로 바늘을 넣어 줍니다.
④ D로 바늘을 빼서 C로 넣어 줍니다.

059 펀 스티치 Fern stitch ★☆☆

펀은 '양치'란 뜻으로 양치 식물의 잎처럼 스트레이트 스티치로 수놓는 기법입니다.

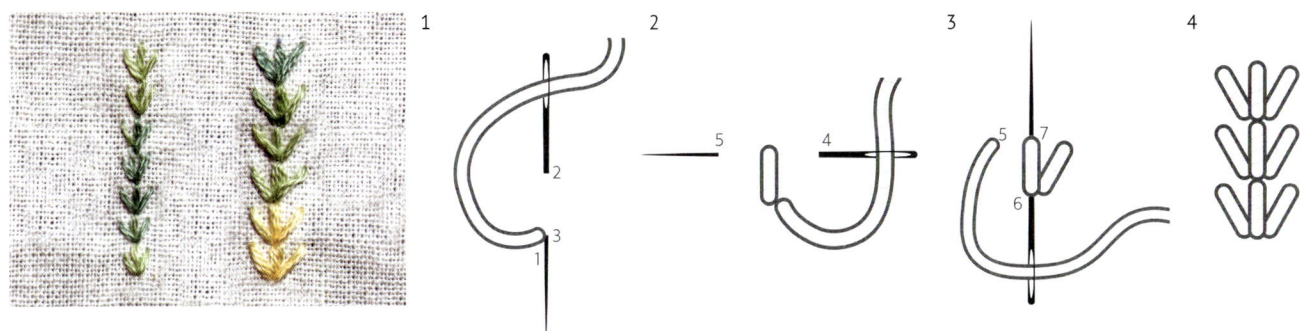

060 플라이 스티치 Fly stitch ★☆☆

'와이(Y) 스티치'라고도 하며 Y형 또는 V형으로 수놓습니다.

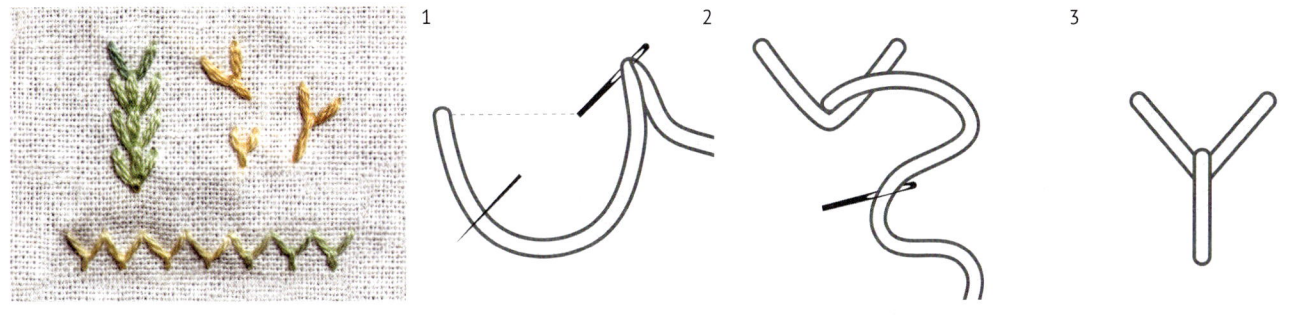

061 체인 앤 플라이 스티치 Chain and Fly stitch ★☆☆

체인 스티치와 플라이 스티치를 결합한 스티치입니다.

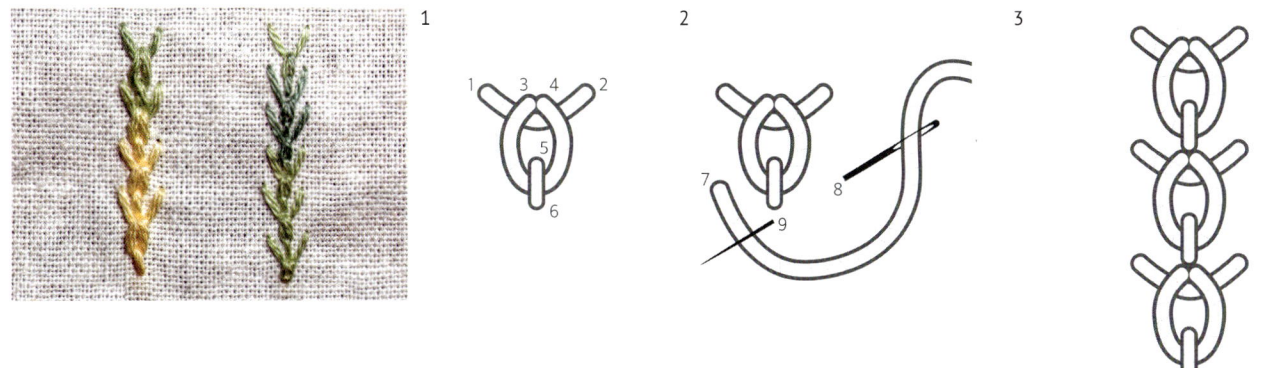

> **펀 스티치(45쪽) vs 플라이 스티치(45쪽)**
> 수놓은 모양은 비슷하지만 펀 스티치는 한땀 한땀을 스트레이트 스티치로 수놓고 수놓는 방향이 아래에서 위로 향하고 플라이 스티치는 위에서 아래로 수놓는 차이점이 있습니다.

062 트위스티드 플라이 스티치 Twisted Fly stitch ★★☆

플라이 스티치를 꼬아준 모양으로 꽃봉오리의 꽃받침으로 수놓으면 예쁩니다.

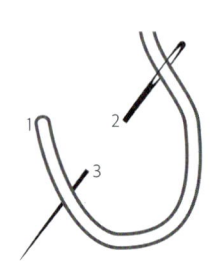

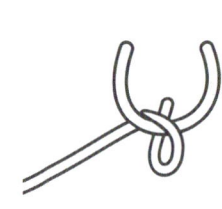
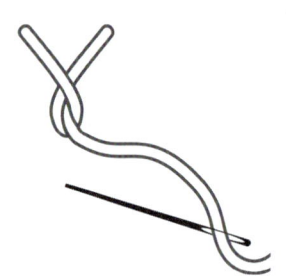

④ 실을 당긴 후 원하는 위치에 바늘을 넣어 줍니다.

063 프렌치 노티드 플라이 스티치 French Knotted Fly stitch ★☆☆

플라이 스티치의 V자 부분을 프렌치노트 스티치 해주는 기법입니다.

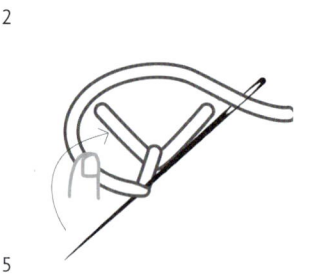
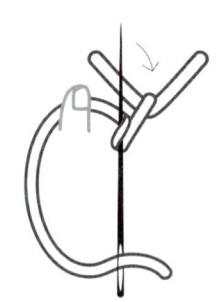
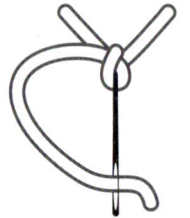

064 백본 스티치 Backbone stitch ★☆☆

페더 스티치와 비슷하지만 중심이 사람의 척추처럼 일자로 내려오게 수놓습니다.

 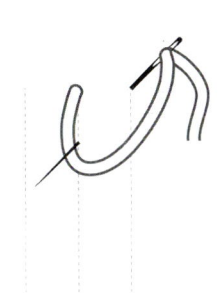 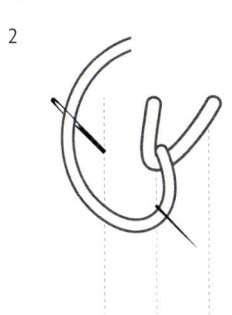 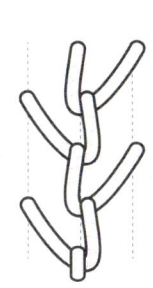

1 2 3

065 페더 스티치 Feather stitch ★★☆

깃털 모양으로 플라이 스티치를 양 옆으로 번갈아 수놓습니다.

 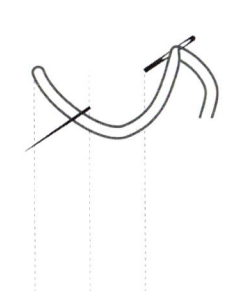 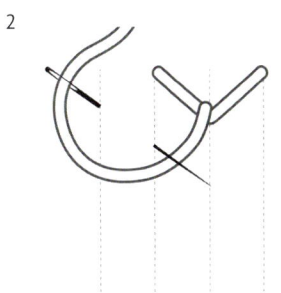 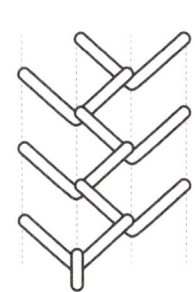

1 2 3

066 더블 페더 스티치 Double Feather stitch ★★☆

페더 스티치 방법으로 두 번씩 반복하여 수놓습니다.

 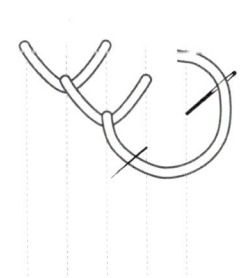 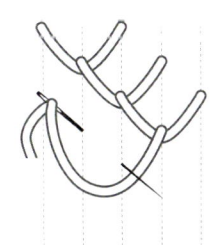 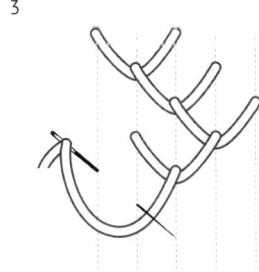

1 2 3

4

비교

백본 스티치(47쪽) vs 페더 스티치(47쪽)
백본 스티치는 중심이 일자로 내려오며 바늘땀과 경사각도가 자유로운 반면 페더 스티치는 바늘땀과 경사각도를 일정하게 해 줍니다.

067 노티드 페더 스티치 Knotted Feather stitch ★★☆

페더 스티치의 중앙에 매듭을 만들면서 수놓습니다.

1
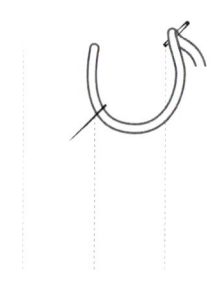

2
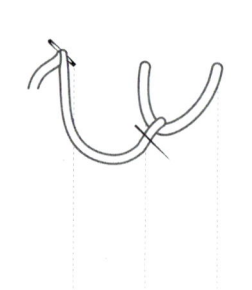

3
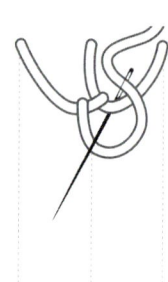

4
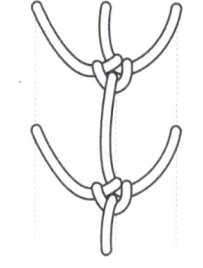

068 오픈 크레탄 스티치 Open Cretan stitch ★★☆

크레탄 스티치를 간격을 두어 스티치하는 기법입니다.

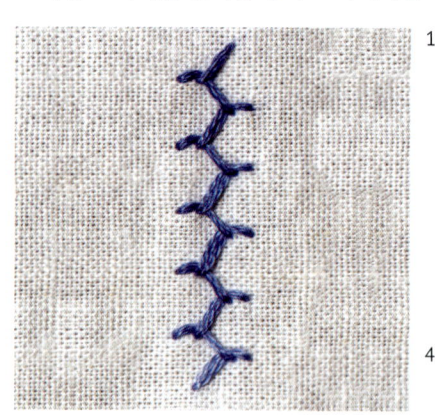

1
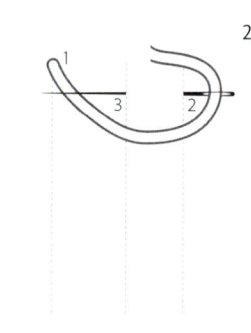

2
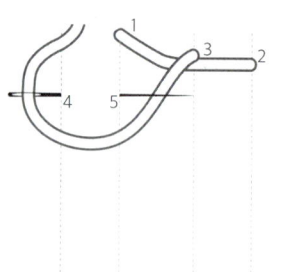

3
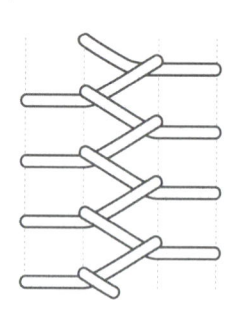

4
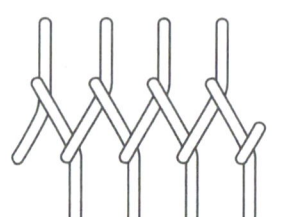

069 클로즈드 페더 스티치 Closed Feather stitch ★★☆

클로즈드는 '올이 촘촘하다'란 뜻으로 페더 스티치를 간격을 붙여 수놓습니다. 이름에 '클로즈드(Closed)'가 들어간 스티치는 간격을 촘촘하게 수놓는 기법입니다.

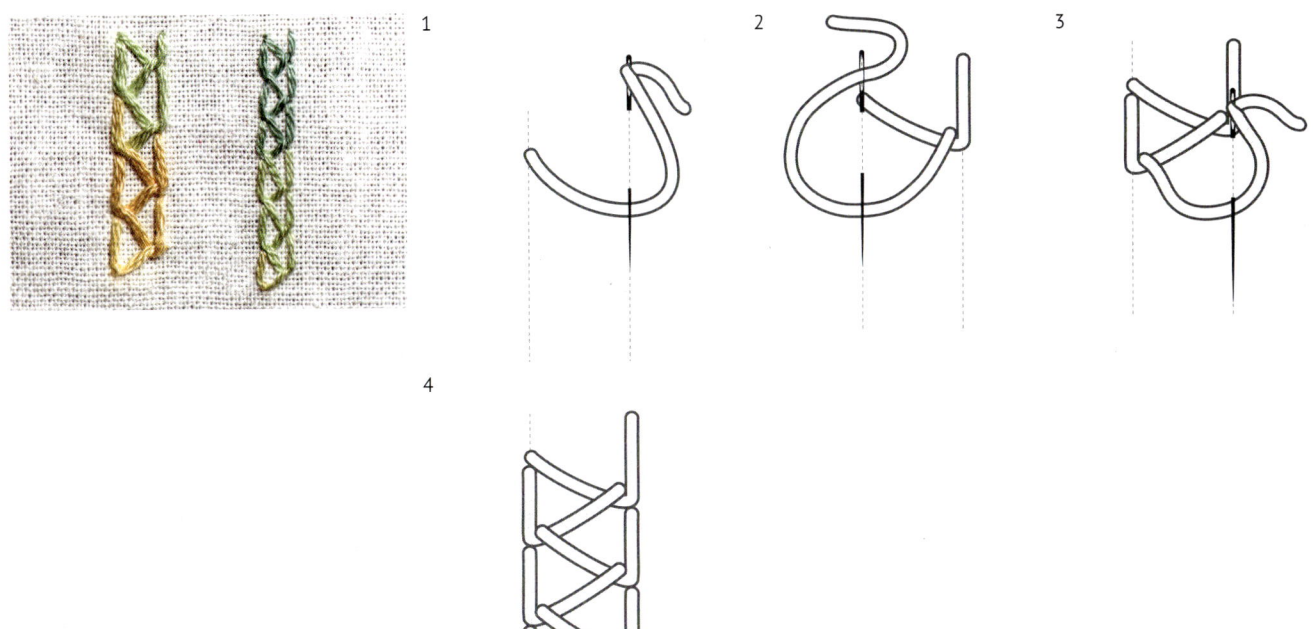

070 더블 체인 스티치 Double Chain stitch ★★☆

2층의 체인 스티치 모양으로 수놓는 스티치입니다.

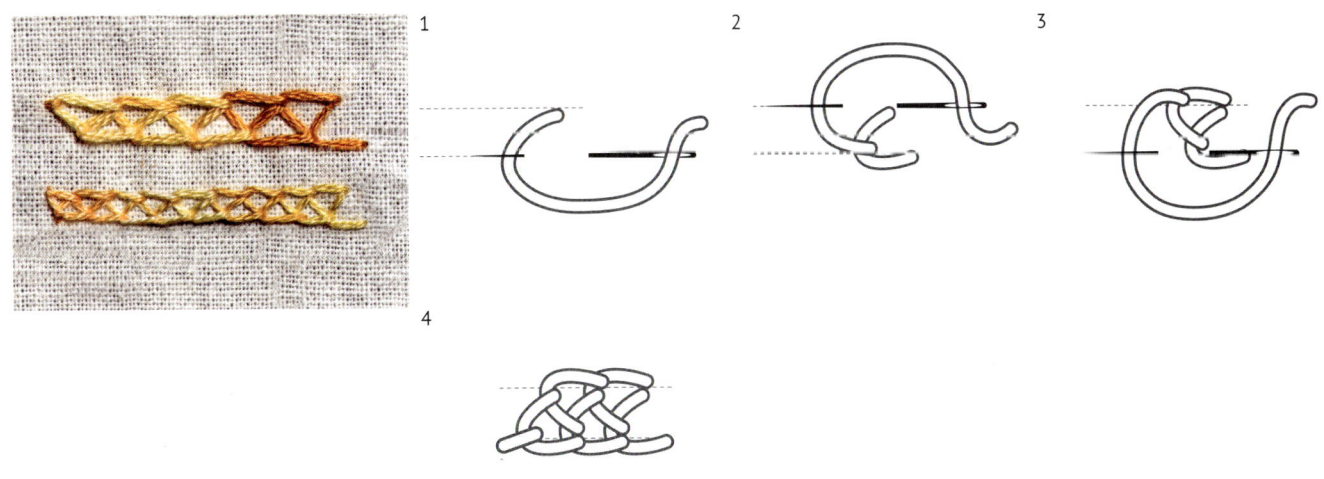

> **클로즈드 페더 스티치 vs 더블 체인 스티치**
> 수놓은 모양은 비슷하지만 클로즈드 페더 스티치는 고리 바깥 쪽으로 바늘을 넣어 연결하고, 더블 체인 스티치는 고리 안쪽으로 바늘을 넣어 연결하는 차이점이 있습니다.

071 손 스티치 Thorn stitch ★☆☆

손은 '가시'란 뜻으로 양치 식물의 잎 등을 표현하기 좋습니다. 두꺼운 실을 중심에 두고 얇은 실을 사선으로 수놓으면 질감 표현에 효과적입니다.

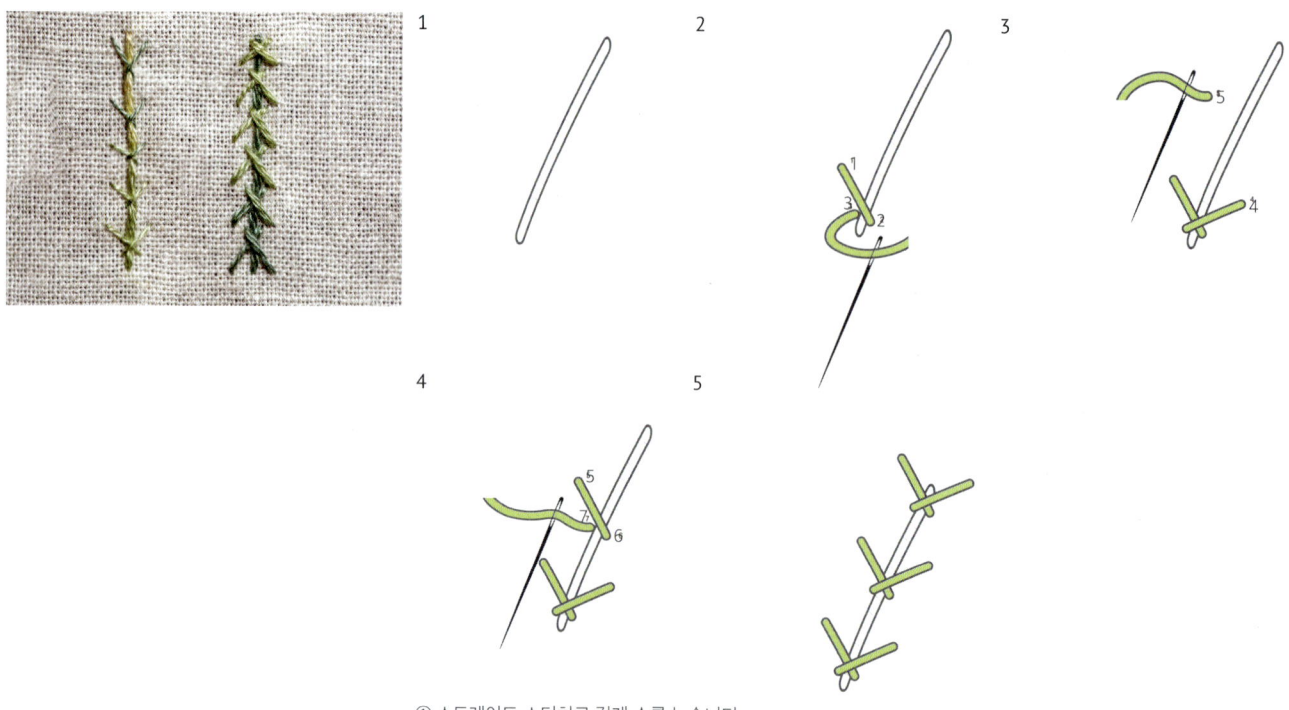

① 스트레이트 스티치로 길게 수를 놓습니다.

072 휘티어 스티치 Wheatear stitch ★★☆

휘티어는 '밀이삭'이란 뜻으로 '휘트(Wheat) 스티치'라고도 합니다. 보리나 밀의 모양이며 V자를 경사지게 수놓을수록 예쁜 모양이 만들어집니다.

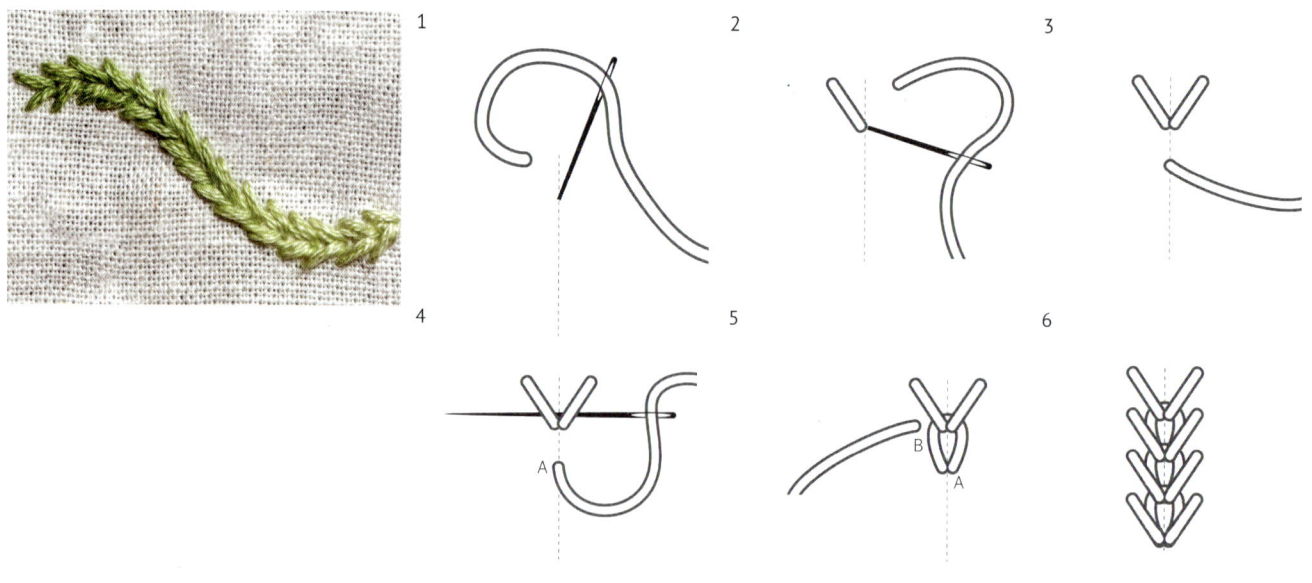

④ v자 모양 땀 아래로 바늘을 통과시킨 후 A로 넣어 줍니다.
⑤ 바늘을 B로 뺀 후 1부터 4를 반복합니다.

073 반다이크 스티치 Vandyke stitch ★★☆

네덜란드 화가 반다이크가 그린 초상화의 가장자리 장식 모양을 나타낸 스티치입니다. 가로 넓이에 따라 도톰한 가는 라인, 넓은 라인을 모두 표현하기에 좋습니다.

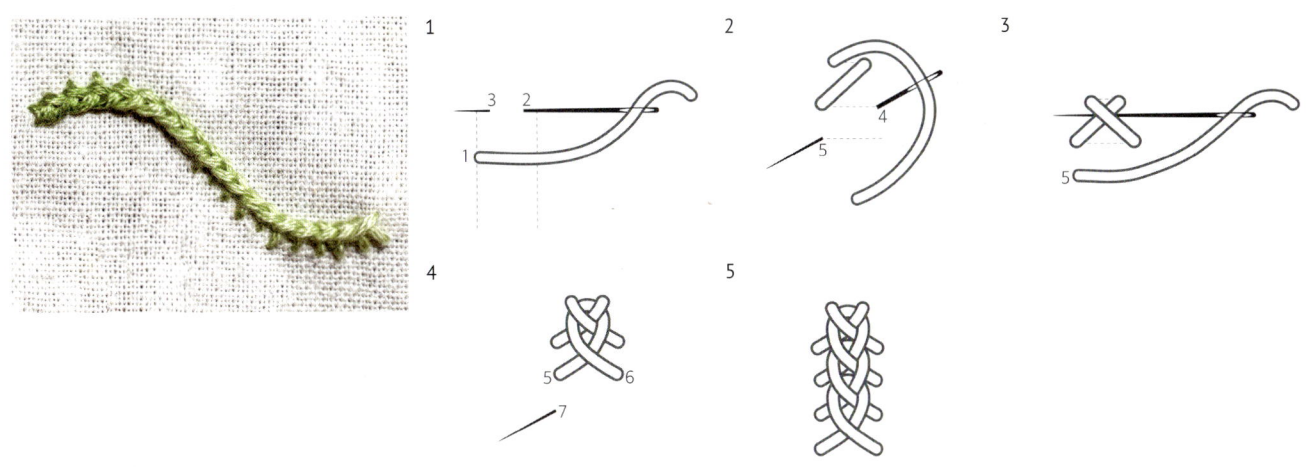

③ X자 모양 땀 아래로 바늘을 통과시켜 줍니다.
④ 같은 방식으로 반복합니다.

074 코랄 스티치 Coral stitch ★★☆

코랄은 '산호'라는 뜻으로 산호 모양처럼 실을 매듭지으며 선을 만드는 스티치입니다. '싱글노트(Single Knot) 스티치'라고도 합니다.

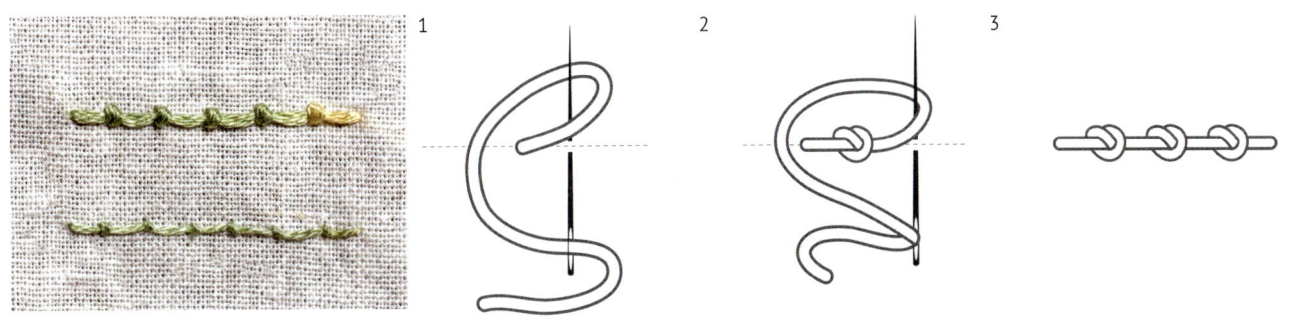

① 그림처럼 바늘에 실을 감아 팽팽하게 당겨준 후 바늘을 위로 빼 줍니다.
② 같은 방식으로 반복합니다.

075 지그재그 코랄 스티치 Zigzag Coral stitch ★★☆

코랄 스티치를 지그재그 모양으로 수놓습니다.

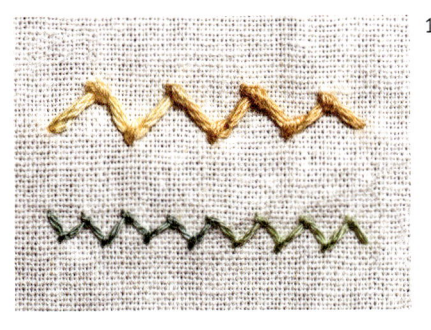 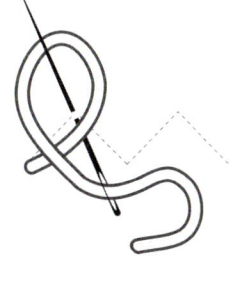 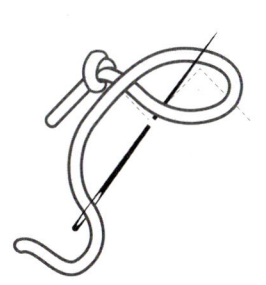 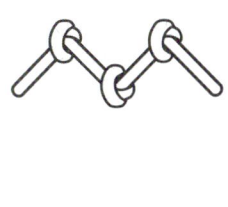

076 코디드 코랄 스티치 Corded Coral stitch ★★☆

색이 다른 두 개의 실을 사용하여 더 장식적인 코랄 스티치를 표현할 수 있습니다.

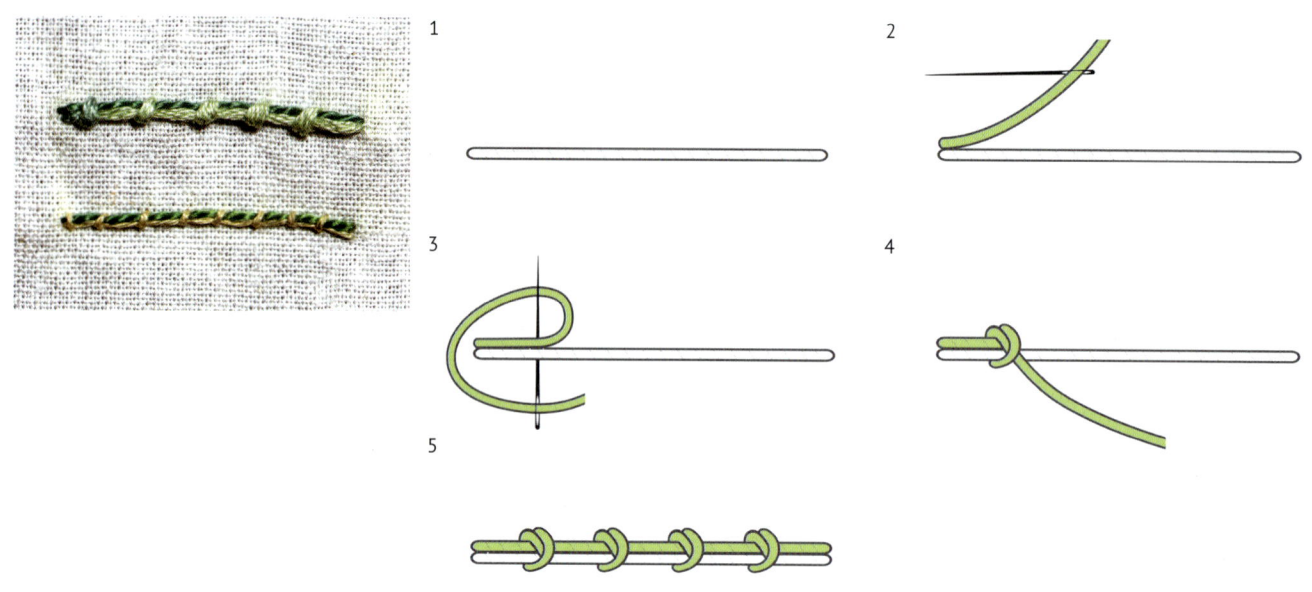

① 스트레이트 스티치로 길게 수를 놓습니다.
② 묶어서 고정시킬 실을 뺍니다.
③ 두 개의 실 아래로 천을 꿰어 한 땀 뜬 후 바늘에 실을 감아 줍니다.
④ 실을 당겨 줍니다. 코랄 스티치(51쪽) 방식과 같습니다.

077 스크롤 스티치 Scroll stitch ★★☆

스크롤은 '소용돌이 무늬'라는 뜻으로 바늘에 실을 감아 수놓는 스티치입니다.

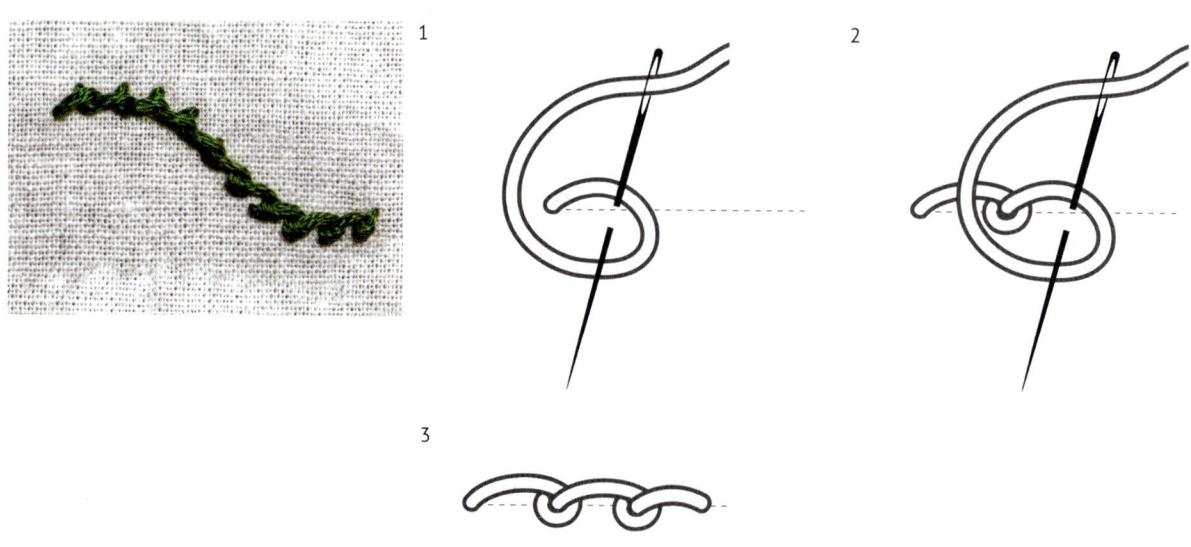

① 실이 바늘에 팽팽하게 감겨지도록 당겨 준 후 바늘을 아래로 빼 줍니다.

078 케이블 스티치 Cable stitch ★★☆

케이블은 '굵은 밧줄'이란 뜻으로 입체적인 라인을 표현할 수 있습니다. '팔레스트리나(Palestrina) 스티치'라고도 합니다.

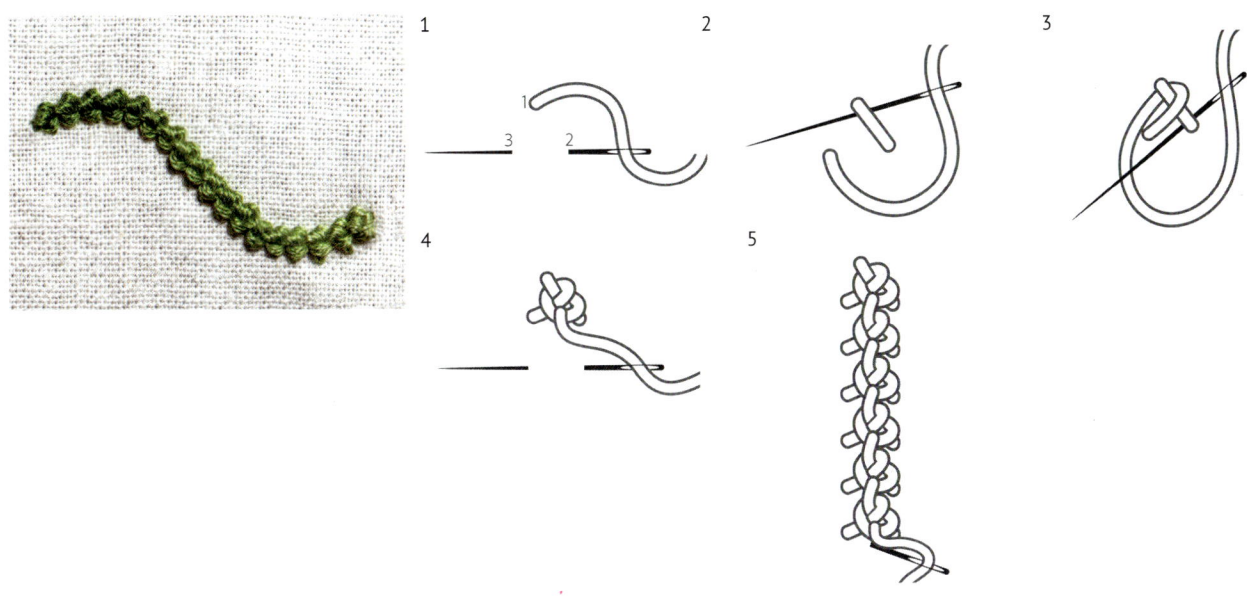

④ 가로, 세로, 땀 간격이 일정할수록 스티치 모양이 더 예뻐집니다.

079 브레이드 스티치 Braid stitch ★★☆

브레이드는 '꼬아놓은 끈'이란 뜻으로 볼륨감이 있고 레이스 느낌이 나는 스티치입니다.

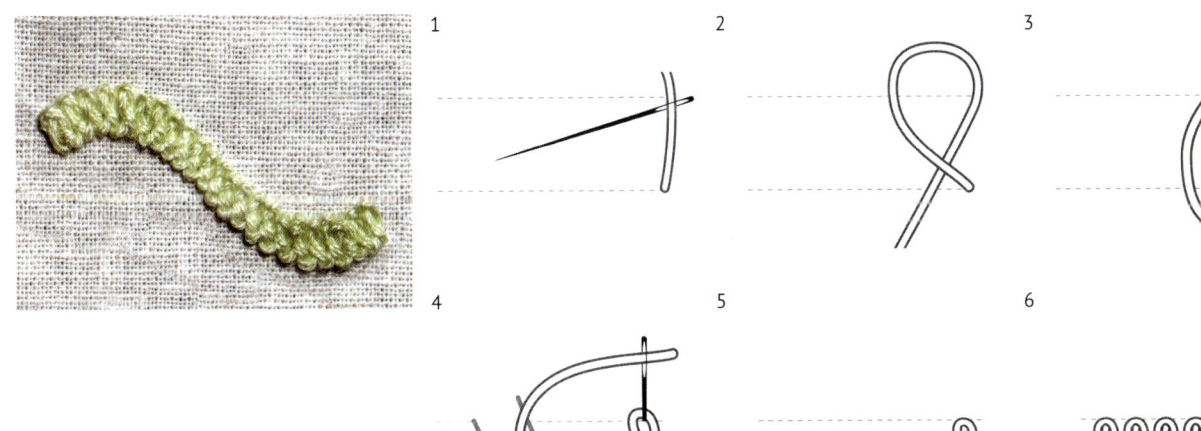

① 평행하게 두 개의 선을 그린 후 아래에서 바늘을 빼 줍니다.
② 그림처럼 고리를 만듭니다.
③ 그림처럼 바늘을 위에서 아래로 뜨고 실을 바늘 아래로 돌려 줍니다.
④ 실을 당겨 준 후 바늘을 뺍니다.
⑤ 1부터 4를 반복합니다.

080 스플릿 스티치 Split stitch ★★☆

스플릿은 '절개하다, 쪼개다'란 뜻으로 앞 실의 가운데를 되돌려 뜨는 스티치입니다. 면을 채우는 스티치로도 효과적이며 1줄의 실을 사용할 때는 두꺼운 실이 효과적이고 2줄 이상의 실을 사용하면 체인 스티치와 비슷한 모양이 됩니다.

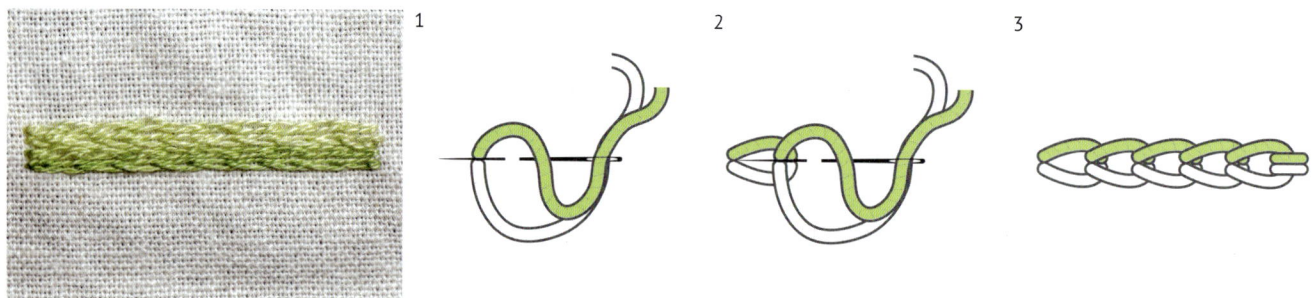

081 스플릿 백 스티치 Split Back stitch ★★☆

앞으로 움직이는 스플릿 스티치와 반대로 뒤로 움직이면서 실을 가르는 방법입니다.

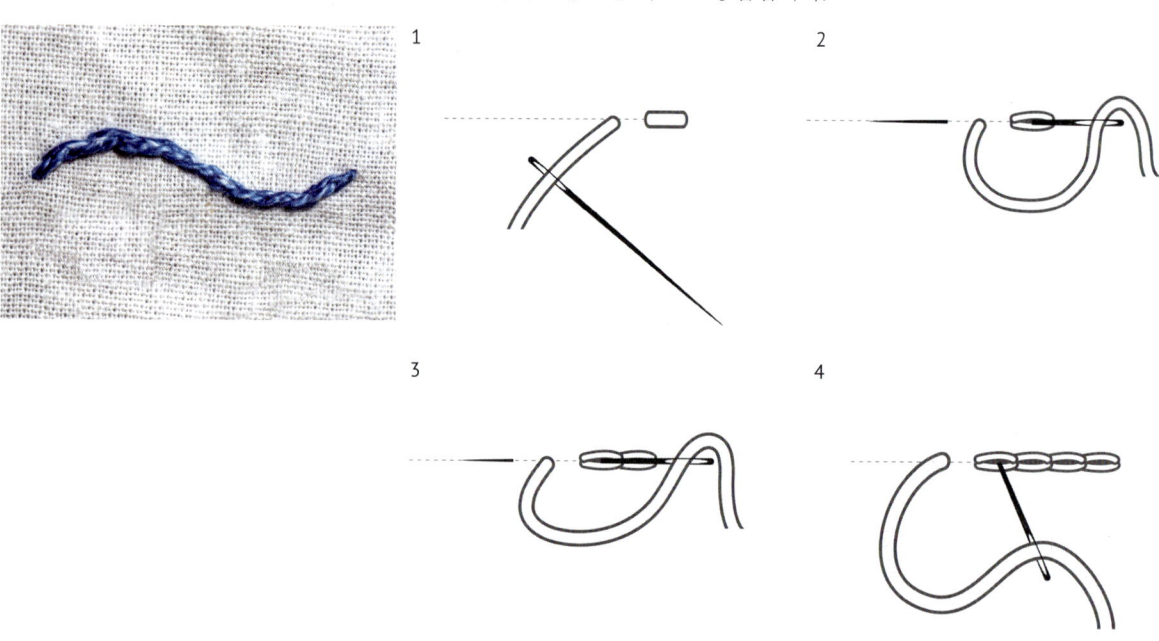

② 실과 실 사이의 가운데에 바늘을 꽂아 넣습니다.

🍮 비교

스필릿 스티치 vs 스플릿 백 스티치
두 가닥 이상의 실로 수를 놓을 경우에는 스플릿 스티치 방식이 편하고 두꺼운 한 가닥의 실로 수를 놓을 경우에는 스플릿 백 스티치 방식이 편한 것 같습니다.

082 마운트멜릭 스티치 Mountmellick stitch ★★★

아일랜드 흰실 자수의 일종인 마운트 멜릭 자수에 쓰인 기법으로 케이블 스티치와 비슷한 모양이지만 더 도톰하고 두꺼운 라인을 표현하기에 좋습니다.

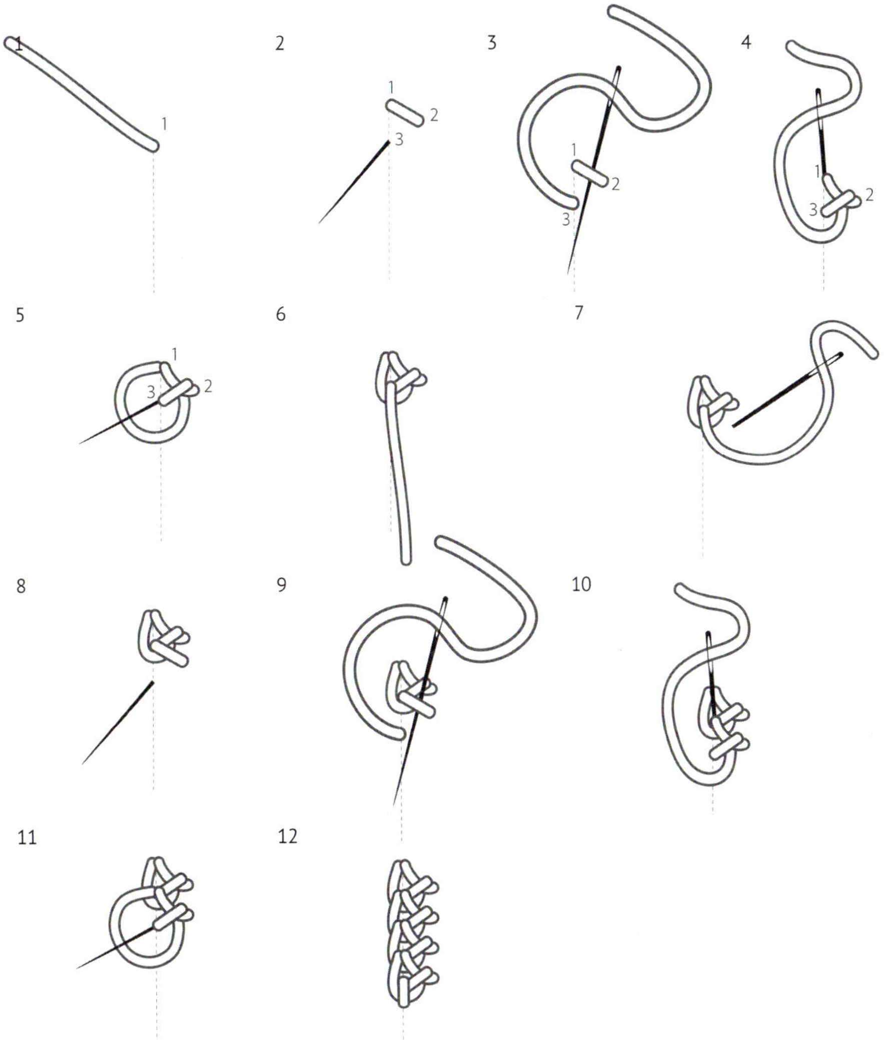

③ 그림처럼 바늘을 아래로 빼서 당겨 줍니다.
④ 왼쪽에 고리를 만들기 위해 실을 남겨 두고 1로 바늘을 넣어 줍니다.
⑤ 만들어 준 고리 안쪽의 3으로 바늘을 빼 줍니다.
⑥ 실을 당깁니다.

083 카우칭 스티치 Couching stitch ★☆☆

굵은 실이나 실 묶음을 다른 실로 고정시키는 스티치입니다.

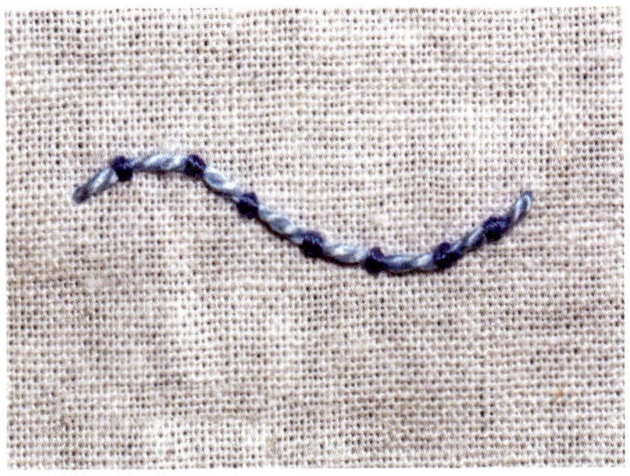

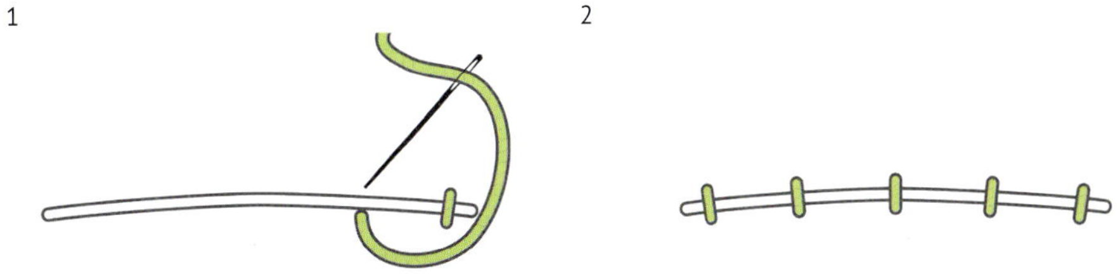

① 길게 스트레이트 스티치를 놓아준 후 일정 간격으로 고정시켜 줍니다.

| 084 | **휘프트 카우칭 스티치** Whipped Couching stitch | ★☆☆ |

카우칭 스티치 위에 다른 실로 휘감아주는 스티치로 입체적인 선을 표현할 수 있습니다.

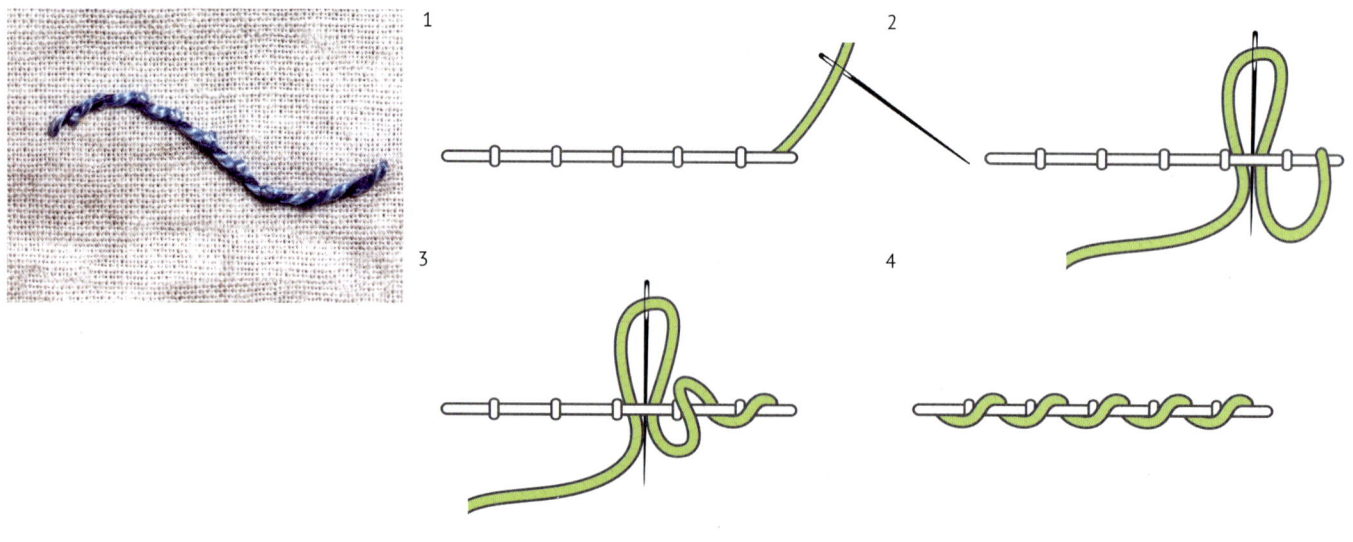

① 카우칭 스티치를 한 후 오른쪽 끝 실 위로 바늘을 빼 줍니다.

| 085 | **펄 스티치** Pearl stitch | ★★★ |

진주같이 동글동글한 매듭이 줄지어진 라인을 만드는 스티치로 굵고 꼬임이 단단한 실을 사용하면 더 효과적입니다.

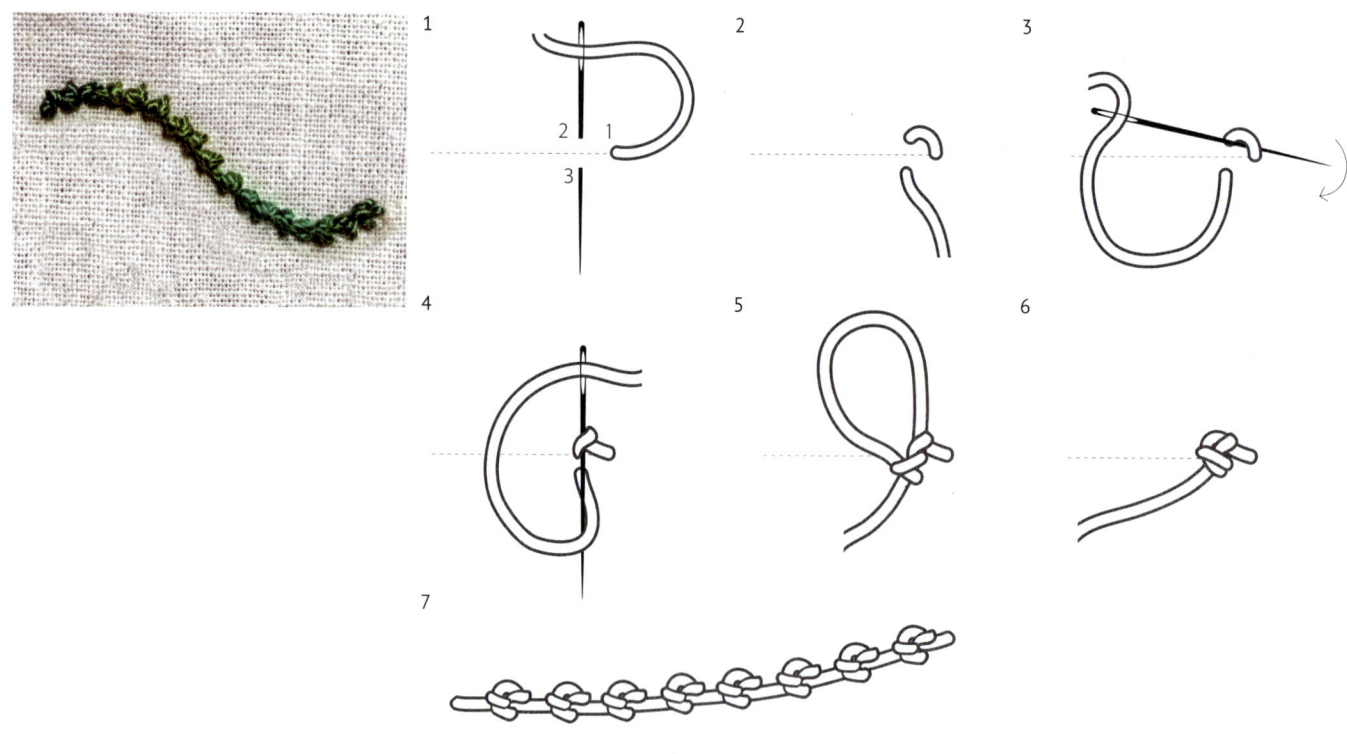

③ 바늘을 고리 아래로 넣어 줍니다. 그리고 오른쪽으로 돌려 줍니다.
④ 그림처럼 바늘을 아래로 빼 줍니다.
⑤ 그림처럼 생긴 고리가 없어지도록 실을 아래로 천천히 당겨 줍니다.
⑥ 매듭이 생기도록 꽉 당겨 줍니다.
⑦ 1에서 6을 반복해 줍니다.

086 퍼피 카우칭 스티치 Puffy Couching stitch ★★☆

실 뭉치를 고정시키는 방법으로 장식이나 볼륨감 있는 입체 표현에 효과적입니다.

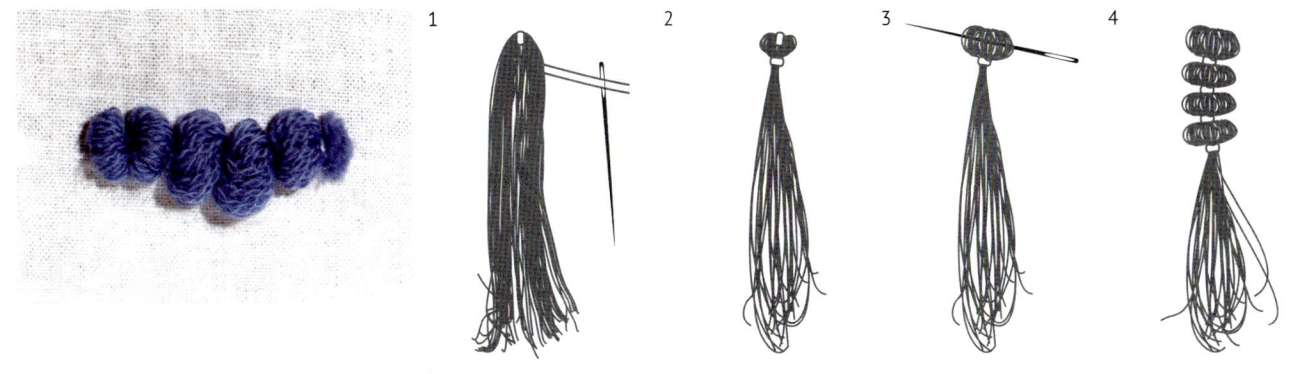

① 실 뭉치를 반으로 접은 다음 접은 부분을 고정시키고 실을 밑으로 뺍니다.
② 밑으로 나온 실로 그림처럼 카우칭해 줍니다.
③ 그림처럼 바늘로 실 뭉치를 둥글게 부풀려 줍니다.
④ 같은 방식으로 카우칭하고 부풀려 줍니다.
⑤ 실 뭉치의 끝 부분을 바늘에 끼워 원단 밑으로 넣어 주거나 깔끔하게 가위로 잘라 정리해 줍니다.

087 플라이 리프 스티치 Fly Leaf Stitch ★★☆

플라이 스티치를 촘촘히 해서 잎 모양을 수놓습니다. '리프 플라이(Leaf Fly) 스티치'라고도 합니다.

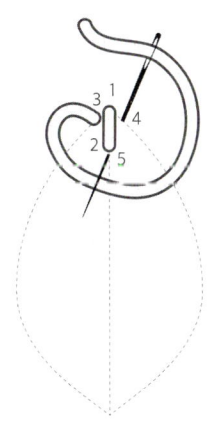
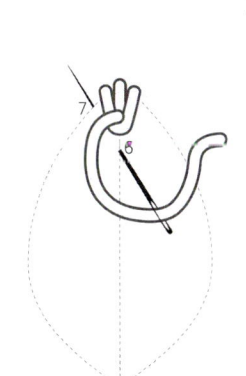
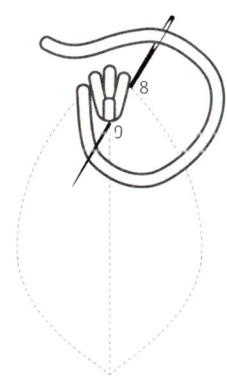
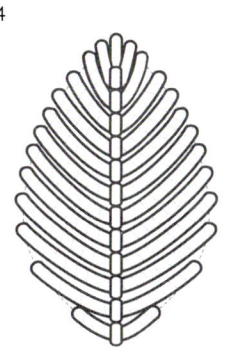

088 # 크레탄 스티치 Cretan stitch ★★☆

'크레타섬'이름에서 연유된 명칭으로 레이스를 옷감에 붙일 때 사용되었습니다. 가운데를 얼기설기 얽어서 잎을 채워줄 수 있으며 촘촘히 메워주면 꽉 채워진 잎을 표현할 수 있습니다.

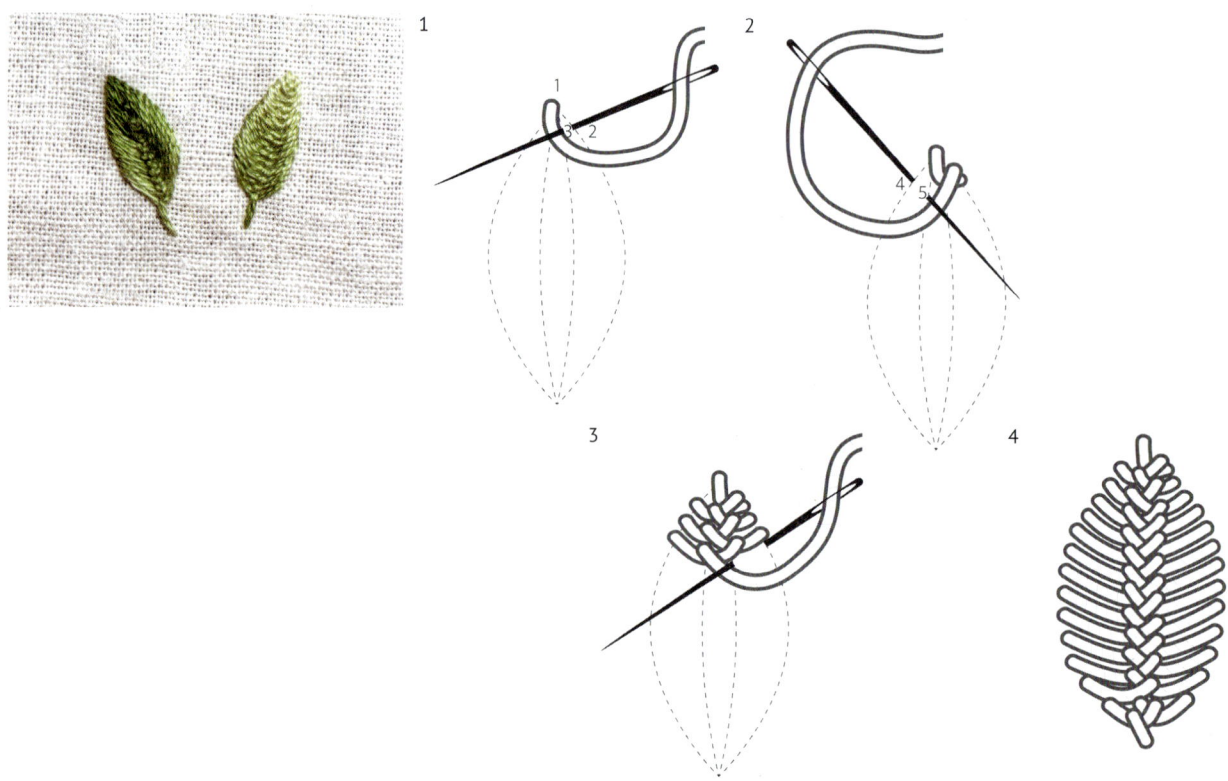

089 # 피쉬본 스티치 Fishbone stitch ★★☆

물고기 뼈와 같은 모양으로 잎을 수놓는 스티치입니다. 간격을 주어 수놓으면 오픈 피쉬본 스티치(Open Fishbone Stitch)가 됩니다.

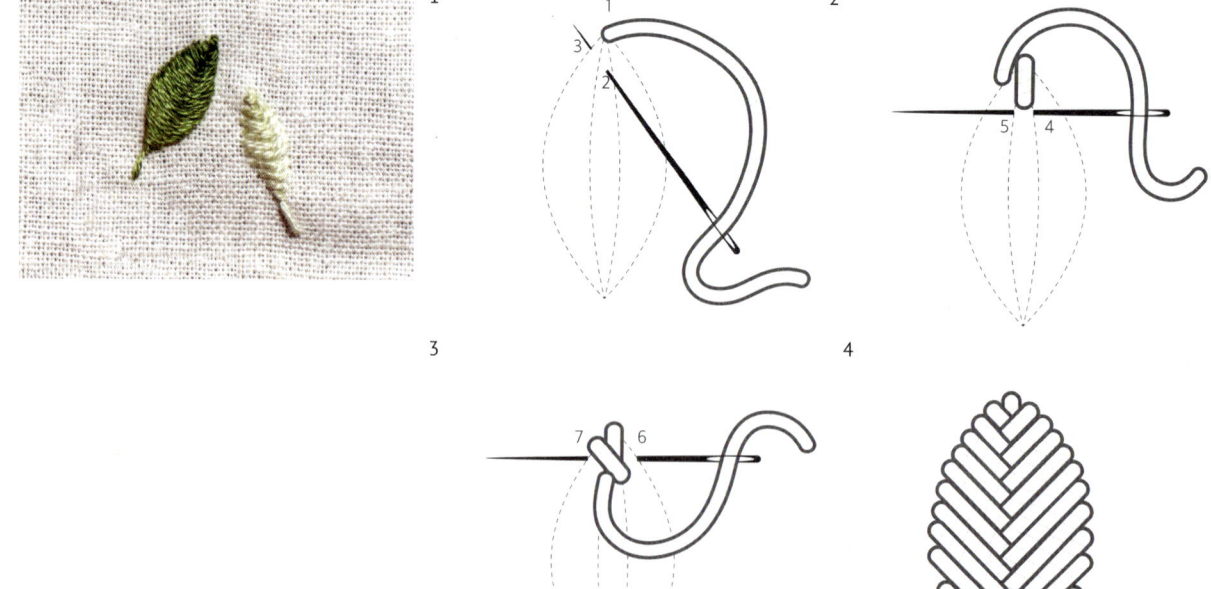

090 레이즈드 피쉬본 스티치 Raised Fishbone stitch ★★☆

도안의 중앙에서부터 교차시켜 수놓는 방법으로 볼륨감 있는 잎을 표현할 수 있습니다.

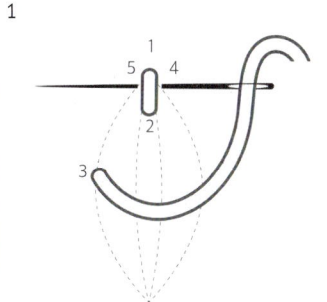
1
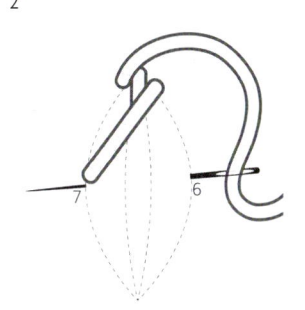
2

3

091 플랫 스티치 Flat stitch ★★☆

새틴 스티치 느낌의 평면의 잎을 표현할 수 있습니다.

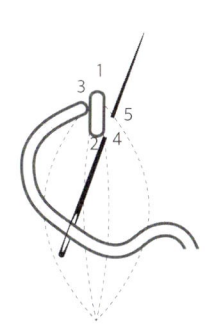
1
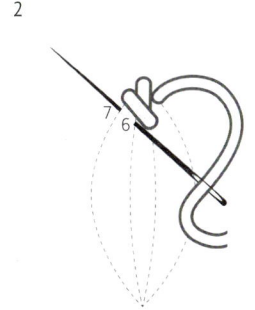
2

3

092 레이즈드 클로즈 헤링본 스티치 Raised Close Herringbone stitch ★★☆

스트레이트 스티치를 한 후 고리처럼 걸어 수놓는 방법으로 볼륨감 있는 도톰한 잎을 표현할 수 있습니다.

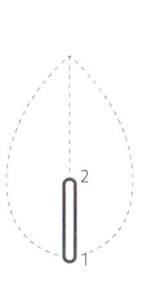
1
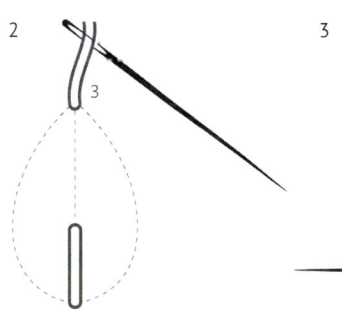
2
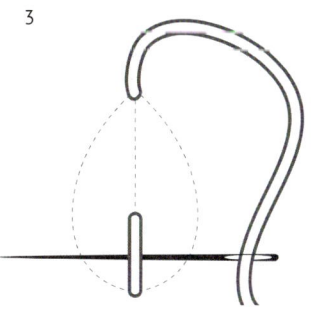
3

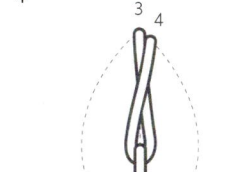
4
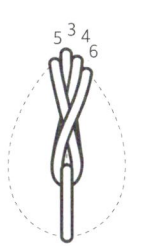
5

6

① 도안선 가운데에 3분의 1만큼 스트레이트 스티치를 수놓습니다.
② 3으로 바늘을 빼 줍니다.
③ 천을 꿰지 않고 실 아래로 넣어 줍니다.
④ 실을 위쪽으로 당겨 4로 넣어 줍니다.
⑤ 5로 바늘을 뺀 후 3~4와 같은 방식으로 스티치한 후 6으로 넣어 줍니다.

093 리프 스티치 Leaf stitch ★★☆

'나뭇잎'이란 이름 그대로 잎 모양을 표현하는 스티치입니다.

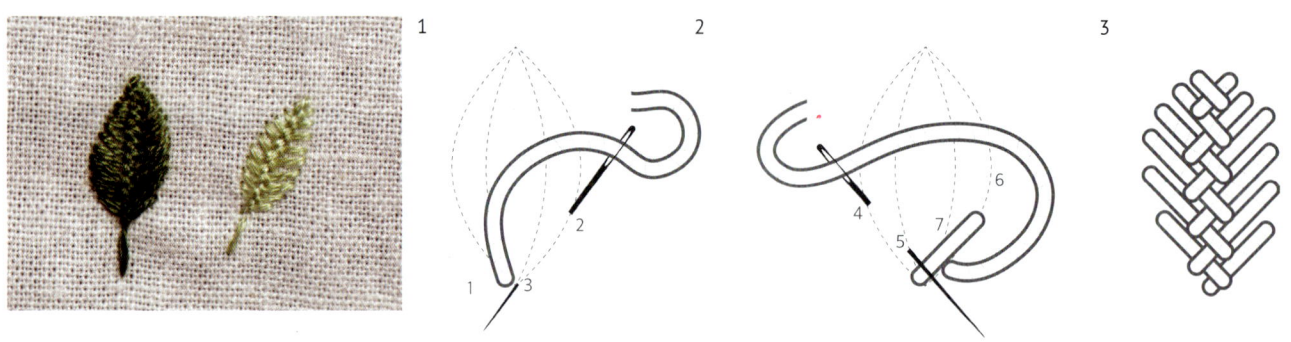

094 다닝 스티치 Darning stitch ★☆☆

면을 채우는 데 사용하며 바느질의 홈질과 비슷하게 러닝 스티치를 여러 줄 수놓은 모양입니다.

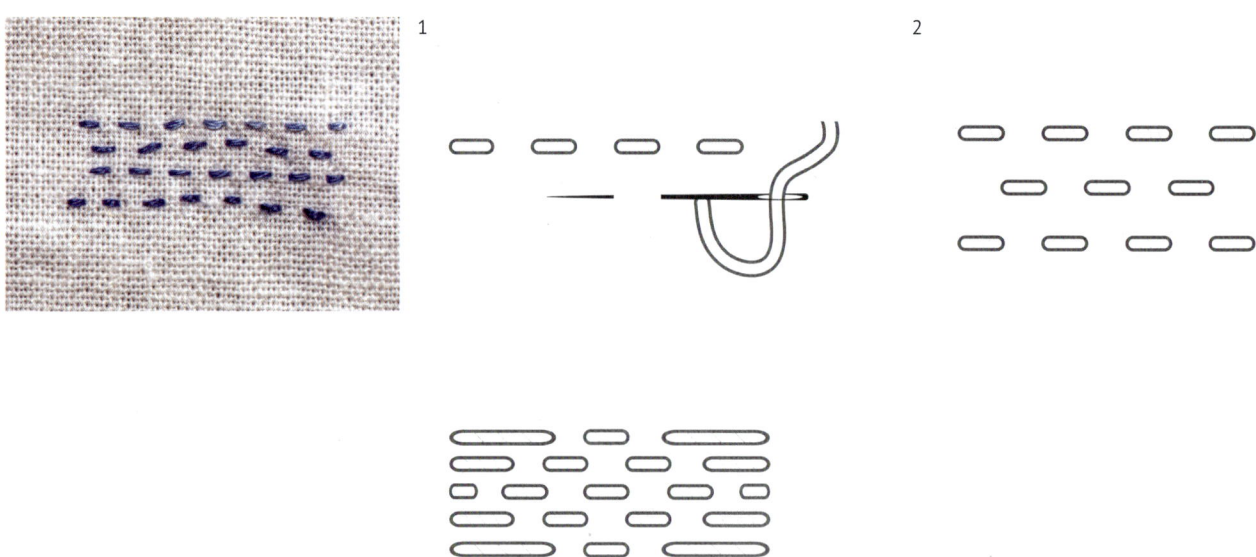

095 씨드 스티치 Seed stitch ★☆☆

씨드는 '씨앗'이란 뜻으로 씨앗 모양으로 불규칙하게 많이 수놓아야 예쁘며 면을 채우는 데 사용합니다.

 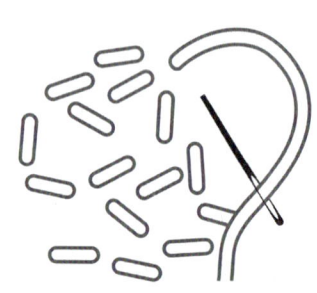

096 도트 스티치 Dot stitch ★☆☆

도트는 '작은 점'처럼 수놓는 스티치로 같은 지점에서 두 번 스트레이트 스티치 하는 방법이며 불규칙하게 수놓아 면을 채우거나 일직선으로 수놓아 선을 표현할 수 있습니다.

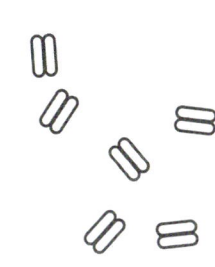

097 프리 라이스 스티치 Free Rice stitch ★☆☆

쌀을 퍼뜨린 모양으로 스트레이트 스티치로 불규칙하게, 자유롭게 교차시켜 수놓아 면을 채우는 기법입니다.

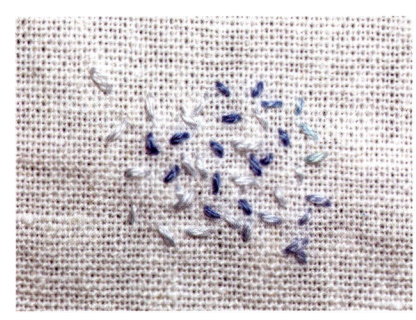
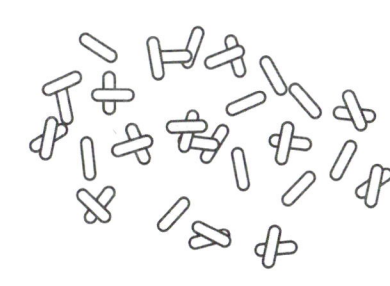

098 프렌치 노트 스티치 French Knot stitch ★★☆

바늘에 실을 감아 구슬같은 매듭을 만드는 스티치입니다.

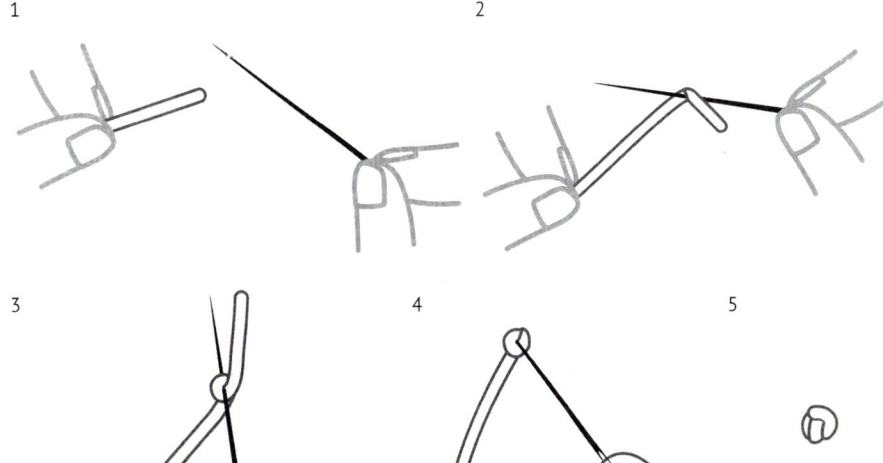

②, ③ 그림처럼 바늘에 실을 감아 줍니다.
④ 실이 나온 곳 가까이에 바늘을 꽂고 실을 팽팽하게 당겨 준 후 바늘을 밑으로 잡아 당깁니다.

099 콜로니얼 노트 스티치 Colonial Knot stitch ★★☆

프렌치노트 스티치와 비슷하지만 모양이 더 크고 단단하고 입체적입니다.

1
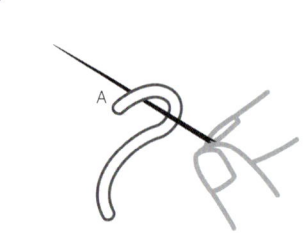

2
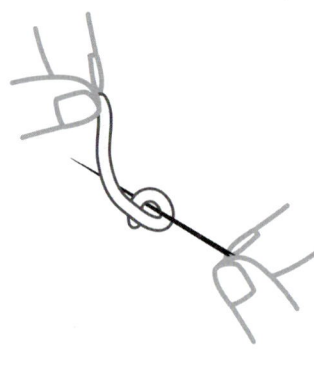

3 4
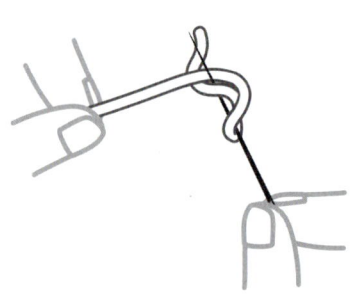

5 6
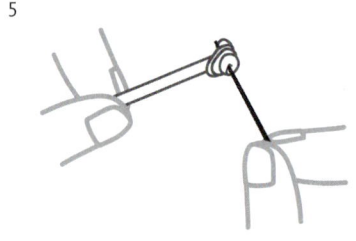

7

① A로 실을 뺀 후 바늘에 걸어 줍니다.
② 왼손으로 실을 잡아 바늘 위로 들어 올립니다.
③ 들어 올렸던 실을 바늘 아래로 내려 8자 모양을 만들어 줍니다.
④ 실을 살짝 잡아당깁니다.
⑤ 왼손으로 실을 잡은 상태에서 실이 나온 곳 가까이에 바늘을 꽂습니다.
⑥ 실을 팽팽하게 당겨 준 후 바늘을 밑으로 빼 줍니다.

프렌치 노트 스티치(61쪽) vs 콜로니얼 노트 스티치(62쪽)

바늘에 실을 한번만 감은 프렌치 노트 스티치와 비교할 때 클로니얼 노트 스티치는 두 번 감아주는 방식으로 프렌치 노트 스티치보다 모양이 더 크고 입체적입니다. 반면 프렌치 노트 스티치는 두 번, 세 번도 감아줄 수 있으며 크기조절이 더 자유롭습니다.

100 저먼 노트 스티치 German Knot stitch ★★☆

프레즐 모양처럼 생긴 장식 매듭입니다.

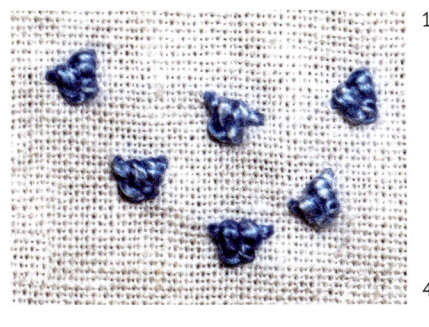
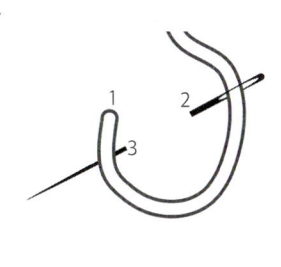
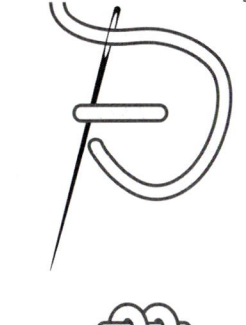
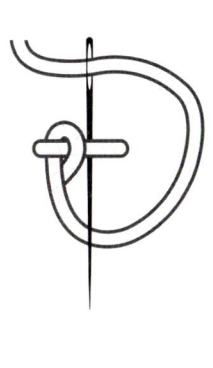

101 피스틸 스티치 Pistil stitch ★★☆

줄기에 프렌치 노트가 있는 스티치로 '롱 프렌치노트(Long Frenchknot) 스티치'라고도 합니다.

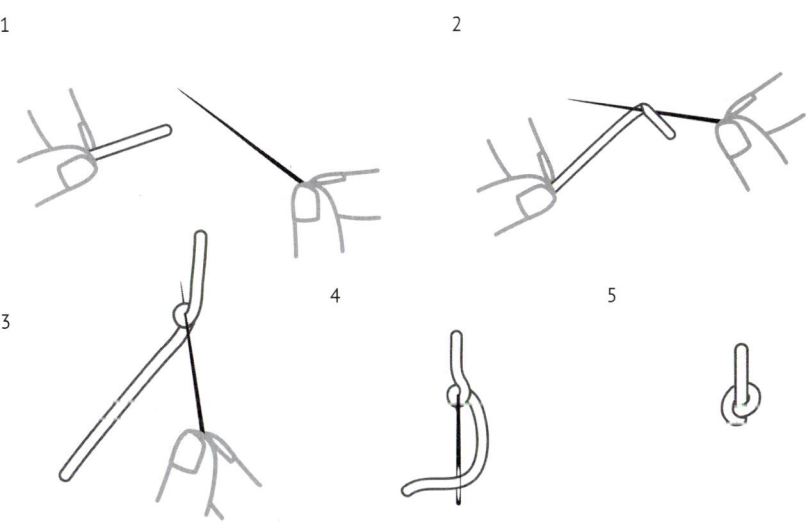

②, ③ 바늘에 실을 감아 줍니다.
④ 원하는 기둥 길이의 위치에 바늘을 꽂고 실을 팽팽하게 당겨 준 후 바늘을 밑으로 빼 줍니다.

102 링 스티치 Ring stitch ★★☆

느슨하게 고리를 만들어 끝을 고정시키는 고리 모양의 스티치입니다.

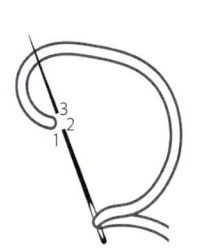

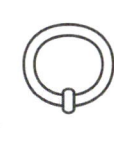

103 레이지데이지 스티치 Lazydaisy stitch ★☆☆

작은 꽃이나 잎을 표현하는 데 사용하는 스티치입니다.

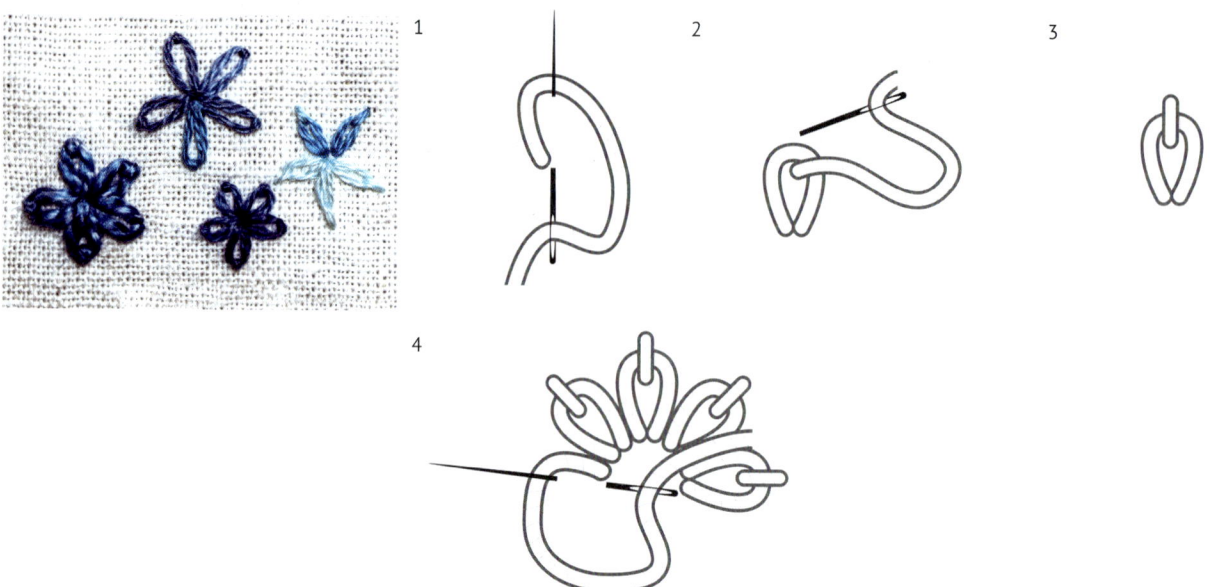

104 더블 레이지데이지 스티치 Double Lazydaisy stitch ★☆☆

레이지데이지 스티치를 이중으로 수놓습니다.

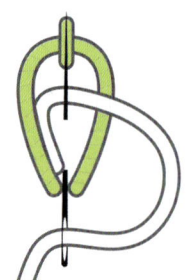
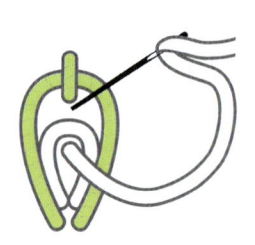

105 트위스티드 레이지데이지 스티치 Twisted Lazydaisy stitch ★☆☆

레이지데이지 스티치를 비튼 모양으로 단독으로 수놓아도 예쁘고 일렬로 수놓으면 매력적인 장식 라인을 만들 수 있습니다.

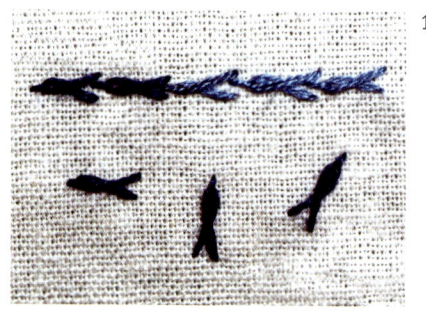
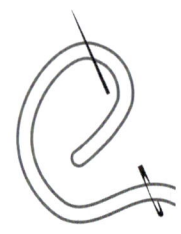

106 프렌치 노티드 레이지데이지 스티치 French Knotted Lazydaisy stitch ★★☆

레이지데이지 스티치와 스트레이트 스티치로 끝을 고정하지않고 프렌치노트 스티치로 고정해주는 기법입니다.

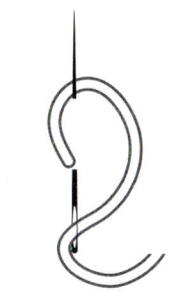
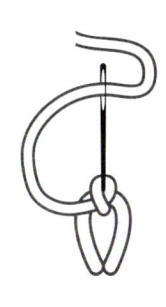

② 레이지데이지 고리를 만든 후 프렌치 너트 스티치로 고정해 줍니다.

107 레이지 로프 스티치 Lazy Rope stitch ★☆☆

레이지데이지 스티치에서 스트레이트 스티치로 끝을 고정하지 않고 작은 레이지데이지 스티치로 고정해주는 기법입니다.

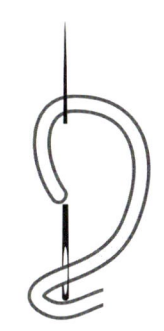

108 페탈 스티치 Petal stitch ★★☆

페탈은 '꽃잎'이란 뜻으로 아웃라인 스티치를 하면서 레이지데이지 스티치를 연속으로 수놓는 스티치로 라인 장식에 효과적입니다.

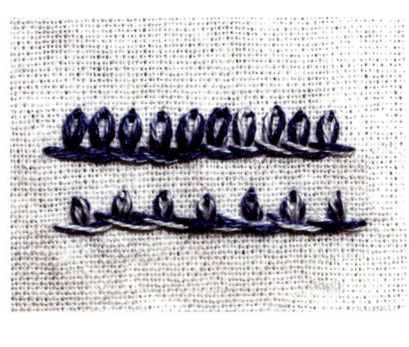
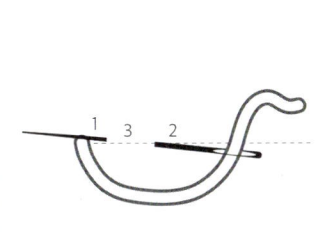
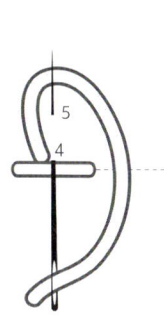
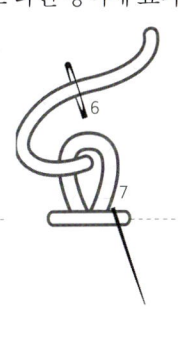
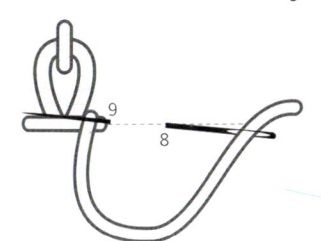
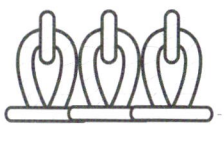

109 테테 드 보프 스티치 Tete de Boeuf stitch ★☆☆

테테 드 보프는 '소의 머리'란 뜻으로 소머리 모양으로 플라이 스티치의 중심 부분을 레이지데이지 스티치로 고정시킵니다.

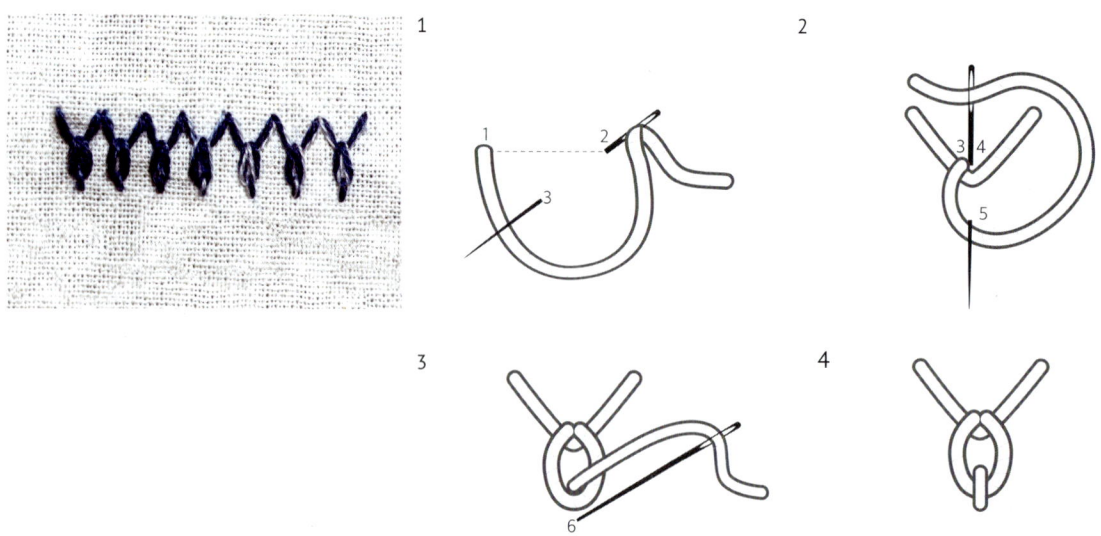

110 헤링본 스티치 Herringbone stitch ★☆☆

헤링본은 '청어의 뼈'라는 뜻으로 실의 끝부분을 X자로 서로 교차시켜 수놓는 방법으로 '새발뜨기'라고도 합니다.

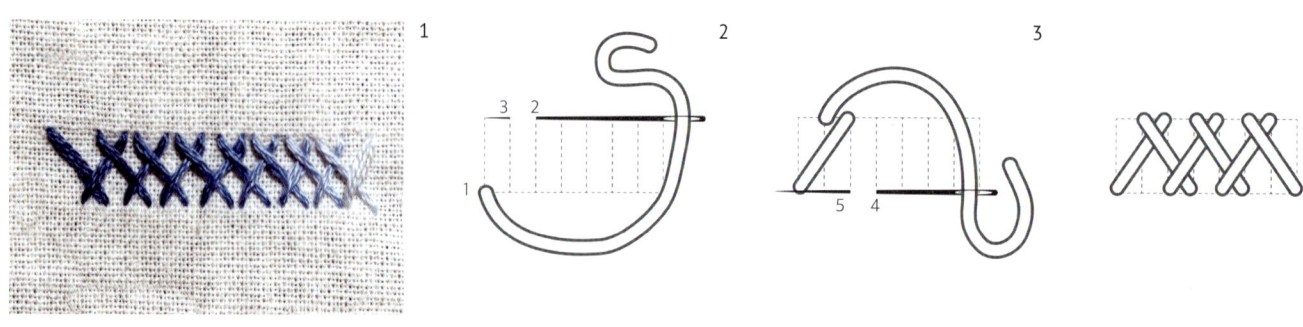

111 백 헤링본 스티치 Back Herringbone stitch ★☆☆

헤링본 스티치의 교차된 부분을 상하로 백 스티치로 고정하는 기법입니다.

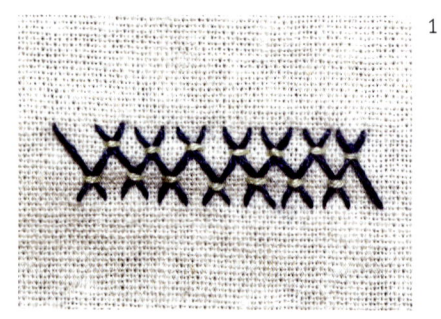
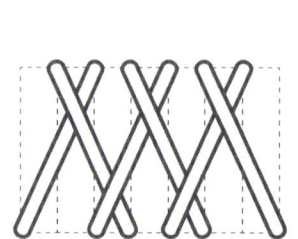
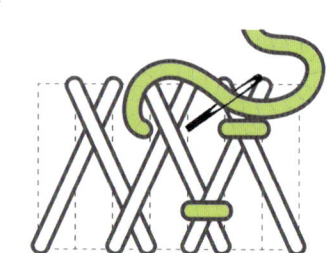

112 더블 헤링본 스티치 Double Herringbone stitch ★★☆

헤링본 스티치를 수놓은 후 바늘땀 사이에 헤링본 스티치를 한 번 더 수놓는 스티치입니다.

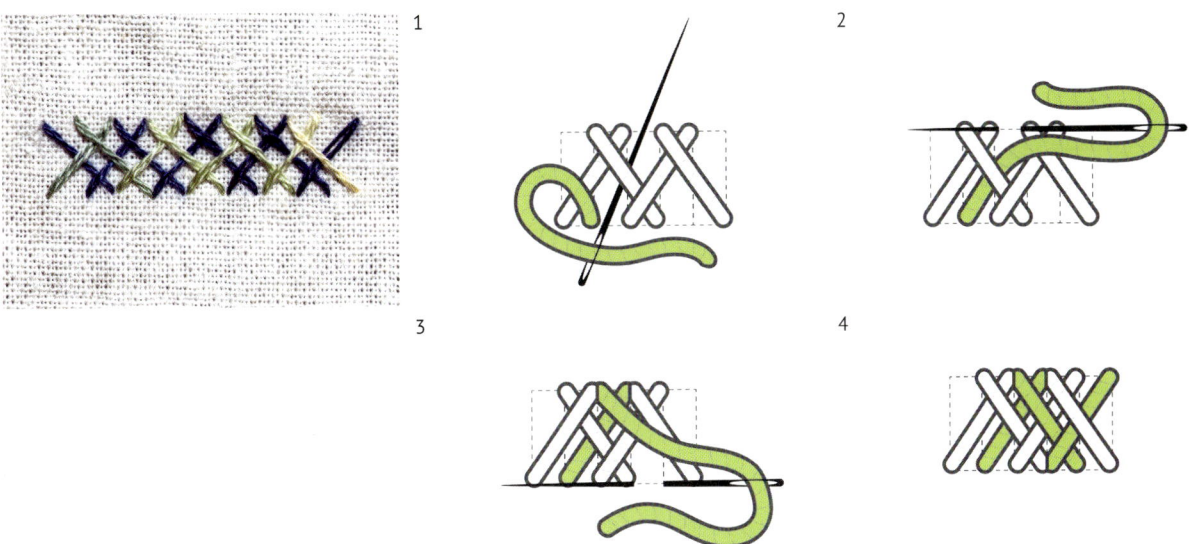

113 클로즈드 헤링본 스티치 Closed Herringbone stitch ★★☆

헤링본 스티치를 촘촘히 수놓아 폭이 넓은 라인을 만들 수 있습니다.

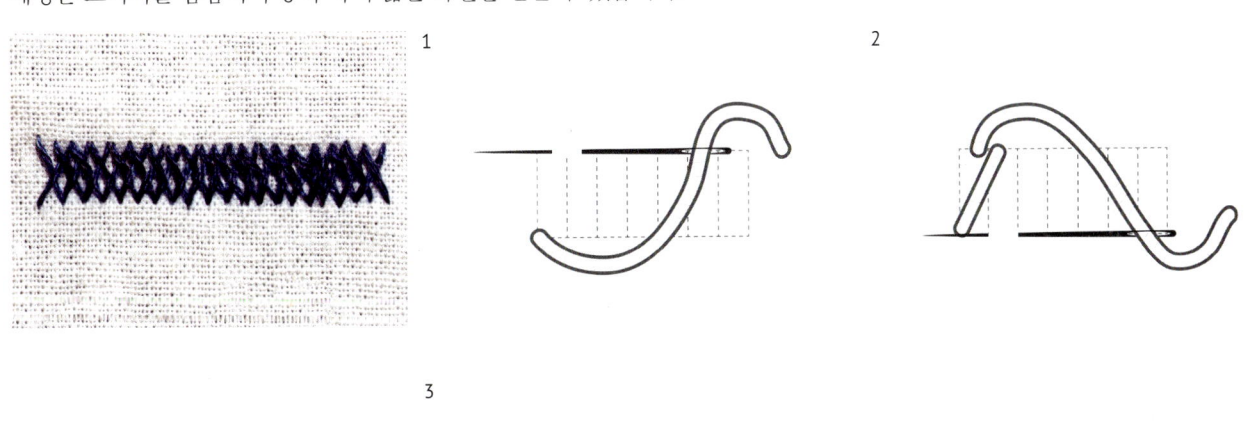

🔍 비교

더블 헤링본 스티치 vs 클로즈드 헤링본 스티치

한가지 실로 수놓을 경우 완성된 모양은 거의 비슷합니다. 더블헤링본 스티치의 경우에는 두번째 헤링본 스티치를 다른 색실로 수놓아 색의 효과를 낼 수 있습니다.

114 턱트 헤링본 스티치 Tucked Herringbone stitch ★☆☆

턱은 '시침질'이란 뜻으로 헤링본 스티치의 교차된 부분을 가로, 세로 또는 십자형으로 시침하는 기법입니다.

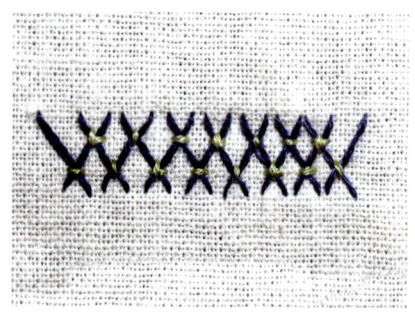
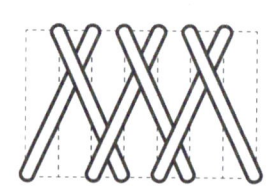
1
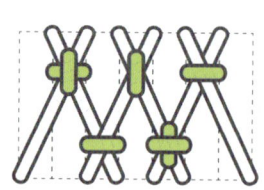
2

115 스레디드 헤링본 스티치 Threaded Herringbone stitch ★☆☆

헤링본 스티치에 다른 실을 물결 모양으로 꿰는 기법입니다.

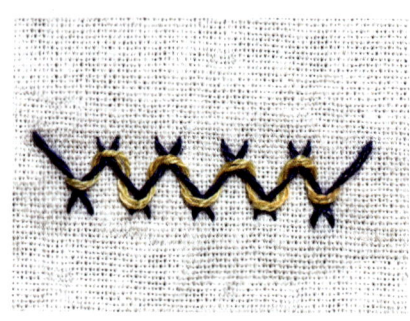
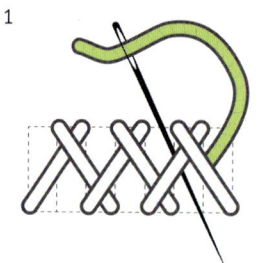
1
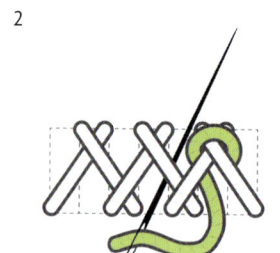
2
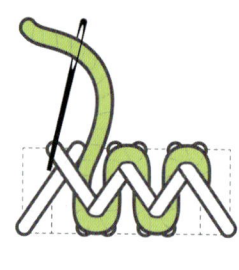
3

116 인터레이스드 헤링본 스티치 Interlaced herringbone stitch ★★☆

레이스 느낌으로 면을 채우기에 효과적입니다.

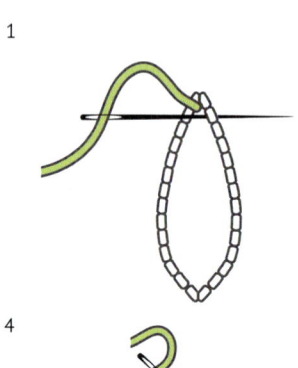
1
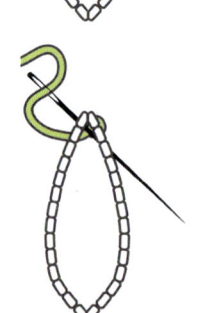
2
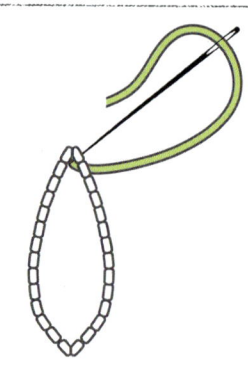
3

4
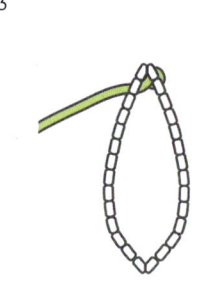
5

① 왼쪽 첫 번째 땀 아래로 실을 빼준 후 오른쪽 두 번째 땀 밑으로 바늘을 밀어 넣습니다.
② 오른쪽 첫 번째 땀 밑으로 바늘을 넣어 줍니다.
③ 왼쪽 두 번째 땀 밑으로 바늘을 빼 줍니다.
④ 왼쪽 첫 번째 땀 밑으로 바늘을 넣어 오른쪽 세 번째 땀 밑으로 빼 줍니다.

117 헤링본 래더 필링 스티치 Herringbone Ladder Filling stitch ★★☆

홀바인 스티치나 백 스티치로 평행하게 두 줄을 수놓은 후 사다리 모양으로 그물망처럼 엮는 스티치입니다. 레이스 느낌의 매력적인 라인을 표현할 수 있습니다.

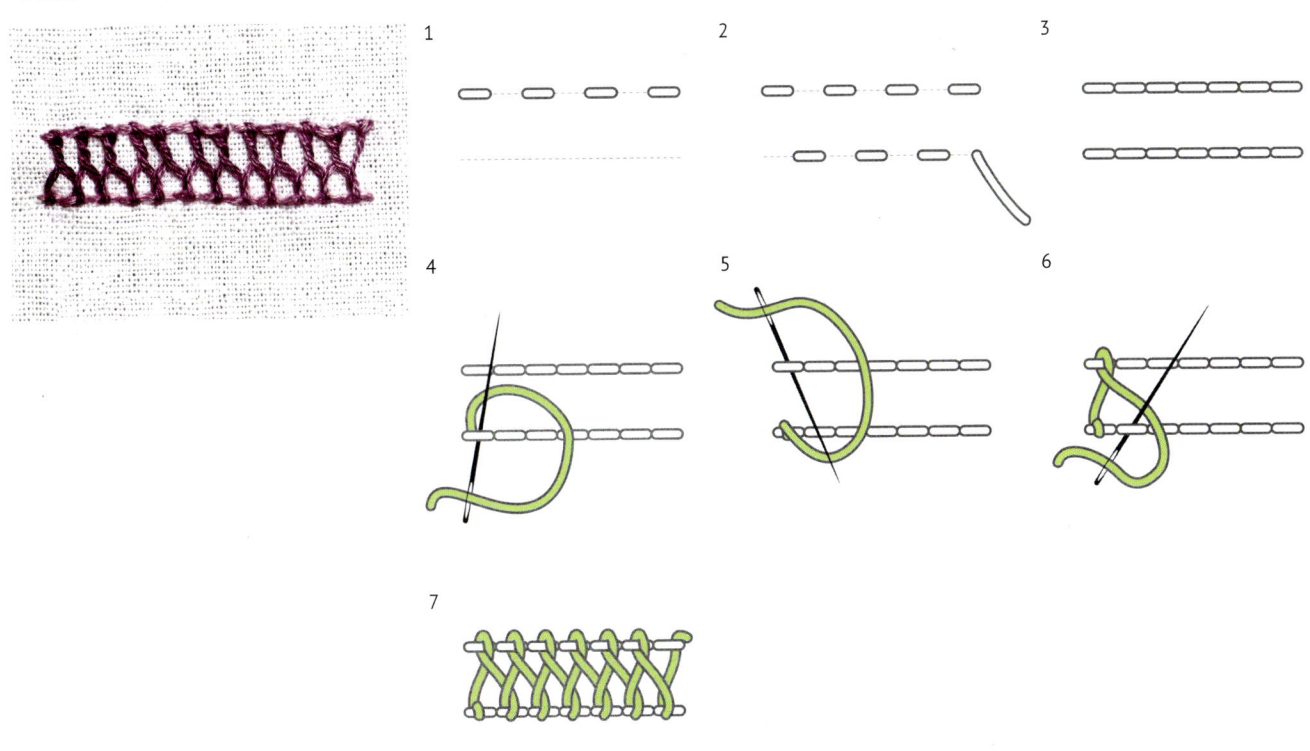

118 브르통 스티치 Breton stitch ★★☆

헤링본 스티치가 꽈베기처럼 꼬인 모양이며 평행의 선을 넓게 수놓는 테두리 장식 스티치입니다.

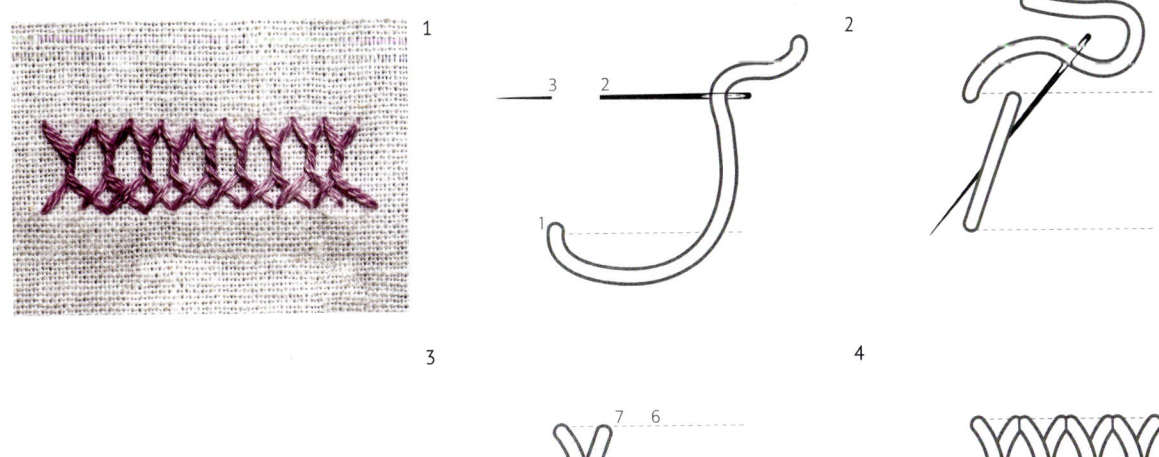

② 그림처럼 바늘을 통과시킨 후 당겨 줍니다.

119 보닛 스티치 Bonnet stitch ★★☆

매력적인 레이스 느낌의 테두리 장식으로 촘촘히 수놓으면 굵은 선을 만들 수 있습니다.

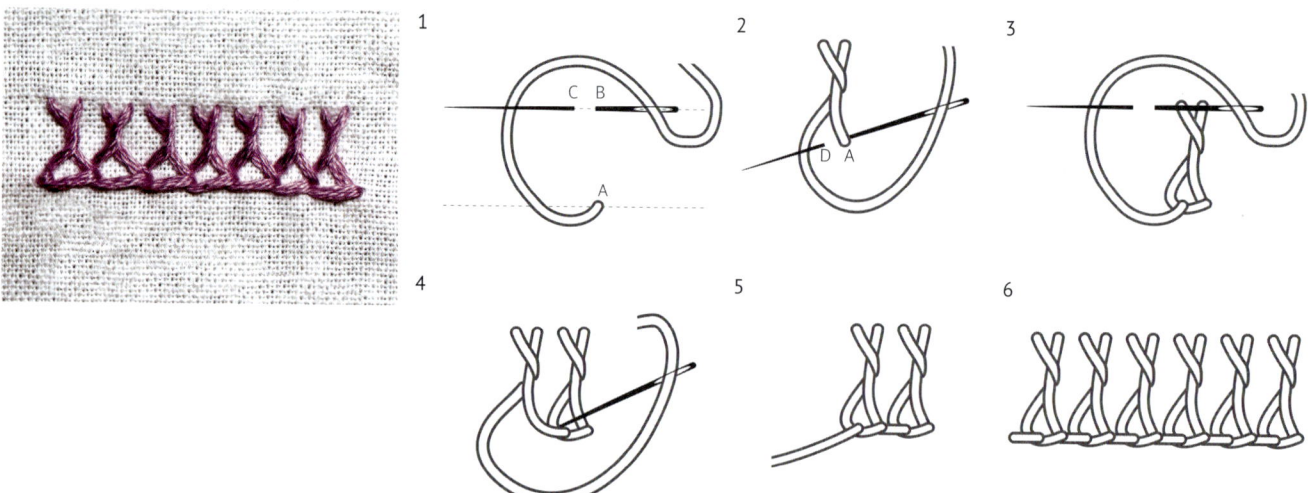

① A와 수평을 이루는 지점인 B에 바늘을 넣어 C로 뺍니다.
② 실을 당겨 A에 바늘을 넣어 D로 빼 줍니다.

120 번들 스티치 Bundle stitch ★★☆

번들은 '다발로 묶다'란 뜻으로 세로선을 일정한 간격으로 수놓아 가운데를 묶어주는 스티치입니다.

 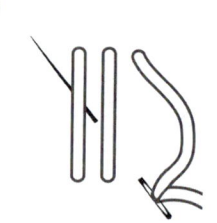 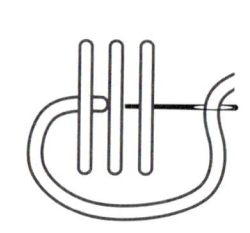 

① 일정 간격으로 세 개의 세로 선을 수놓은 후 가운데로 바늘을 뺍니다.
② 실이 나온 지점에 바늘을 넣어 세 개의 선을 묶어 줍니다.

121 베이스 패고트 필링 스티치 Base Fagot Filling stitch ★★☆

패고트는 '다발'이란 뜻으로 번들 스티치를 두 번 묶은 후 다른 실로 묶은 실을 통과하여 위아래로 교차하는 스티치입니다.

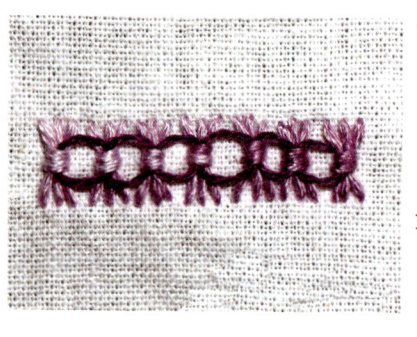 

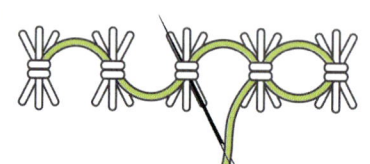

① 두 번 묶어 주는 번들 스티치를 해 줍니다.
② 묶인 곳을 통과시켜 물결 모양의 스레디드 스티치를 해 줍니다.
③ 반대 방향으로 스레디드 스티치를 한 번 더 해 줍니다.

122 노티드 시프 스티치 Knotted Sheaf stitch ★★☆

노티드 시프는 '묶인 다발'이란 뜻으로 네 줄 정도의 세로선을 수놓고 가운데를 코랄 스티치로 묶는 스티치입니다.

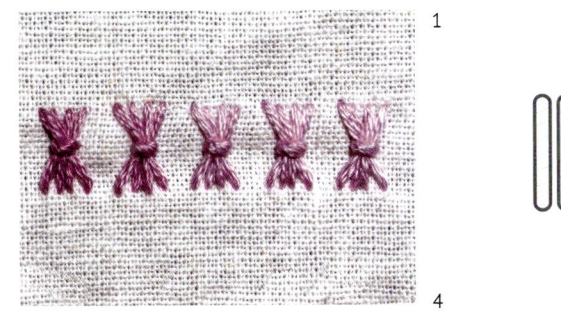

1　2　3
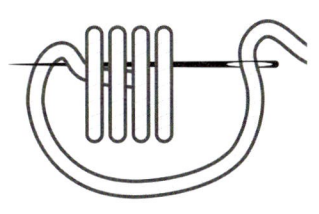

4　5
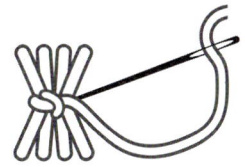 

① 평행하게 네 개의 세로 선을 수놓습니다.
② 가운데로 바늘을 뺍니다.
③ 실 아래로 바늘을 밀어 넣어 그림처럼 실을 감아 빼 줍니다.
④ 실을 당겨 묶은 후 가운데 안쪽으로 넣어 줍니다.

123 시프 필링 스티치 Sheaf Filling stitch ★★☆

시프는 '다발'이란 뜻으로 볏단 모양처럼 스트레이트 스티치를 붙여서 세 줄 수놓은 후 가운데를 두 번 묶어주는 스티치입니다.

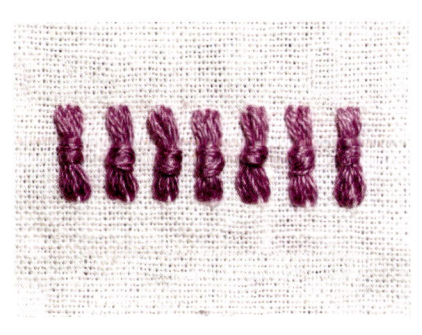

1　2　3
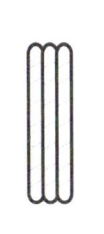 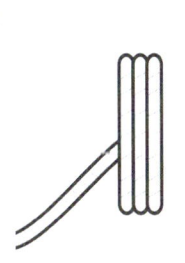 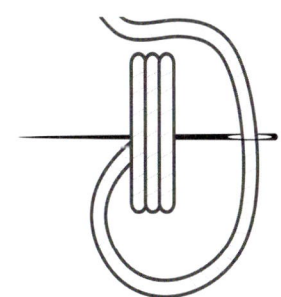

4　5
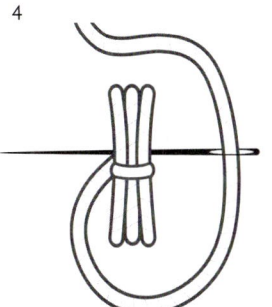 

① 세로 선 3개를 바짝 붙여 수놓습니다.
② 가운데 안쪽에서 바늘을 빼 줍니다.
③ 천을 꿰지 않고 실 아래로만 바늘을 밀어 넣어 줍니다.
④ 한 번 더 돌려 준 후 가운에 안쪽으로 넣어 줍니다.

124 길로시 스티치 Guilloche stitch ★☆☆

길로시는 '노끈을 꼰 모양의 무늬'란 뜻으로 세 줄의 짧은 가로선을 일정한 간격으로 수놓은 후 다른 실로 그 사이를 통과시켜 만드는 띠 장식입니다.

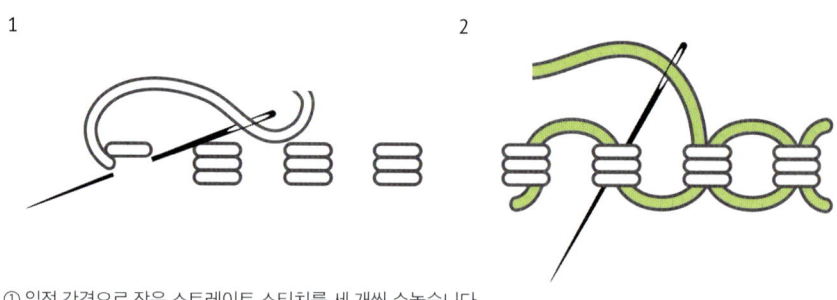

① 일정 간격으로 작은 스트레이트 스티치를 세 개씩 수놓습니다.
② 천을 꿰지 않고 3개의 스트레이트 스티치 사이를 방향을 다르게 두 번 통과시켜 줍니다.

125 로만 스티치 Roumanian stitch ★★☆

넓은 면적의 선을 표현하기 좋으며 '루마니안(Roumanian) 스티치'라고도 합니다.

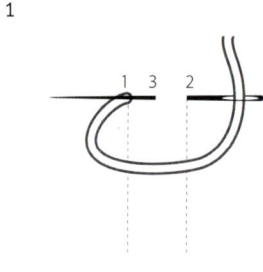
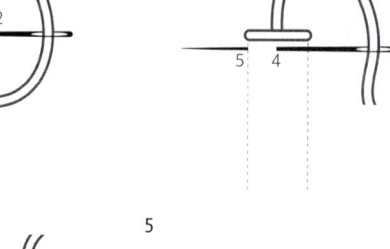
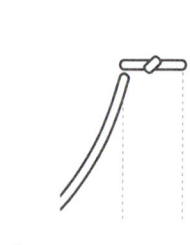
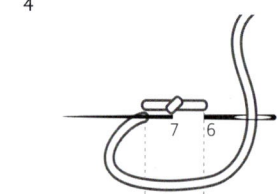
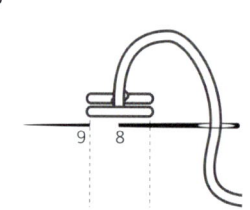

126 크로스 앤 스트레이트 스티치 Cross and Straight stitch ★★☆

크로스 스티치와 스트레이트 스티치를 반복하여 넓은 라인을 만들어주는 기법입니다.

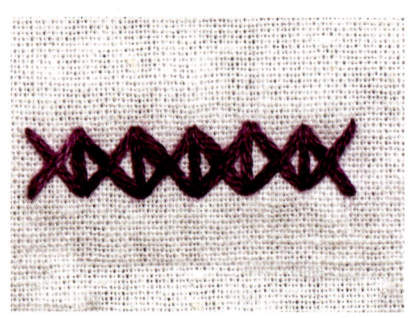
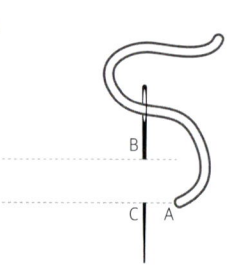
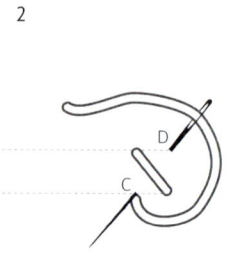
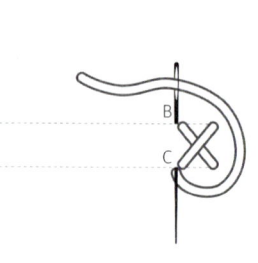

127 노티드 펄 스티치 Knotted Pearl stitch ★★☆

화려한 테두리나 외곽선을 표현하기 좋습니다.

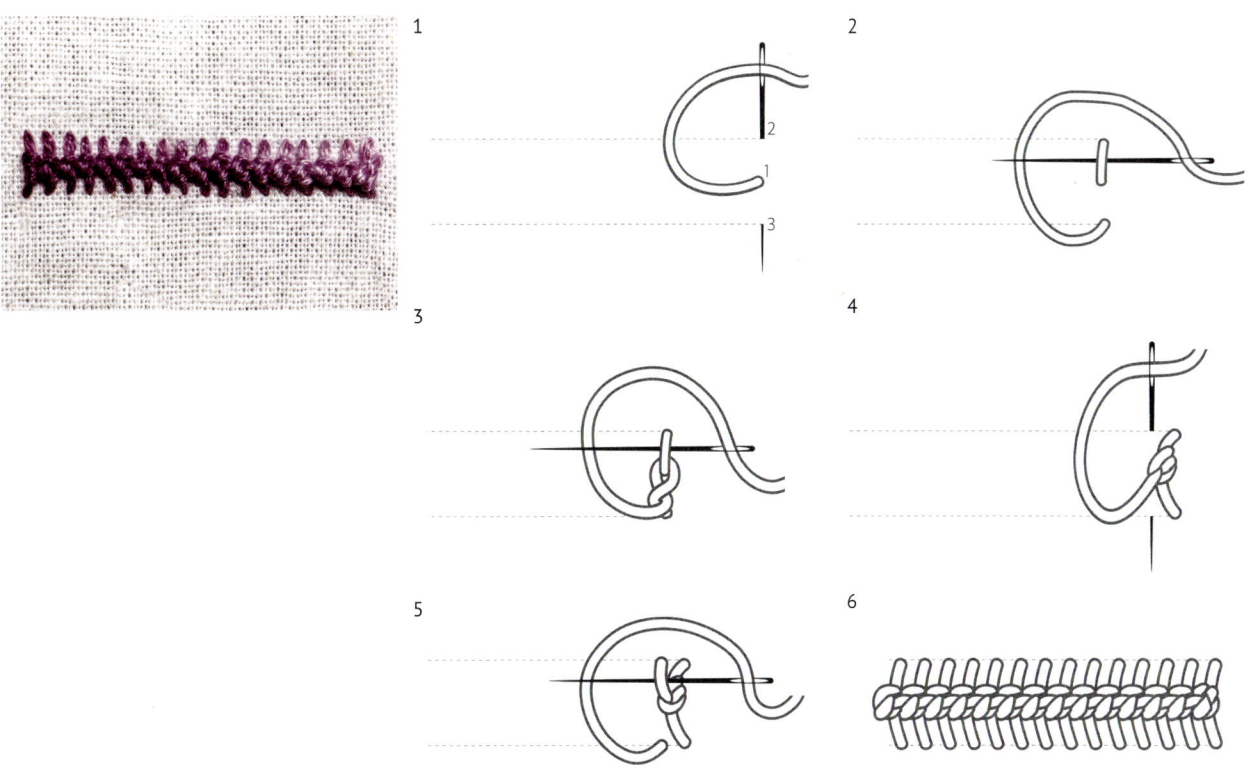

③ 실을 먼저 아래쪽으로 당겨 준 후 그림처럼 바늘을 통과시킵니다.
④ 실을 왼쪽으로 당겨 매듭지게 한 후 바늘을 넣어 줍니다.
⑤ 그림처럼 바늘을 통과시켜 왼쪽 중앙으로 당겨 줍니다.

128 소르벨로 스티치 Sorbello stitch ★★☆

저먼 노트 스티치를 길게 늘인 모양으로 라인을 귀엽게 장식할 수 있습니다. 이탈리아의 전통 자수로 '소르벨토'라는 마을 이름에서 유래되었습니다.

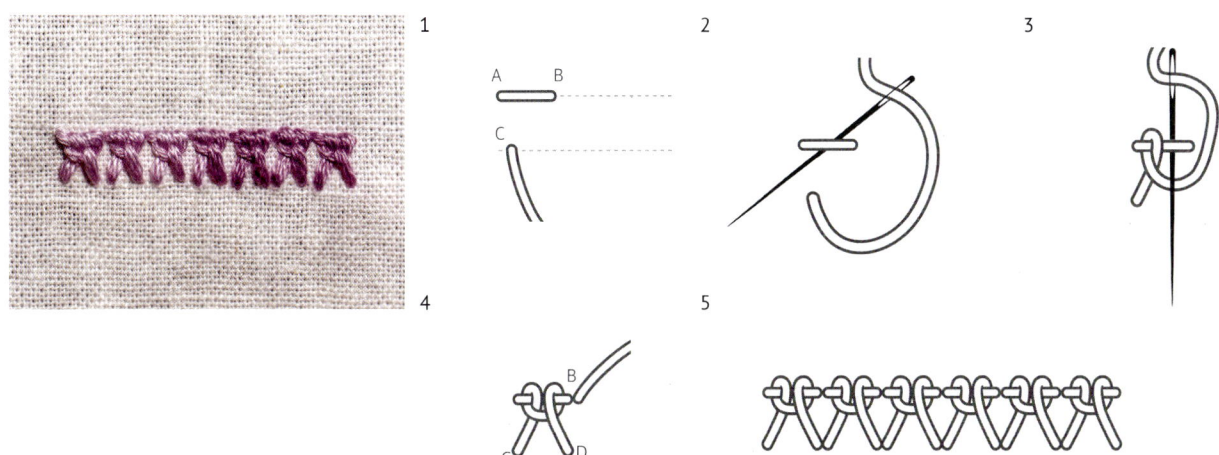

④ 바늘을 D로 넣었다가 B로 뺍니다.
⑤ 같은 방식으로 반복합니다.

129 차이니즈 노트 스티치 Chinese Knot stitch ★★☆

옛날 중국 자수에서 사용된 기법으로 볼륨감 있는 테두리를 표현하기에 좋습니다.

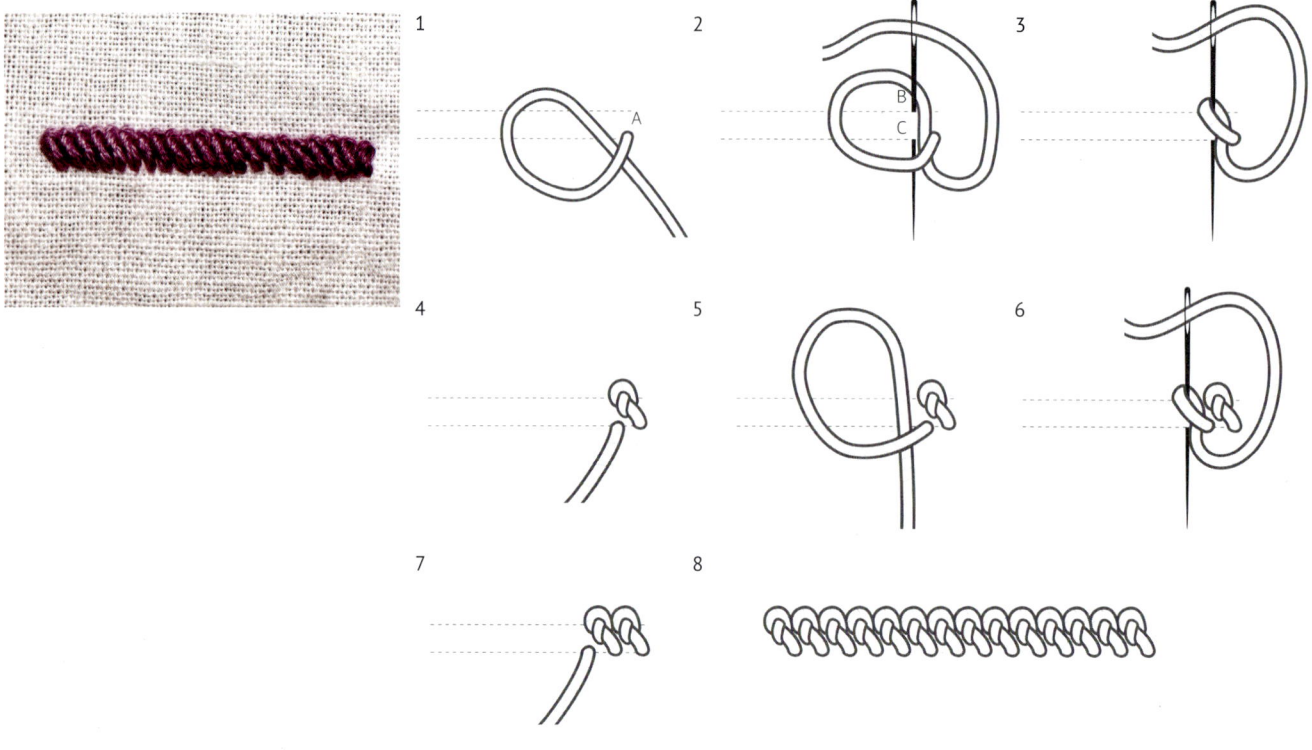

① 바늘을 A로 뺀 후 그림처럼 고리를 만듭니다.
② 바늘을 고리 안쪽 B로 넣어 C로 빼 줍니다.
③ 실을 당겨 줍니다.
④ 바늘을 뺀 후 실을 꽉 당겨 줍니다. 1개의 차이니즈 노트 스티치가 만들어졌습니다.

130 레이즈드 노트 스티치 Raised Knot stitch ★★☆

원과 십자가 겹쳐진 모양으로 연속해서 수놓으면 매력적인 외곽 라인을 표현할 수 있습니다.

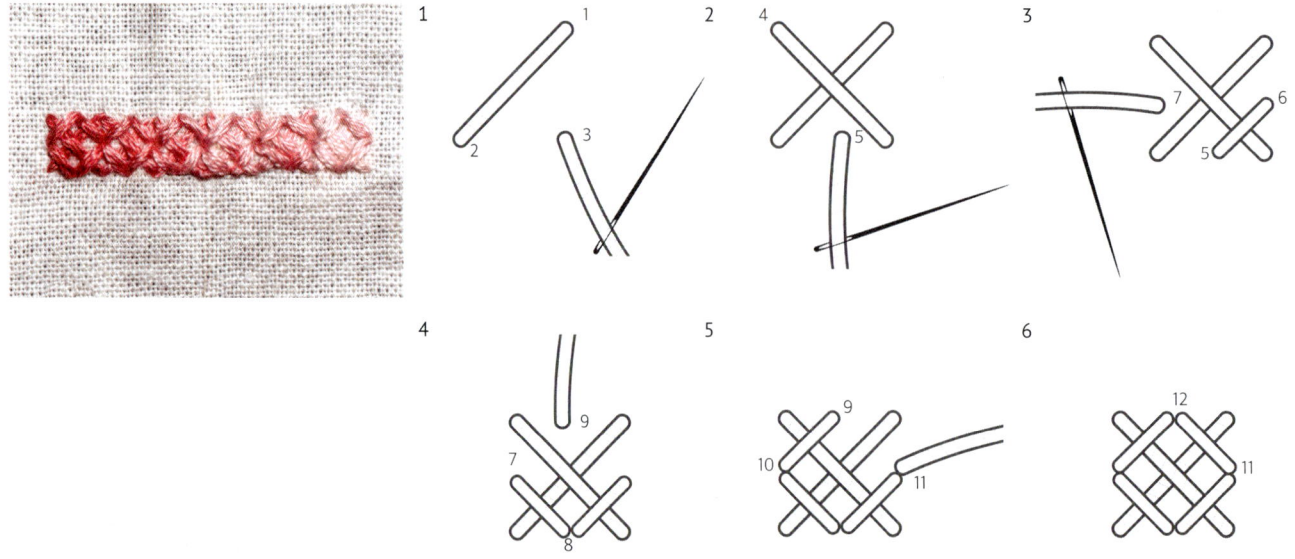

131 체인드 크로스 스티치 Chained Cross stitch ★★☆

크로스 스티치의 한쪽을 체인 스티치로 수놓는 것으로 넓은 라인을 장식하기에 좋습니다.

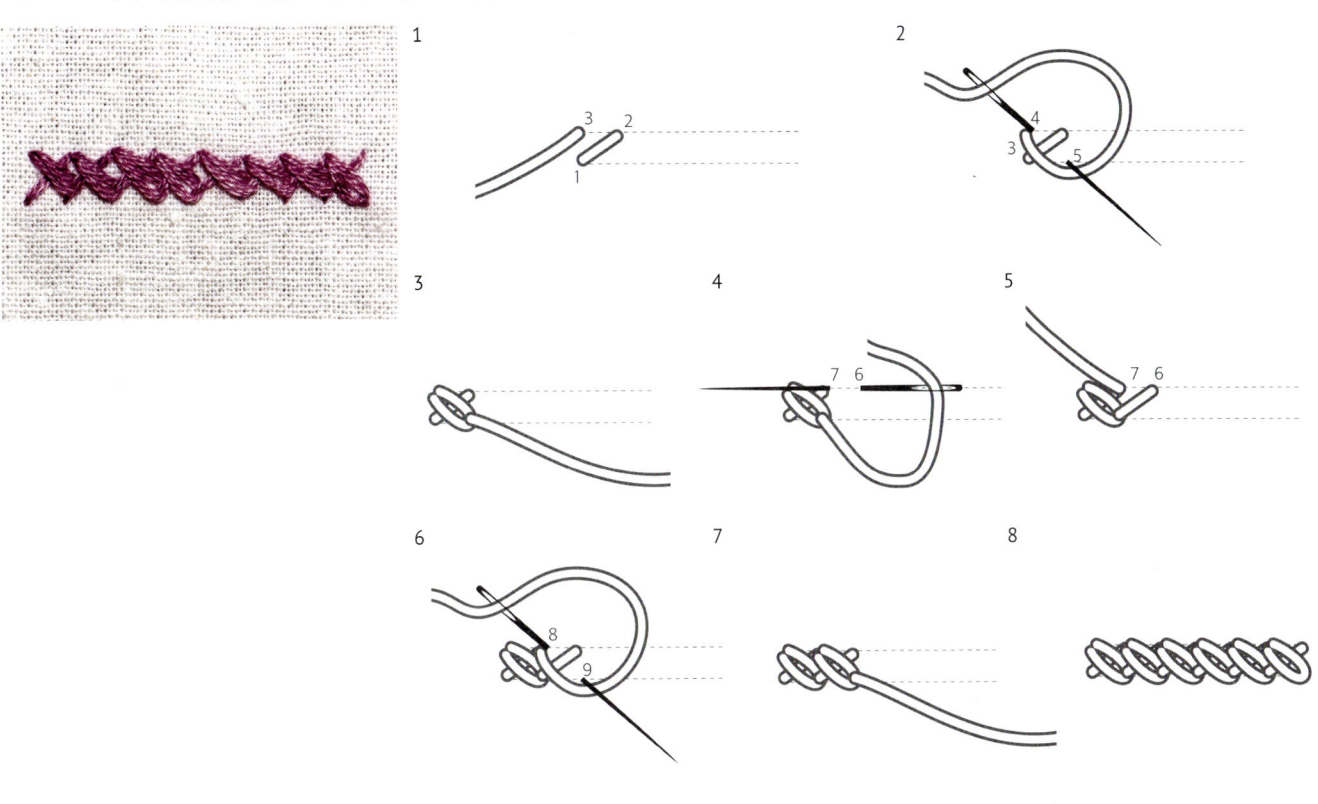

132 쉐브론 스티치 Chevron stitch ★★☆

쉐브론은 '산 모양'이란 뜻으로 평행시켜 여러 줄을 수놓으면 그물 모양의 면을 채울 수 있습니다.

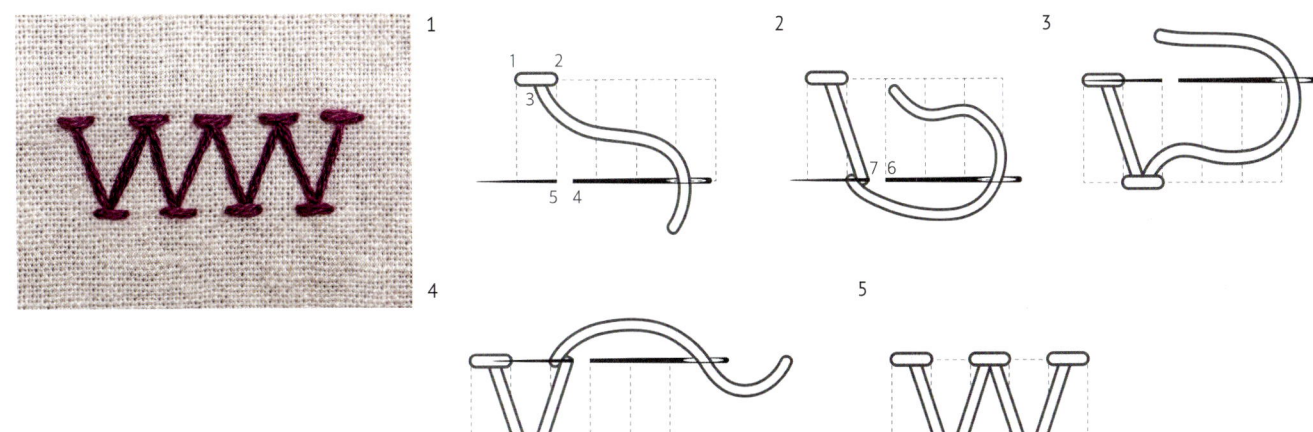

133 하프 쉐브론 스티치 Half Chevron stitch ★★☆

쉐브론 스티치의 반쪽 모양으로 매력적인 라인을 만들 수 있습니다.

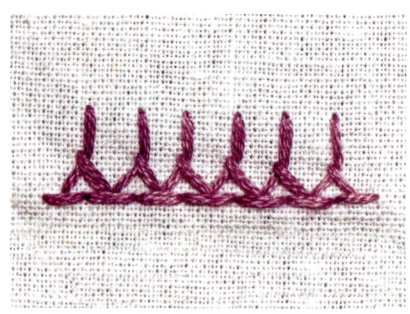

1 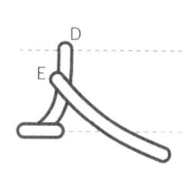 2 3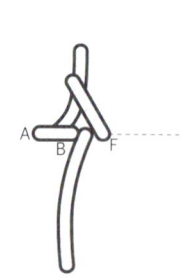

4 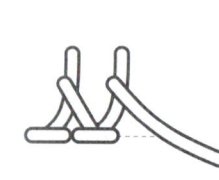 5

① AB의 가운데 위쪽 C로 바늘을 빼 줍니다.
② D로 바늘을 넣어 E로 빼 줍니다.
③ AB의 2분의 1 길이가 되는 F에 바늘을 넣어 B로 빼 줍니다.
④ AB의 2분의 1 길이가 되는 G에 바늘을 넣어 F로 빼 줍니다.
⑤ 이 작업을 반복합니다.

134 스레디드 쉐브론 스티치 Threaded Chevron stitch ★★☆

쉐브론 스티치에 다른 실을 물결 모양으로 꿰는 스티치입니다.

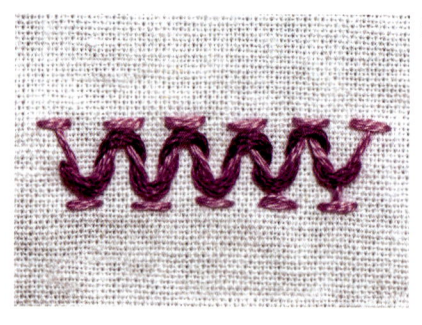

1 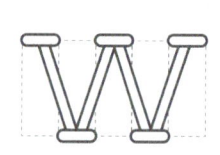 2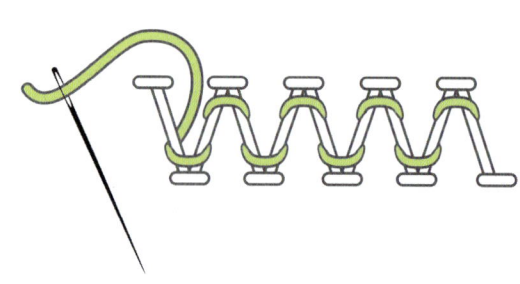

135 더블 쉐브론 스티치 Double Chevron stitch ★★☆

쉐브론 스티치를 교차시켜 이중으로 수놓는 스티치입니다.

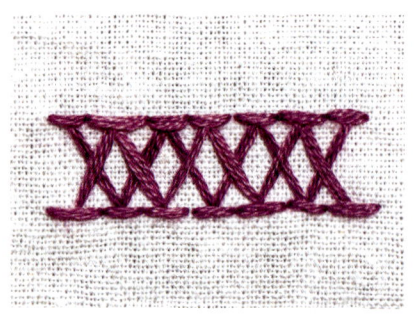

1 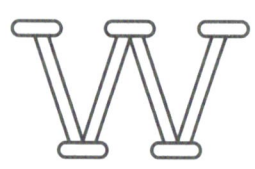 2

136 휘프트 쉐브론 스티치 Whipped Chevron stitch ★★☆

V자 모양의 스트레이트 스티치를 미리 수놓은 후 다른 실로 쉐브론 스티치를 해주는 방법으로 귀여운 느낌의 라인을 만들 수 있습니다.

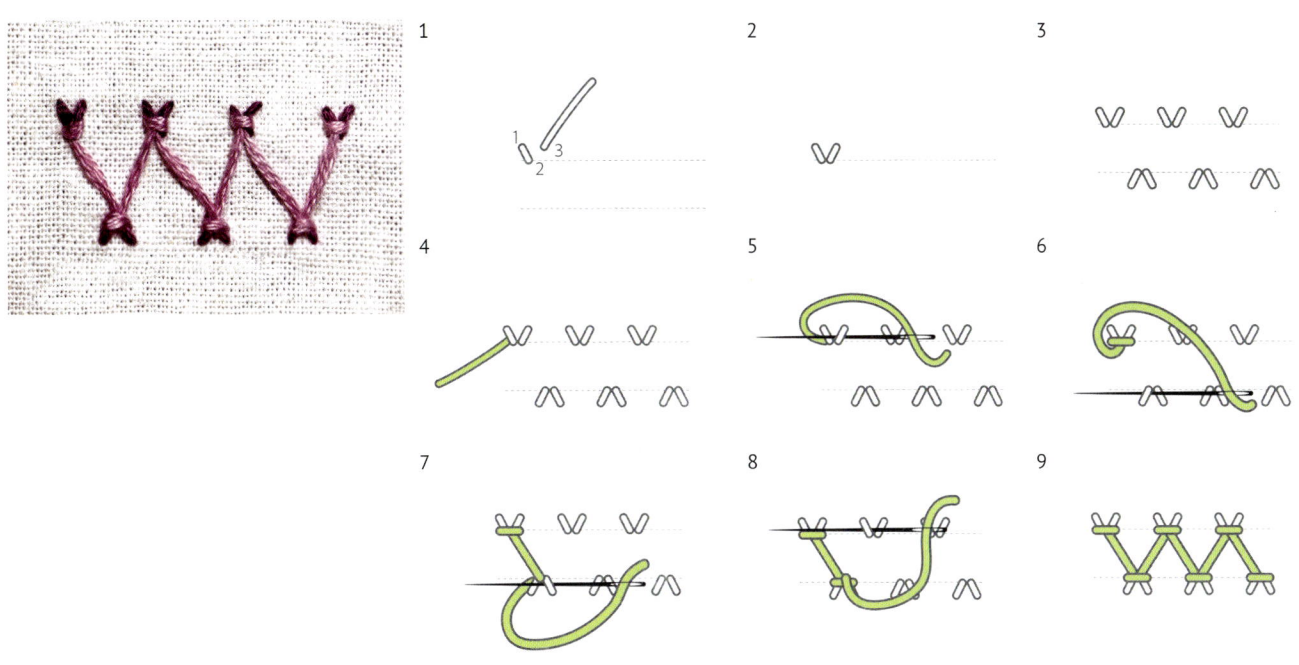

③ 일정한 간격을 두고 엇갈리게, V자 모양을 수놓습니다.

137 블랭킷 링 스티치 Blanket Ring stitch ★☆☆

블랭킷 스티치를 원형으로 수놓는 기법입니다. '서클 버튼홀(Circle Buttonhole) 스티치, 버튼홀 휠(Buttonhole Wheel) 스티치, 버튼홀 링(Buttonhole Ring) 스티치'라고도 합니다.

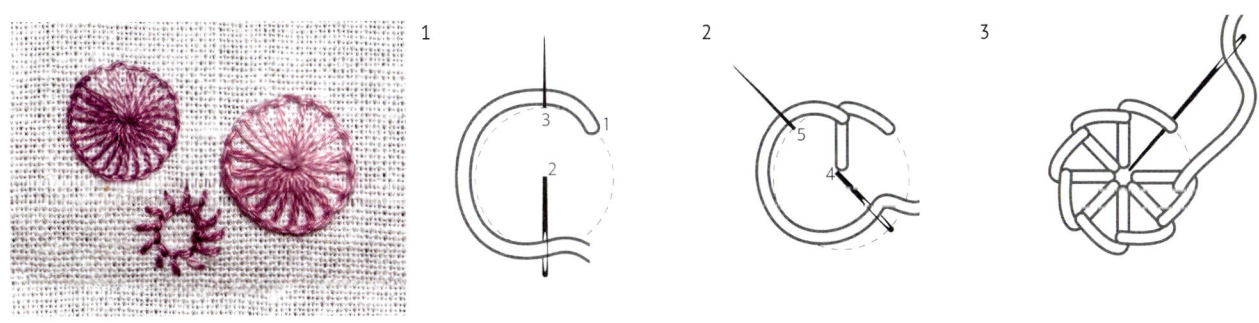

138 하프 블랭킷 링 스티치 Half Blanket Ring stitch ★☆☆

블랭킷 링 스티치를 반만 수놓는 기법으로 '하프 서클 버튼홀(Half Circle Buttonhole) 스티치'라고도 합니다.

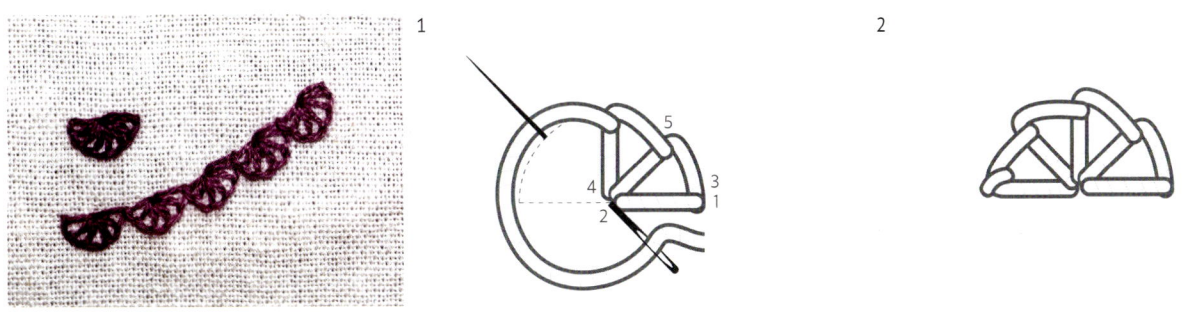

139 버튼홀 스티치 Buttonhole stitch ★☆☆

단춧구멍을 만들 때 이용된 데에서 유래한 명칭으로 원단의 가장자리 올풀림을 막기 위해 장식해준 방법입니다. 도안의 안쪽 방향으로 바늘 끝을 꽂아 바늘에 실을 걸어 매듭이 생기도록 얽히게 하는 스티치입니다.

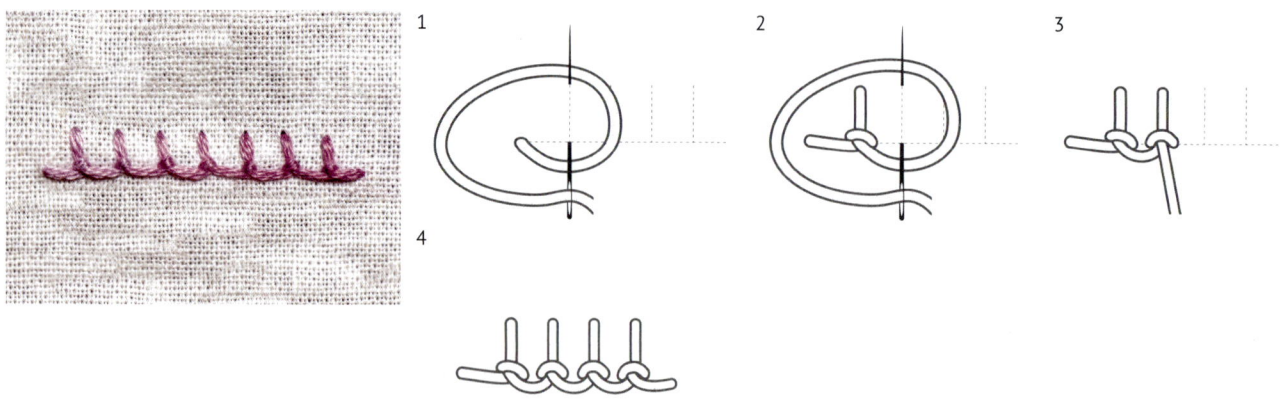

① 바늘을 위쪽으로 빼면서 실을 아래쪽으로 잡아당겨 줍니다.

140 블랭킷 스티치 Blanket stitch ★☆☆

천 년 이상 사용된 역사가 깊은 스티치로서 원단의 가장자리에 직각으로 수놓는 방법으로 담요의 가장자리를 장식하는 데에서 유래된 명칭입니다.

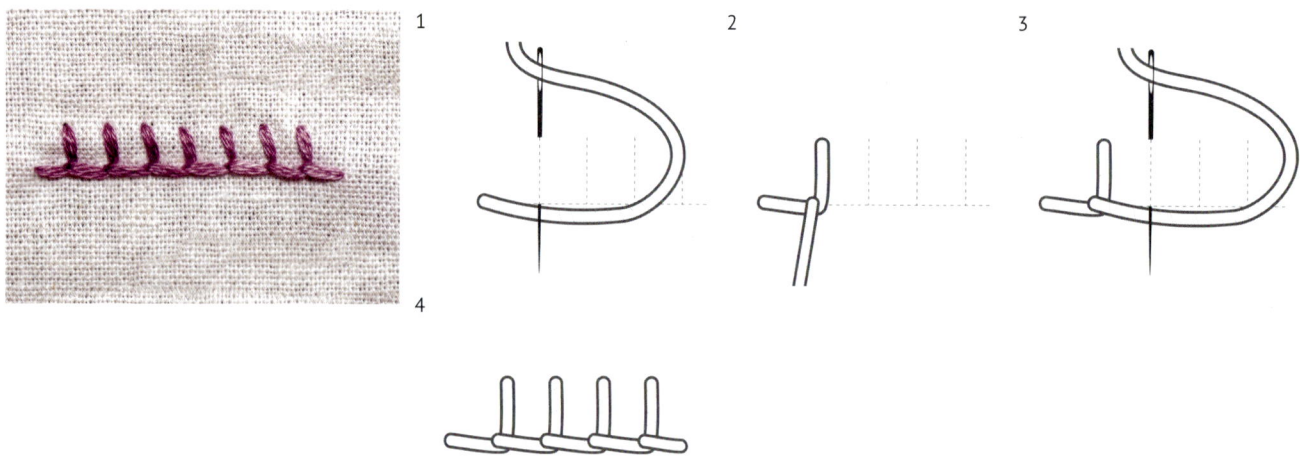

> **버튼홀 스티치 vs 블랭킷 스티치**
> 이 두 가지 스티치는 모양이 비슷해 보이지만 수놓는 방법과 완성된 모양에 차이가 있습니다. 버튼홀 스티치와 블랭킷 스티치의 변형 스티치들 또한 종류가 다양하고 두 가지를 혼용하여 사용하는 스티치 이름도 많습니다.
> 버튼홀 스티치는 도안의 안쪽 방향으로 바늘을 꽂아 매듭이 생기는 방식이고 블랭킷 스티치는 도안의 바깥 방향으로 바늘을 꽂아 실만 걸어주는 방식입니다.

141 크로스드 블랭킷 스티치 Crossed Blanket stitch ★★☆

블랭킷 스티치의 바늘땀을 교차시켜 X자 모양으로 수놓는 기법입니다.

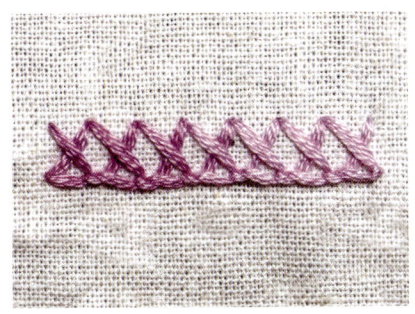
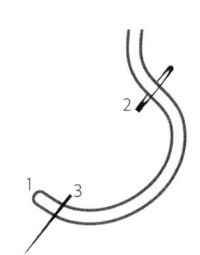
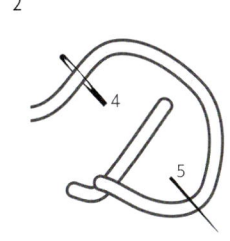
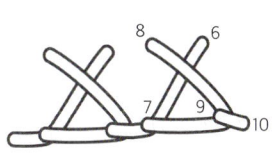

142 더블 블랭킷 스티치 Double Blanket stitch ★★☆

블랭킷 스티치를 한 줄 놓고 천을 위아래가 바뀌도록 돌려 두 번째 블랭킷 스티치를 수놓습니다. 선명한 외곽선을 표현할 수 있습니다.

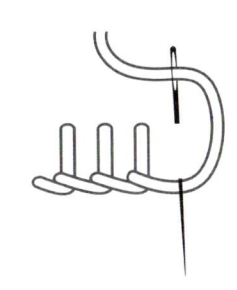
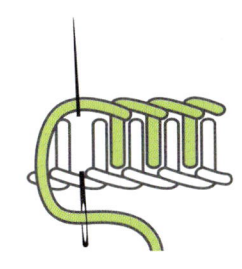
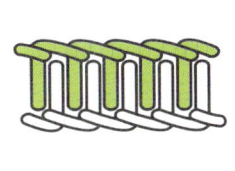

143 노티드 블랭킷 스티치 Knotted Blanket stitch ★★☆

매듭을 먼저 만들고 블랭킷 스티치를 하는 기법입니다.

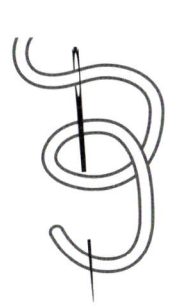
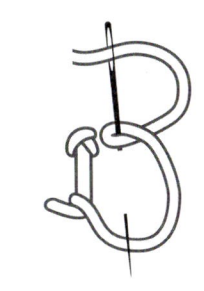
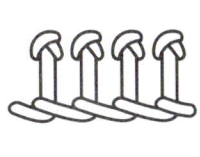

② 실을 팽팽하게 당겨 매듭을 만든 후 바늘을 아래로 빼 줍니다.

144　인덴티드 블랭킷 스티치 Indented Blanket stitch ★★☆

인덴티드는 '들쭉날쭉한'이란 뜻으로 라인의 길이에 변화를 주어 규칙적으로 연속해서 수놓으면 장식적인 테두리를 만들 수 있습니다.

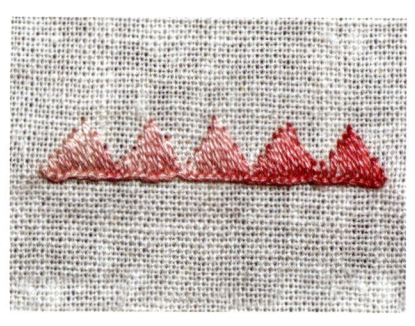

1
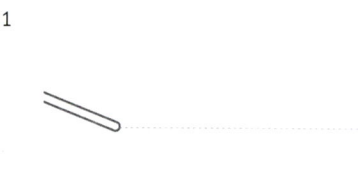

2

3

4
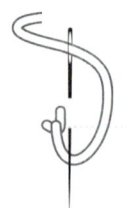

5

6
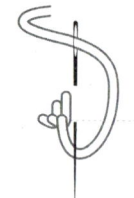

7

8

145　클로즈드 블랭킷 스티치 Closed Blanket stitch ★★☆

세모 모양으로 블랭킷 스티치를 하는 기법입니다.

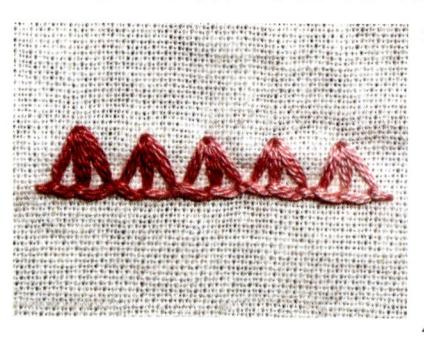

1
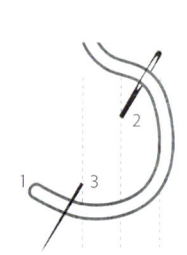

2
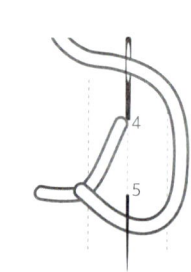

3
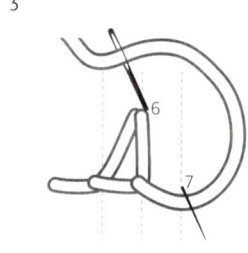

4

146 얼터네이팅 블랭킷 스티치 Alternating Blanket stitch ★★☆

얼터네이팅은 '교차하는'이란 뜻으로 가시 모양의 라인이나 가는 줄기를 표현하기에 좋습니다.

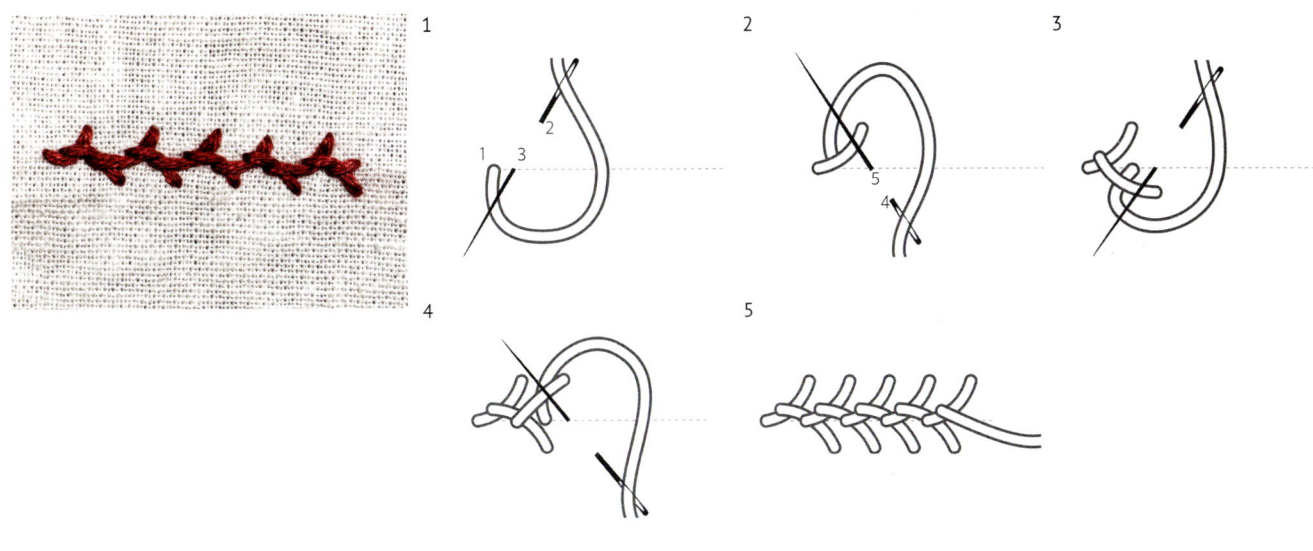

147 디태치드 블랭킷 스티치 Detached Blanket stitch ★★★

레이스 모양의 입체적인 라인을 표현할 수 있습니다.

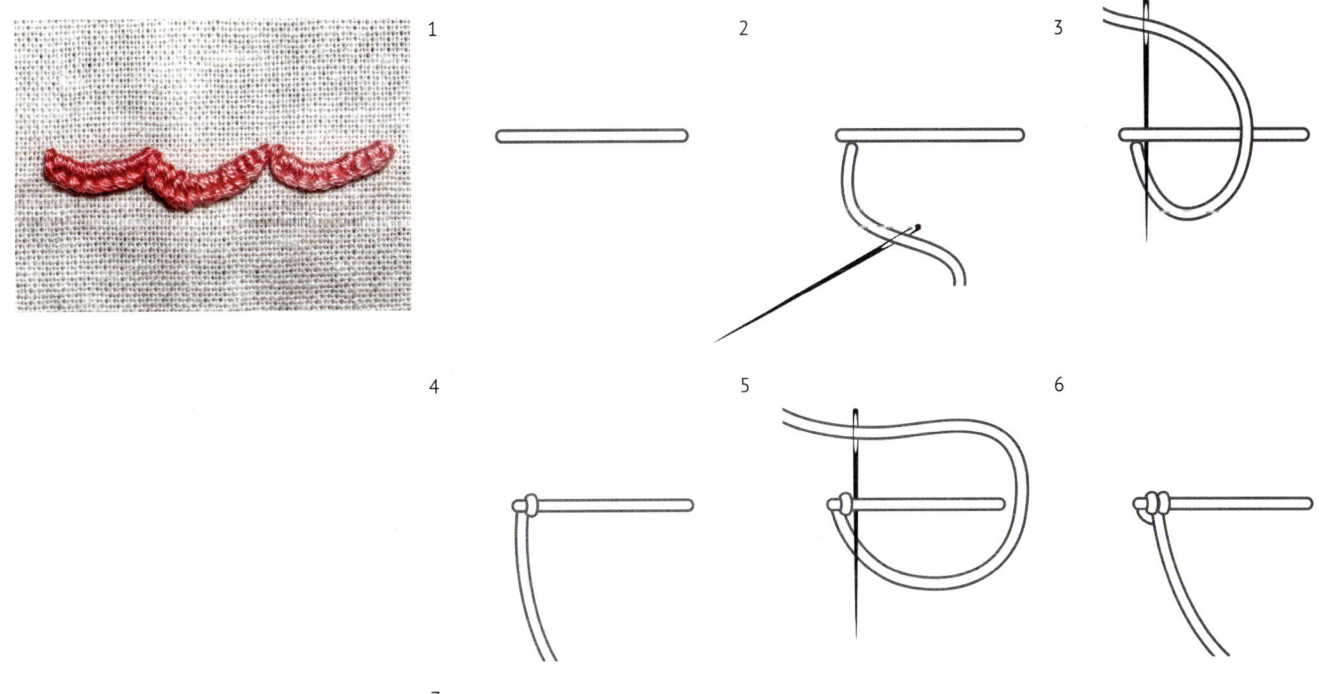

※ 블랭킷 스티치를 많이 해줄수록 곡선의 모양을 만들어 줄 수 있습니다.

148 저먼 노티드 블랭킷 스티치 German Knotted Blanket stitch ★★☆

블랭킷 스티치에 장식을 하는 기법으로 귀여운 느낌의 테두리를 표현할 수 있습니다.

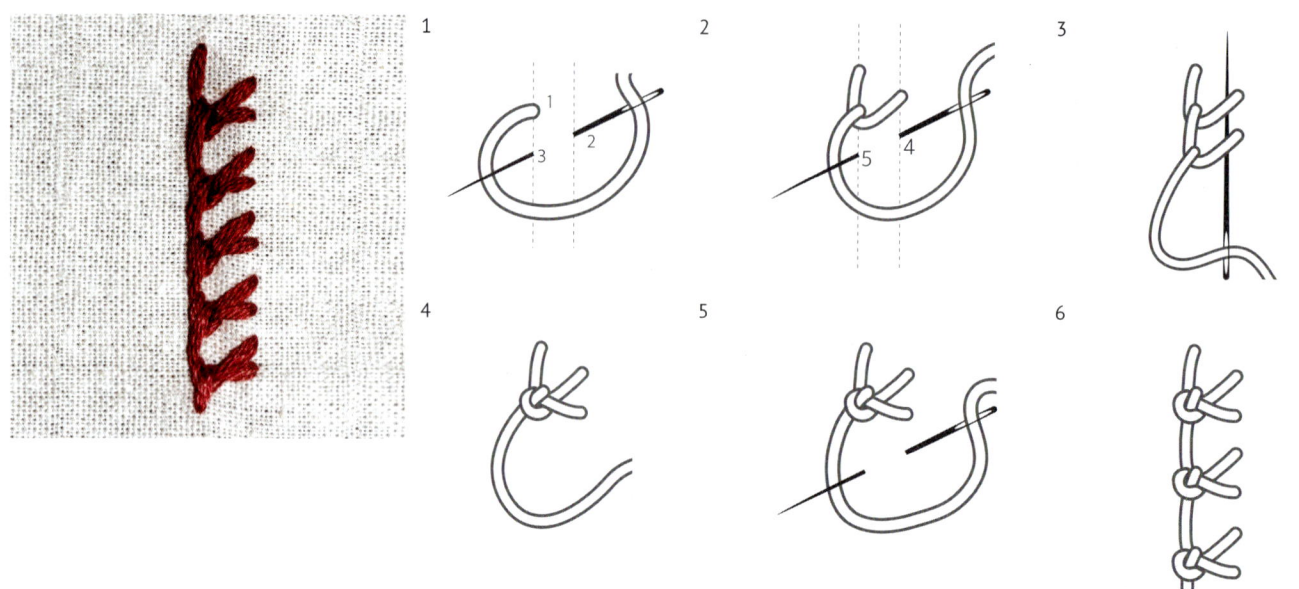

149 스캘럽 에징 블랭킷 스티치 Scallop Edging Blanket stitch ★★★

블랭킷 스티치에 디태치드 블랭킷 스티치로 스캘럽을 만들어주는 기법으로 레이스같은 장식 효과를 줄 수 있습니다.

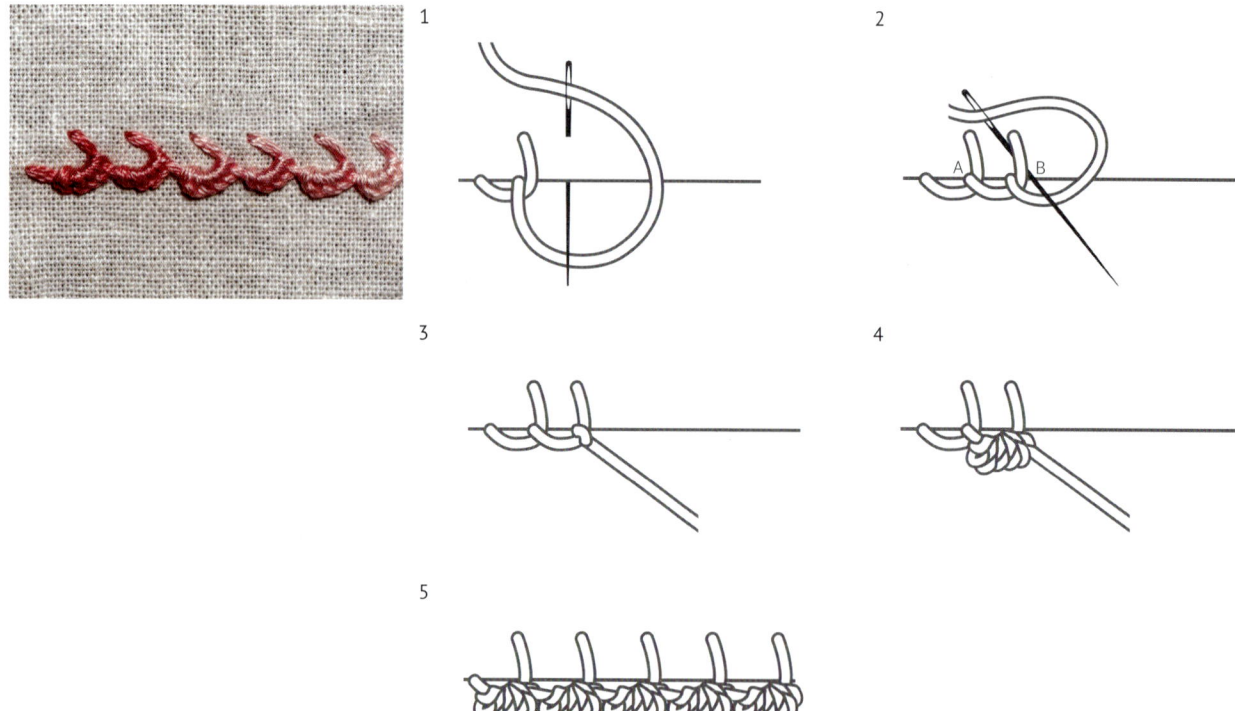

② 그림처럼 바늘을 스티치 아래로 밀어 넣어 줍니다.
③ 실을 당겨 줍니다. 2와 같은 방식으로 AB 간격만큼 블랭킷 스티치를 해줍니다.
④ 스캘럽 에징이 만들어졌습니다.
⑤ 1~3을 반복해 줍니다.

150 루프트 블랭킷 스티치 Looped Blanket stitch ★★★

원형의 도안에 블랭킷 스티치로 동그랗게 루프를 만들어 장미를 만드는 스티치입니다. 루프 크기가 일정해야 예쁩니다.

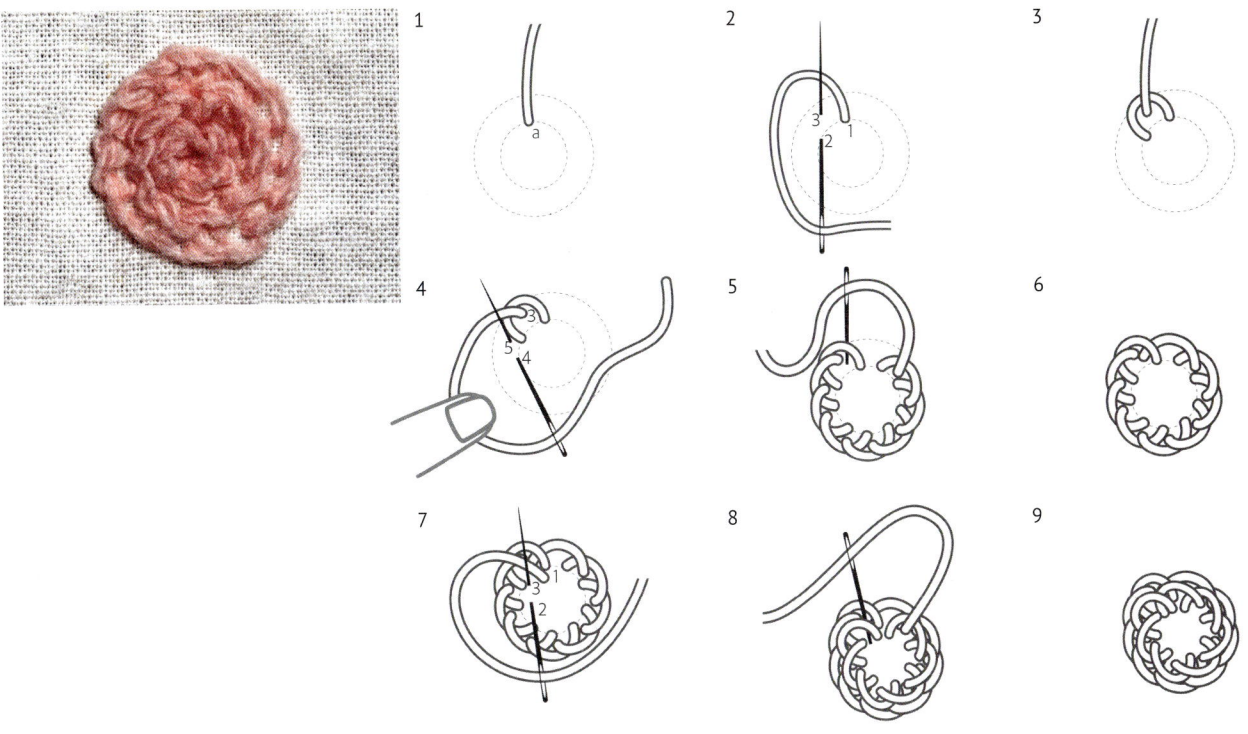

③ 실을 바깥쪽으로 당겨 줍니다.
⑤ 동일한 크기의 루프를 만들어 그림처럼 바늘을 넣어 마무리합니다.
⑦ 첫 번째 루프의 안쪽으로 바늘을 넣고 지금까지와 같은 방식으로 두 번째 루프를 만들어 줍니다.
⑧ 세 번째, 네 번째… 원하는 만큼 루프를 만들어 줄 수 있습니다.

151 리프 블랭킷 스티치 Leaf Blanket stitch ★★☆

블랭킷 스티치로 잎을 채워주는 기법으로 가장자리 선을 장식하는 효과까지 얻을 수 있습니다.

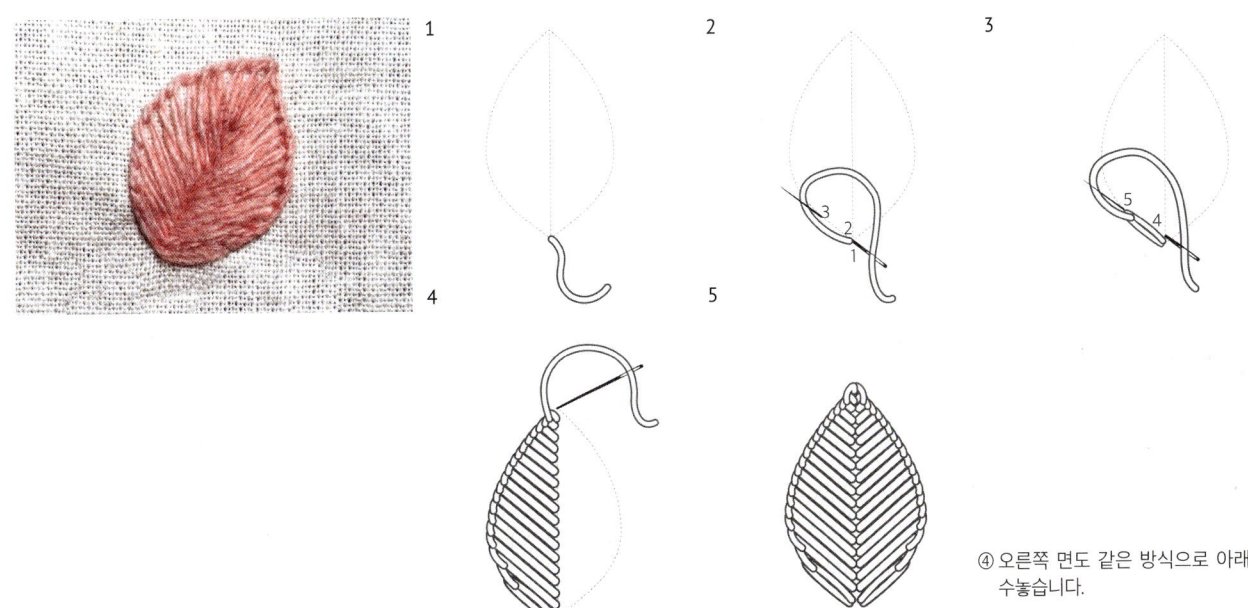

④ 오른쪽 면도 같은 방식으로 아래에서부터 수놓습니다.

152 셰이딩 버튼홀 스티치 Shading Buttonhole stitch ★★☆

셰이딩은 '명암'이란 뜻으로 음영이 있는 면 채우기에 효과적입니다. 땀이 촘촘한 블랭킷 스티치를 가지런히 수놓은 후 바로 위에 겹쳐서 수놓아 자수에 높낮이를 주는 기법입니다.

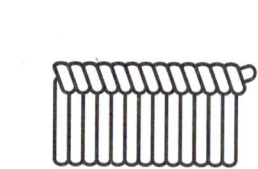
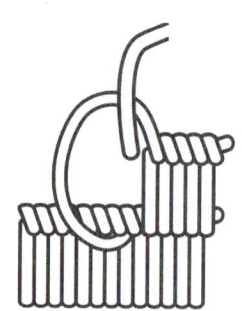

① 블랭킷 스티치를 촘촘하게 수놓습니다.
② 1층의 블랭킷 스티치 위에 겹쳐서 블랭킷 스티치를 한층 더 수놓습니다.

153 테일러스 버튼홀 스티치 Tailor's Buttonhole stitch ★★☆

도안선에 매듭을 만들면서 수놓는 버튼홀 스티치입니다.

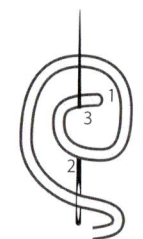
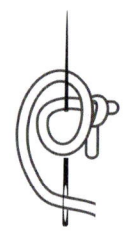

② 바늘을 위로 빼면서 실을 위쪽으로 잡아당깁니다.

154 업 앤 다운 버튼홀 스티치 Up and Down Buttonhole stitch ★★☆

블랭킷 스티치와 버튼홀 스티치를 연속해서 수놓아 두 줄로 된 버튼홀 스티치를 만드는 기법입니다.

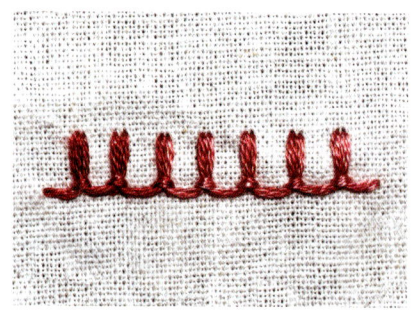
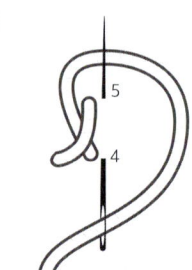

③ 바늘을 위로 뺀 후 실을 아래쪽으로 잡아당깁니다.

155 다이아몬드 스티치 Diamond stitch ★★★

넓은 라인을 채우기에 매력적인 다이아몬드 모양의 스티치입니다.

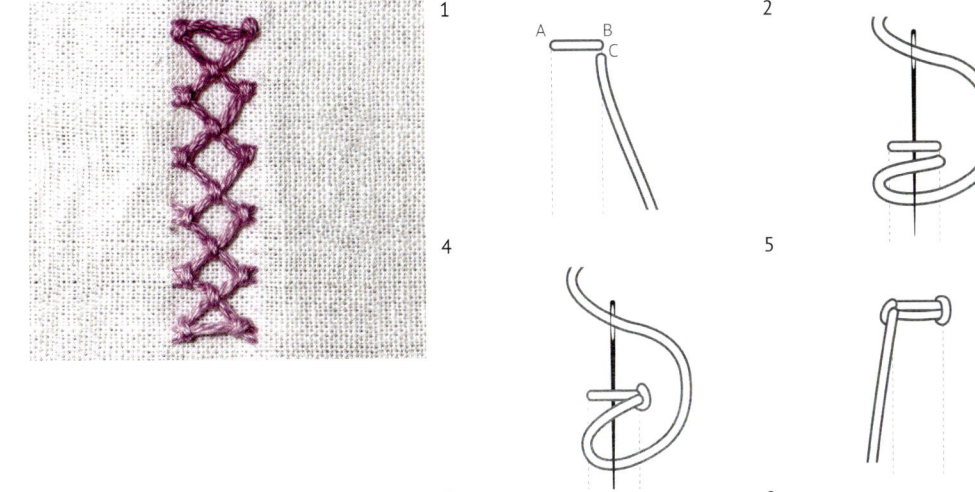

③ 실을 오른쪽으로 당겨 매듭을 만듭니다.
⑤ 실을 왼쪽으로 당겨 매듭을 만듭니다.
⑥ 매듭을 만든 후 바늘을 D로 넣었다가 E로 뺍니다.
⑦ 스트레이트 스티치 한 줄 밑으로만 바늘을 넣어 그림처럼 빼 줍니다.
⑧ 실을 당겨 가운데 부분에 매듭을 만듭니다.
⑨ 바늘을 F로 넣었다가 G로 뺍니다.
⑪ 4~10을 반복해 줍니다.

156 블랭킷 체인 스티치 Blanket Chain stitch ★★☆

블랭킷 스티치를 하면서 고정하는 부분을 체인 스티치로 수놓습니다.

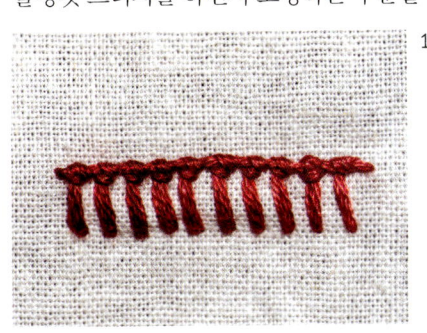
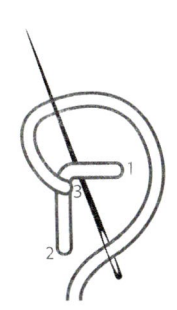
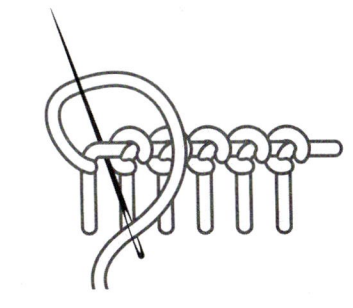

① 실을 3으로 뺀 후 다시 귀퉁이 안쪽으로 바늘을 넣어 체인 스티치를 해줍니다.
② 같은 방식으로 반복합니다.

157 바스크 스티치 Basque stitch ★★☆

바스크는 스페인의 지역 이름으로 트위스티드 레이지데이지 스티치를 버튼홀 스티치 모양으로 연속하여 수놓는 기법으로 가장자리 장식이나 매력적인 필링 스티치로 사용합니다.

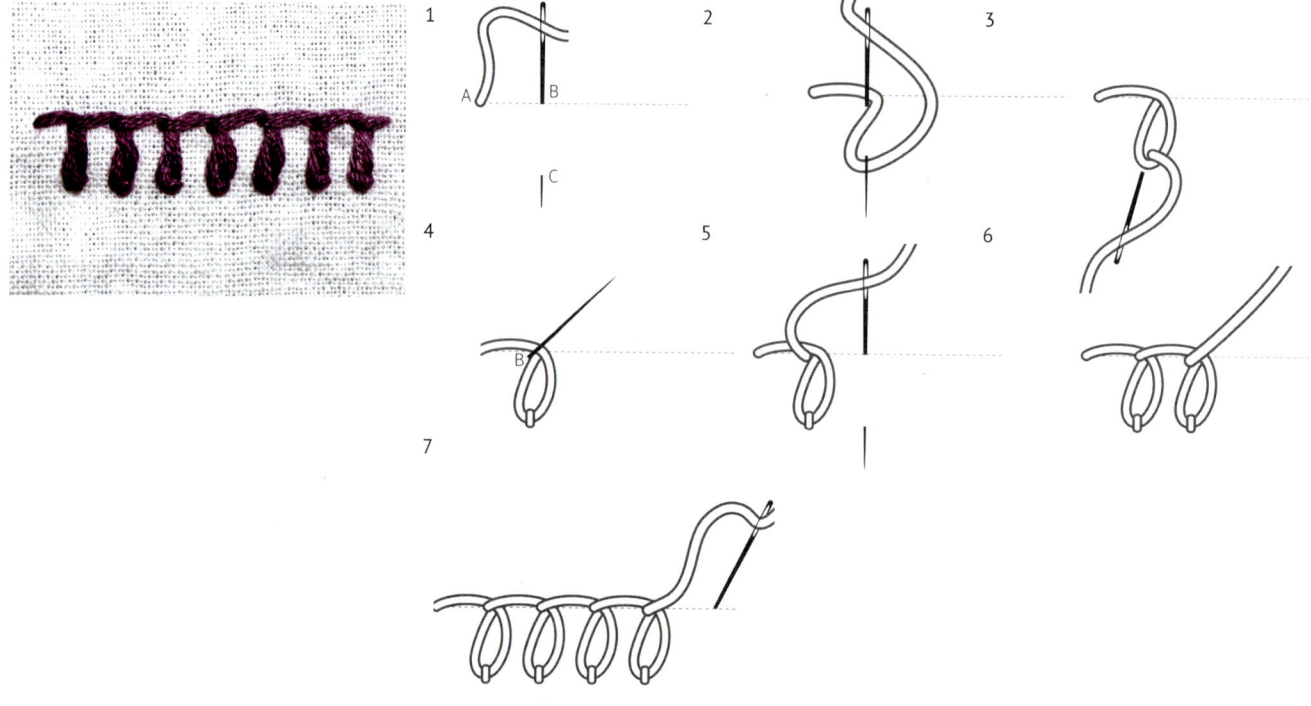

② 그림처럼 실을 바늘에 걸어 당겨 줍니다.
③ 바늘을 빼서 당긴 후 아래로 넣어 줍니다.
④ 바늘을 B로 뺍니다.
⑤ 같은 방식으로 반복합니다.

158 이탈리안 노티드 보더 스티치 Italian Knotted Border stitch ★★☆

플라이 스티치와 비슷하지만 스트레이트 스티치로 고정하지 않고 프렌치 노트 스티치로 고정합니다. 가장자리 장식에 효과적입니다.

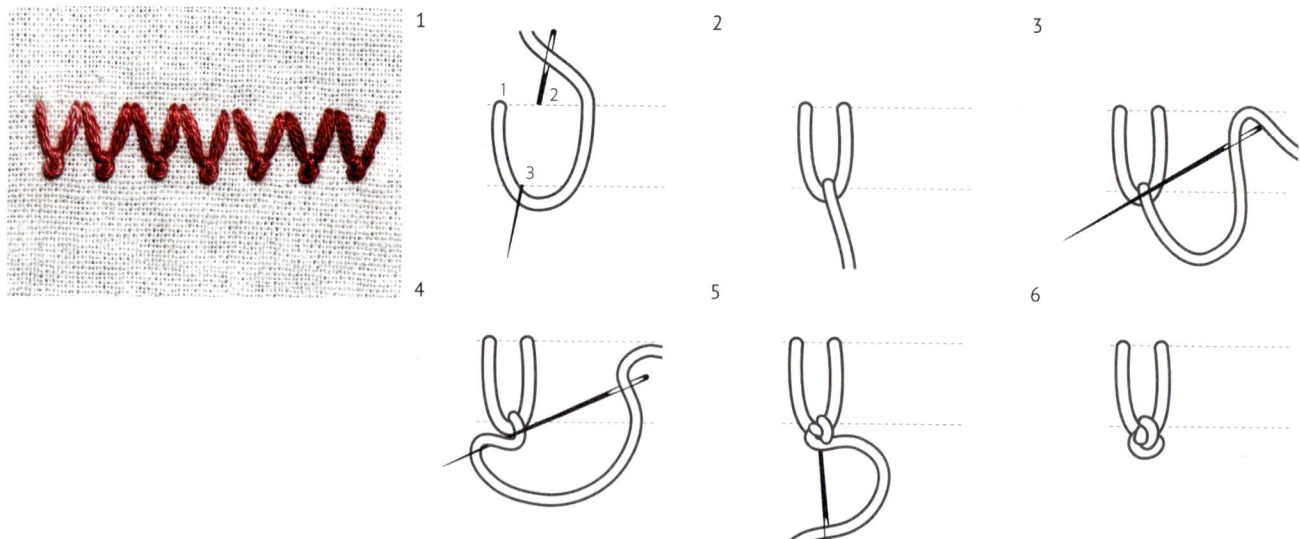

③ 바늘을 실 위로 올립니다.
④ 그림처럼 바늘에 실을 감아 줍니다.
⑤ 실을 당겨 묶어 준 후 매듭 아래쪽에 넣어 줍니다.

159 새틴 스티치 Satin stitch ★☆☆

표면을 매끄럽게 촘촘히 수놓는 면 자수의 대표적인 기법으로 '필(Fill) 스티치'라고도 합니다.

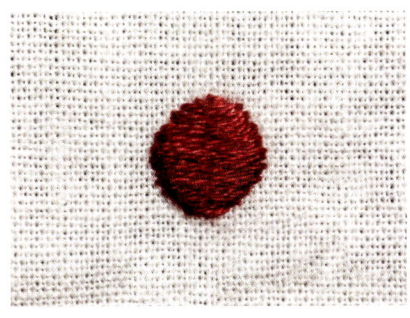 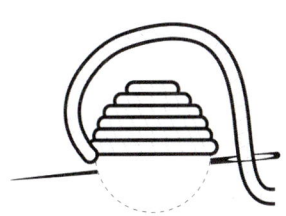

160 패디드 새틴 스티치 Padded Satin stitch ★★☆

입체감이 있는 새틴 스티치로 수놓을 도안선에 러닝 스티치, 백 스티치 또는 스플릿 스티치를 한 후 다닝 스티치, 체인 스티치 등으로 안을 채워준 후 그 위에 새틴 스티치를 하는 기법입니다.

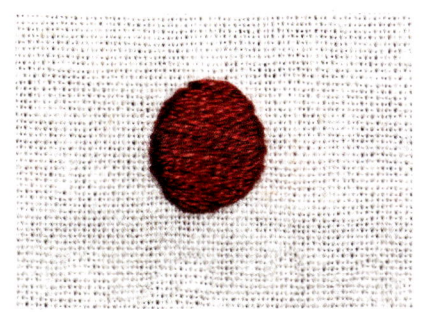 

161 새틴 스티치 다트 Satin Stitch Dart ★★☆

흰 실 자수의 대표적인 면 자수 기법으로 패디드 새틴 스티치보다 더 볼륨감이 있는 입체 새틴 스티치입니다. 도안선에 러닝 스티치, 백 스티치 또는 스플릿 스티치를 한 후 체인 스티치, 다닝 스티치 등으로 안을 도톰해질 때까지 여러 겹 겹쳐 수놓은 후 그 위에 새틴 스티치를 하는 기법입니다.

162 그라니토스 스티치 Granitos stitch ★★☆

작은 잎이나 꽃봉오리를 표현할 때 사용하면 좋은 스티치로 새틴 스티치보다 더 볼륨감 있는 꽃봉오리를 표현할 수 있습니다.

1　2　3　4

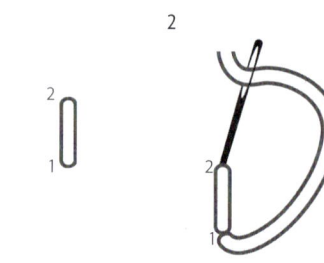 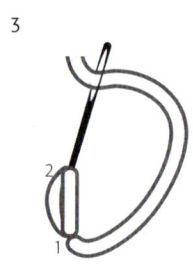 

② 1에서 바늘을 빼서 2로 넣어 실을 왼편에 오게 합니다.
③ 한 번 더 1에서 바늘을 빼서 2로 넣어 실을 오른편에 오게 합니다.

163 롱 앤 숏 스티치 Long and Short stitch ★★☆

색을 자연스럽게 매치시킬 수 있으며 바늘땀을 길고 짧게 하여 넓은 면적을 채우기에 효과적인 스티치입니다.

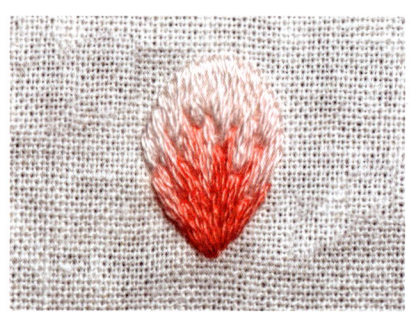

1　2　3

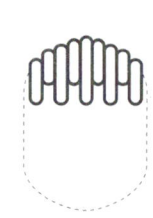 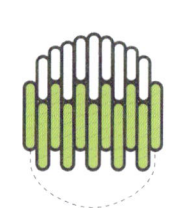 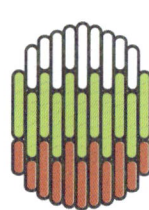

164 바스켓 스티치 Basket stitch ★★☆

바구니를 엮듯이 가로나 세로선을 수놓은 후 먼저 수놓은 선을 천을 직조하듯 수놓는 기법입니다. '우븐 필링(Woven Filling) 스티치'라고도 합니다.

1　2　3

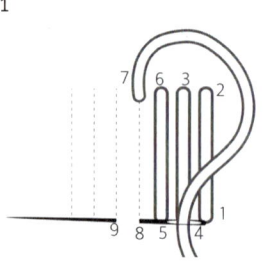 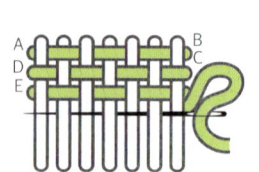 

① 일정 간격으로 세로 선을 수놓습니다.
② A로 바늘을 빼서 그림처럼 엮고 B로 바늘을 넣었다가 C로 빼서 윗줄과 어긋나게 엮어 줍니다. D로 넣었다가 E로 빼 줍니다.

165 카우치드 트렐리스 스티치 Couched Trellis stitch ★★☆

카우치는 '가로로 놓다', 트렐리스는 '격자'란 뜻으로 가로와 세로선을 수놓은 후 교차 지점을 다른 실로 고정시키는 스티치입니다.

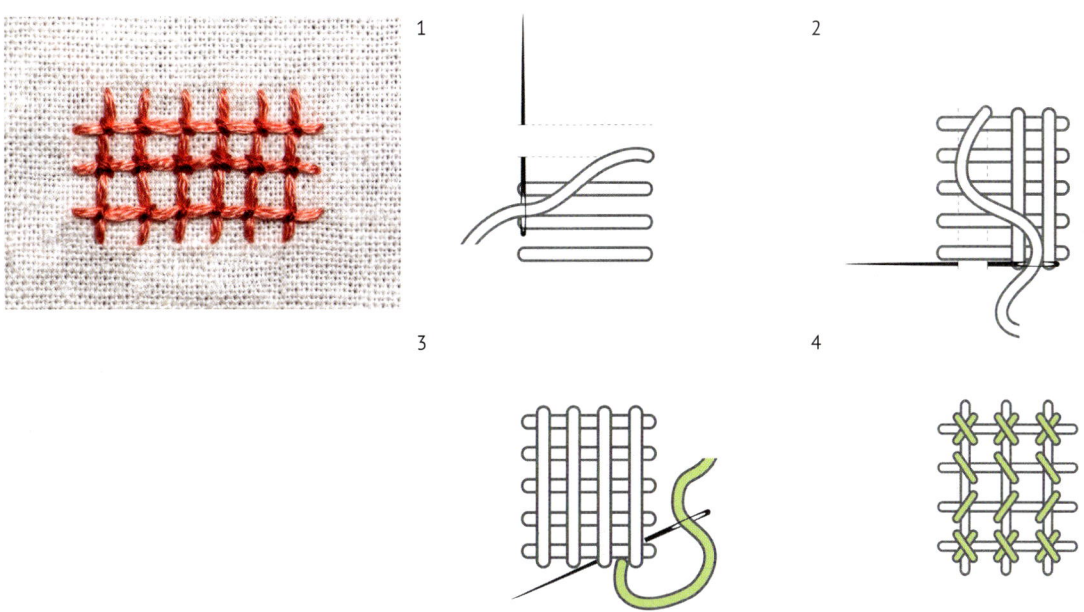

① 일정 간격으로 가로 선을 수놓습니다.
② 이번에는 일정 간격으로 가로 선 위를 가로지르는 세로 선을 수놓습니다.
③ 가로, 세로가 교차하는 부분을 여러 가지 모양으로 묶어 줍니다.

166 버든 카우칭 스티치 Burden Couching Stitch ★★☆

가로나 세로선을 수놓은 후 일정한 간격으로 다른 실로 고정해주는 방식으로 카우치드 트렐리스 스티치보다 더 촘촘한 느낌이며 넓은 면적을 채우는 데 효과적인 스티치입니다.

1

2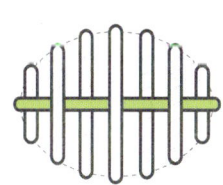

3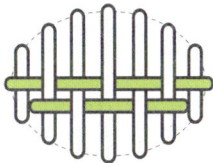

4

① 일정 간격으로 세로 선을 수놓습니다.
② 그림처럼 다른 실로 카우칭해 줍니다.
③ 아랫줄은 윗줄과 엇갈리게 카우칭해 줍니다.
④ 옆줄과 엇갈리게 전체를 카우칭해 줍니다.

167 루마니안 카우칭 스티치 Roumanian Couching stitch ★★☆

가로로 삼은 실을 비스듬하게 고정시키는 기법으로 넓은 면적을 채울 때 효과적인 스티치입니다.

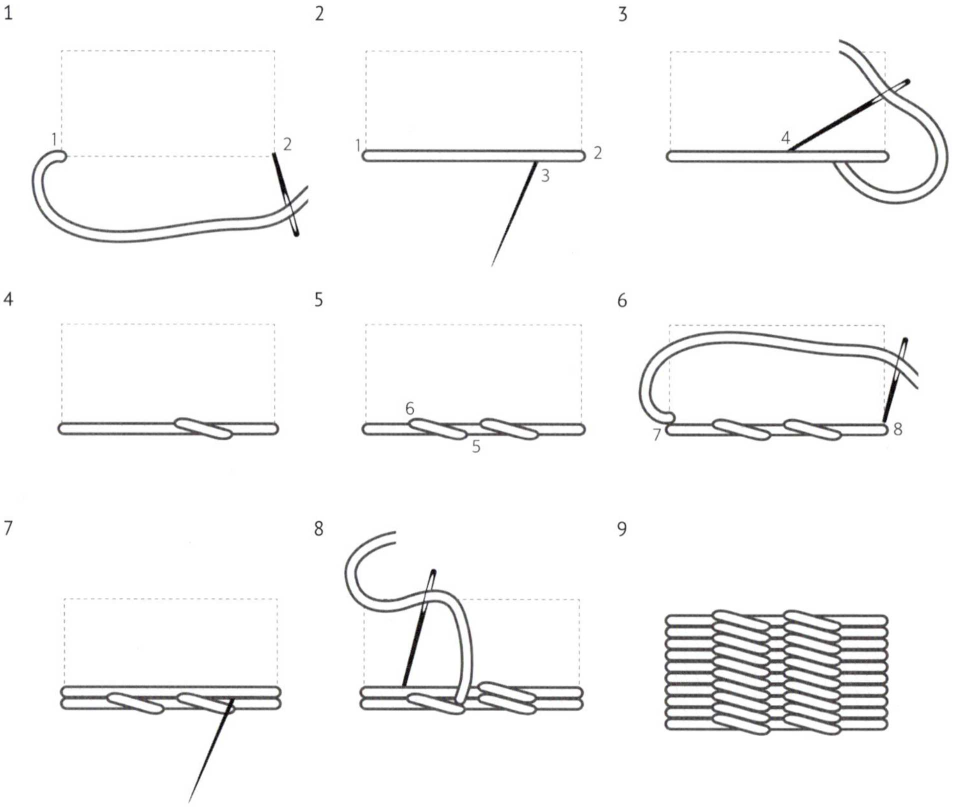

① 도안선의 왼쪽 아래 끝에서 바늘을 빼서 오른쪽 끝으로 넣어 줍니다.
② 실을 팽팽하게 당기고 원하는 간격으로 스티치 아래에서 바늘을 빼 줍니다.
③ 2와 3의 간격만큼 스티치 위로 바늘을 넣어 줍니다.
⑤ 같은 방식으로 두 번째 사선을 수놓습니다.
⑥ 바늘을 7에서 빼서 8로 넣어 두 번째 가로 선을 수놓습니다.

168 허니콤 스티치 Honeycomb stitch ★★☆

벌집 모양의 스티치 기법으로 블랭킷 스티치를 실을 끌어내려 육각형으로 만들면서 수놓는 스티치입니다.

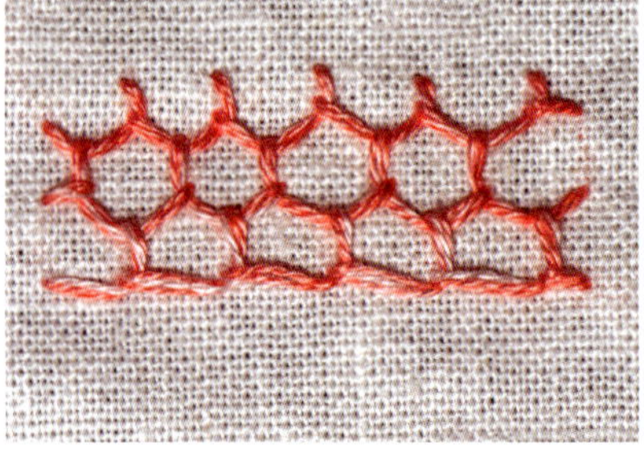

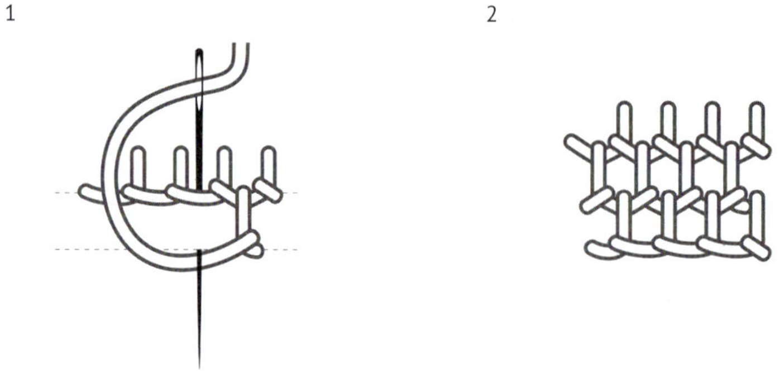

① 넓은 간격으로 첫 번째 블랭킷 스티치를 해줍니다. 실을 끌어내리며 그림처럼 두 번째 블랭킷 스티치를 해줍니다.
② 실을 팽팽하게 당기지 않고 육각형 모양으로 끌어내리면서 스티치를 해줍니다.

169 버든 스티치 Burden stitch ★★☆

중세시대부터 시작된 오래된 스티치로 넓은 면적을 빠르게 채우기에 효과적인 스티치로 롱 앤 숏 스티치와 비슷하게 보이지만 가로선을 수놓은 후 세로로 면을 채워주는 방법으로 가장자리 라인이 더 깔끔하고 볼륨감이 있습니다.

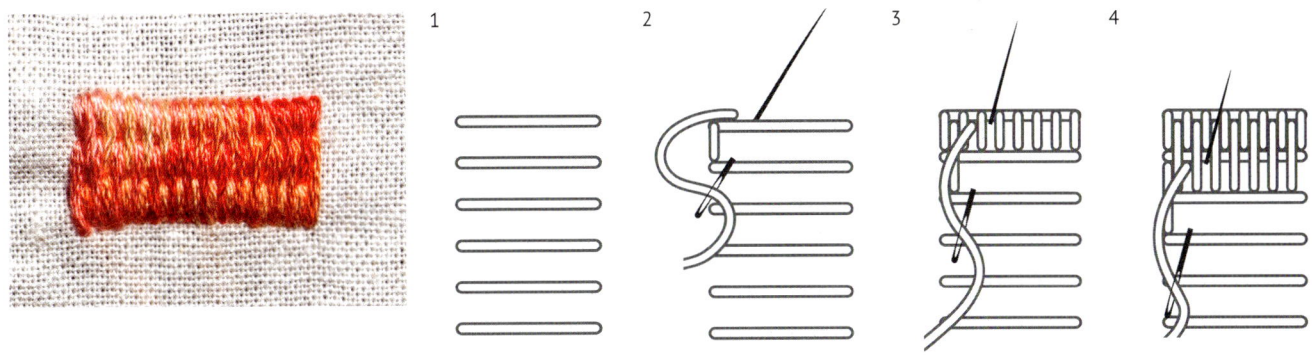

① 일정한 간격을 두고 가로로 스트레이트 스티치를 해줍니다.
② 첫 번째 칸에 실 굵기만큼 공백을 주며 세로 스트레이트 스티치를 해줍니다.
③ 그림처럼 첫 번째와 두 번째 칸을 실 굵기만큼 공백을 주며 한번에 스트레이트 스티치를 해줍니다.
④ 같은 방식으로 칸을 채워 나갑니다.

170 클로즈드 바스켓 스티치 Closed Basket stitch ★★☆

X자로 실을 겹쳐서 촘촘하게 수놓는 스티치입니다.

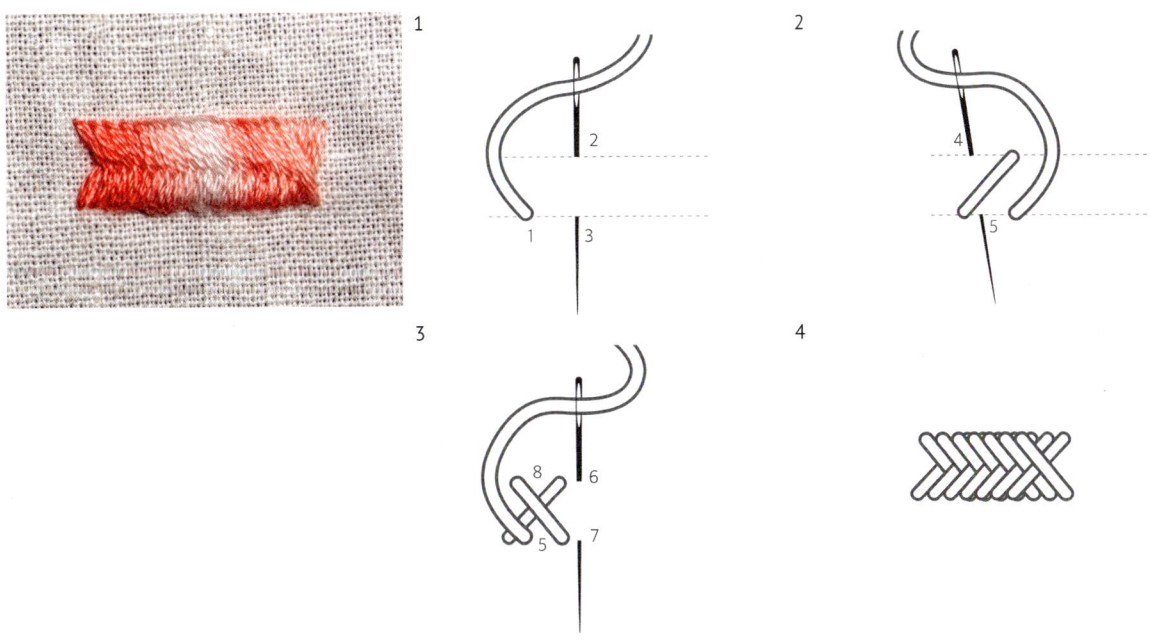

① 크로스 스티치를 수놓는 방식으로 X자를 수놓습니다.
③ 두 사선이 교차하는 부분의 아래쪽으로 바늘을 빼서 촘촘하게 X자를 수놓습니다.

> 🖐 비교
> **클로즈드 바스켓 스티치(91쪽) vs 클로즈드 헤링본 스티치(67쪽)**
> 수놓아진 모양은 비슷하나 수놓는 순서가 다르고 클로즈드 바스켓 스티치가 훨씬 더 간격이 촘촘하고 입체적인 느낌입니다.

171 오픈 버튼홀 필링 스티치 Open Buttonhole Filling stitch ★★★

천은 뜨지 않고 실만을 엮어서 면을 채우는 방법으로 그물망 모양의 스티치입니다.

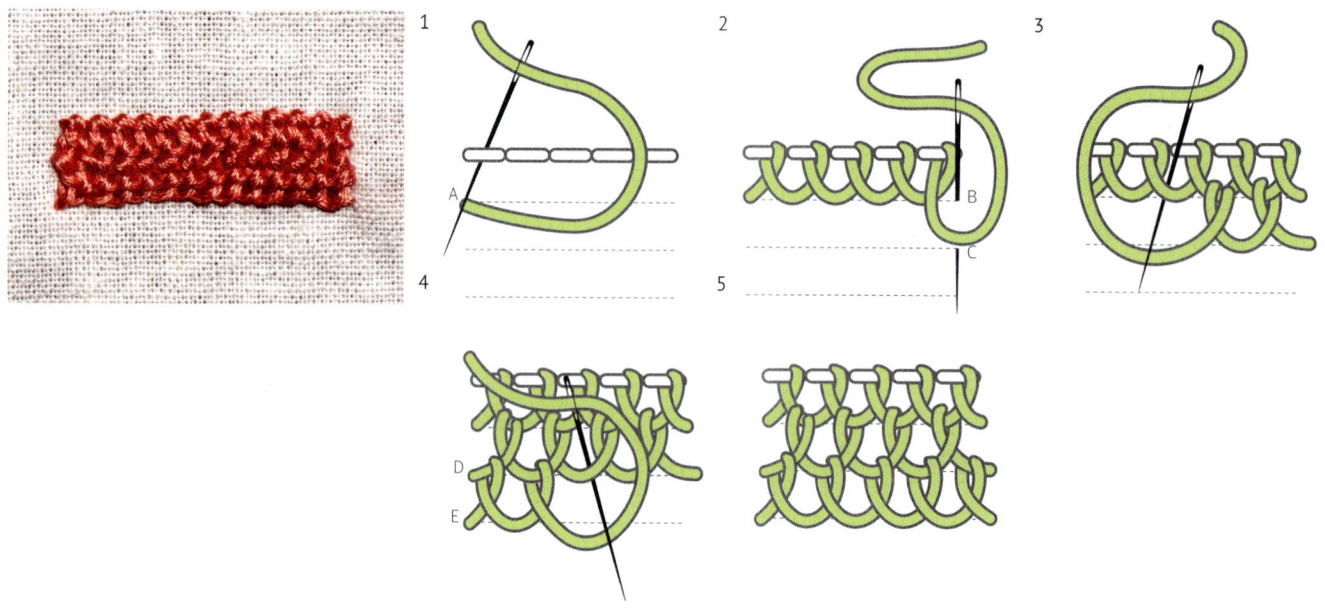

① 일정 간격으로 백 스티치를 해준 후 A로 바늘을 빼서 그림처럼 넣어 줍니다.
② 고리를 만들어준 후 바늘을 B로 넣어서 C로 뺍니다.
③ 그림처럼 왼쪽 방향으로 고리를 만들어 줍니다.
④ 두 번째 줄까지 고리를 만든 후 바늘을 D로 넣어서 E로 뺍니다. 오른쪽 방향으로 다시 고리를 만들어 줍니다.

172 실론 스티치 Ceylon stitch ★★★

실론은 인도양에 있는 섬(스리랑카)으로 그 섬에서 연유된 명칭입니다. 천은 뜨지 않고 실만을 엮어서 면을 채우는 방법으로 촘촘히 뜬 뜨개 느낌입니다.

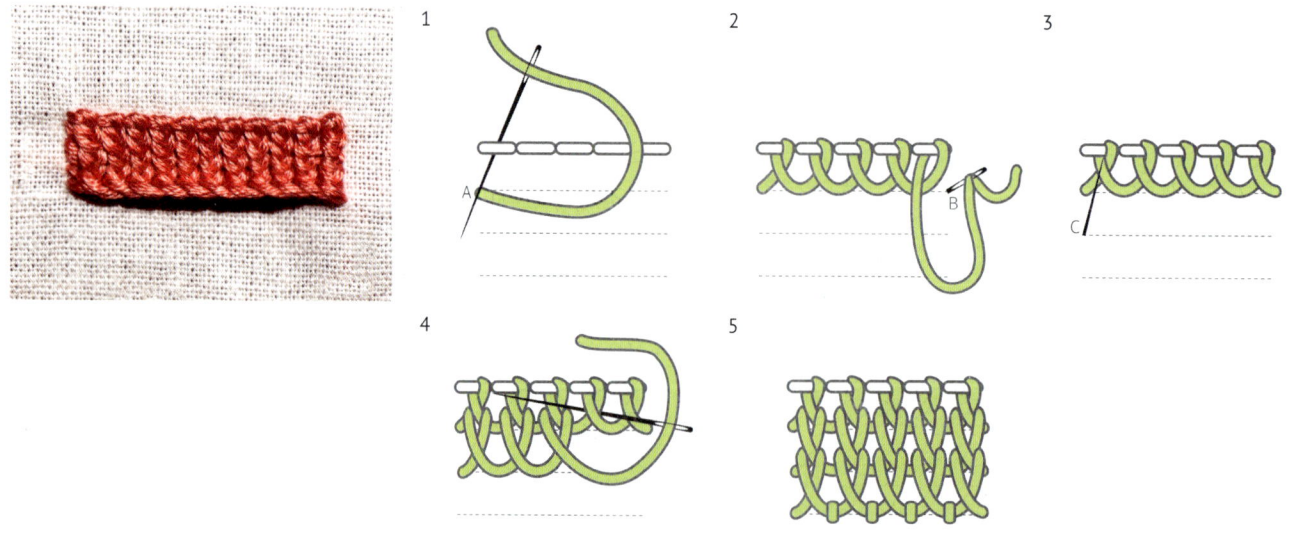

① 일정 간격으로 백 스티치를 해준 후 A로 바늘을 빼서 그림처럼 넣어 줍니다.
② 첫 번째 줄 고리 만들기가 끝나면 B로 바늘을 넣어 줍니다.
③ C로 바늘을 빼 줍니다.
④ 그림처럼 고리 사이를 통과시켜 줍니다.
⑤ 3~4를 반복해준 후 마지막 줄은 그림처럼 고정시킵니다.

173 브릭 스티치 Brick stitch ★★☆

벽돌을 쌓는 것처럼 수놓는 기법으로 새틴 스티치를 바늘땀이 엇갈리게 촘촘하게 수놓는 방법과 블랭킷 스티치로 벽돌 모양으로 간격을 주어 수놓는 방법이 있습니다.

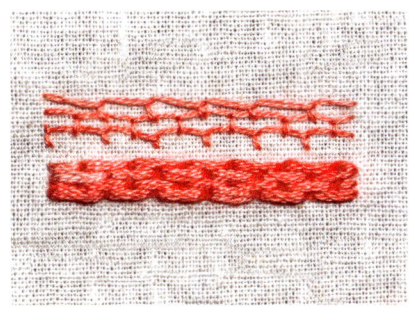
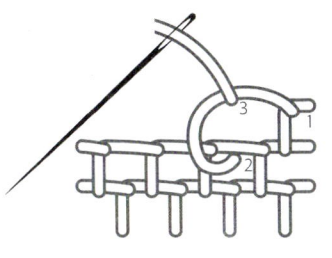
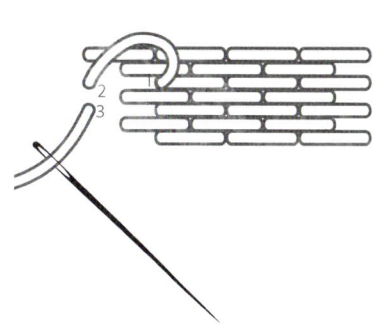

174 코디드 버튼홀 스티치 Corded Buttonhole stitch ★★★

그물망 모양의 스티치로 백 스티치 테두리와 심지실을 걸치고 엮어나가기 때문에 더 조이는 모양을 만들 수 있습니다. 펠트나 솜 등을 넣어 볼륨감을 표현하기 좋습니다.

1
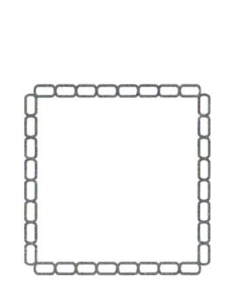

2
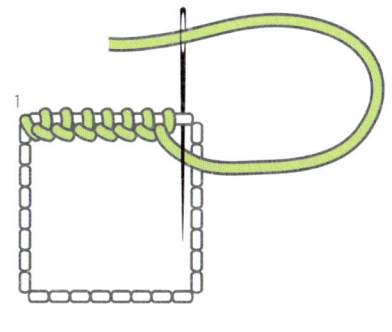

3
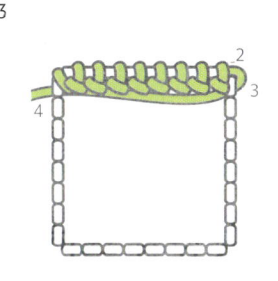

4
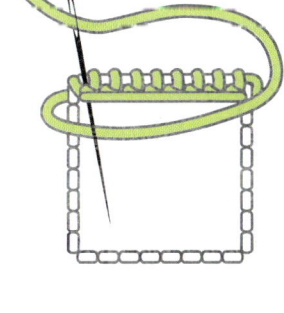

5
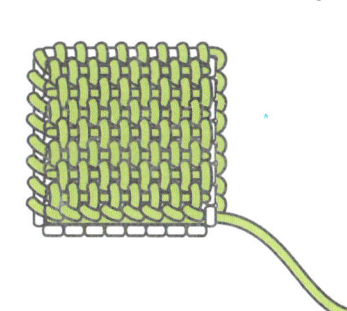

6
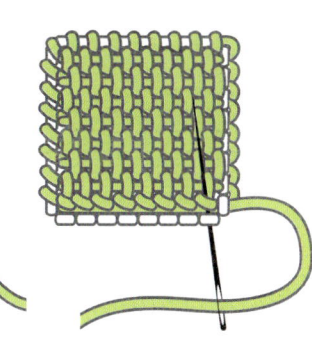

① 채워 줄 면적의 테두리를 백 스티치 해 줍니다.
② 가로 백 스티치의 첫 땀 바로 앞(1)에 바늘을 빼서 그림처럼 실론 스티치와 같은 고리를 만들어 줍니다.
③ 마지막 고리를 만든 후 실을 마지막 백 스티치의 바깥쪽(2)으로 빼 줍니다. 그리고 세로 부분 백 스티치의 첫 번째 땀 3에 바늘을 넣어 4로 빼 줍니다.
④ 첫 번째 고리와 가로 실을 함께 떠서 그림처럼 실을 걸어 줍니다.
⑤ 같은 방식으로 반복합니다. 그림처럼 마지막까지 채워 준 후 솜이나 펠트 등을 밑으로 집어넣어 볼륨감을 줄 수 있습니다.
⑥ 마무리는 그림처럼 두 개의 실을 떠 줍니다.

175 레이즈드 블랭킷 스티치 Raised Blanket stitch ★★★

평행으로 수놓은 가로선의 한 줄 한 줄을 블랭킷 스티치로 엮어 면을 채우는 스티치입니다.

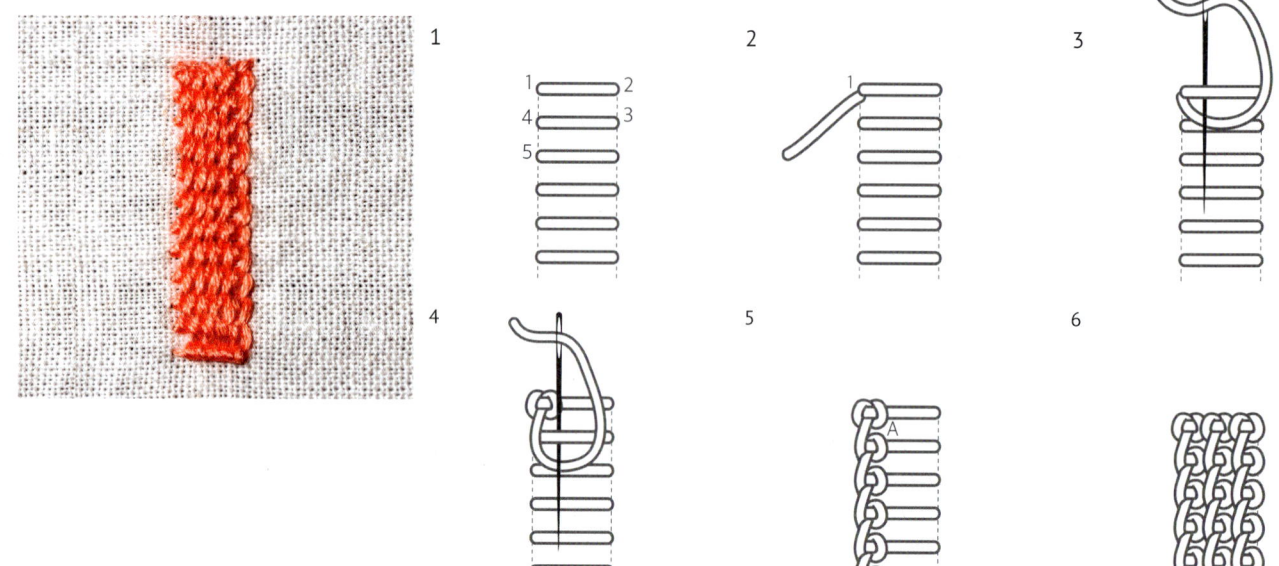

① 일정 간격으로 가로 선을 수놓습니다.
② A로 바늘을 빼 줍니다.
③ 첫 번째 스티치 밑으로 바늘을 넣어 줍니다.
④ 실을 왼쪽으로 잡아당겨 묶고 두 번째 스티치도 해줍니다.
⑤ 같은 방식으로 반복한 후 A로 바늘을 빼서 두 번째 줄을 시작합니다.

176 레이즈드 스템 스티치 Raised Stem stitch ★★★

평행으로 수놓은 스트레이트 스티치 위에 스템 스티치를 하는 방법으로 면을 촘촘히 채울 때 사용합니다.

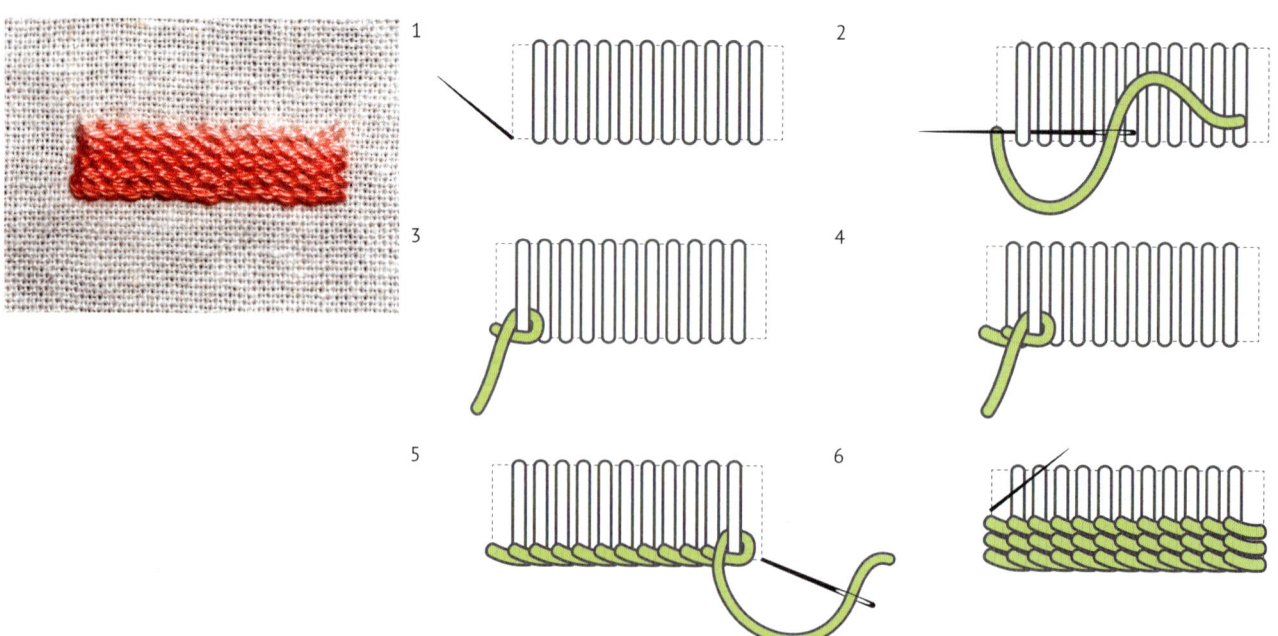

① 일정 간격으로 세로 선을 수놓은 후 1로 바늘을 빼 줍니다.
② 그림처럼 바늘을 오른쪽에서 왼쪽으로 스티치 아래로 넣어 줍니다.
③ 실을 당겨 줍니다.
⑤ 같은 방식으로 반복해준 후 오른쪽 끝에 바늘을 넣어 줍니다.
⑥ 한 줄의 시작은 왼쪽에서 바늘을 빼서 시작합니다.

177 레이즈드 체인 밴드 스티치 Raised Chain Band stitch ★★★

평행으로 수놓은 가로선을 체인 스티치와 비슷한 모양으로 묶어주는 방법으로 한 줄만 수놓으면 선으로, 여러 줄을 수놓으면 입체적인 면을 채우기에 좋습니다.

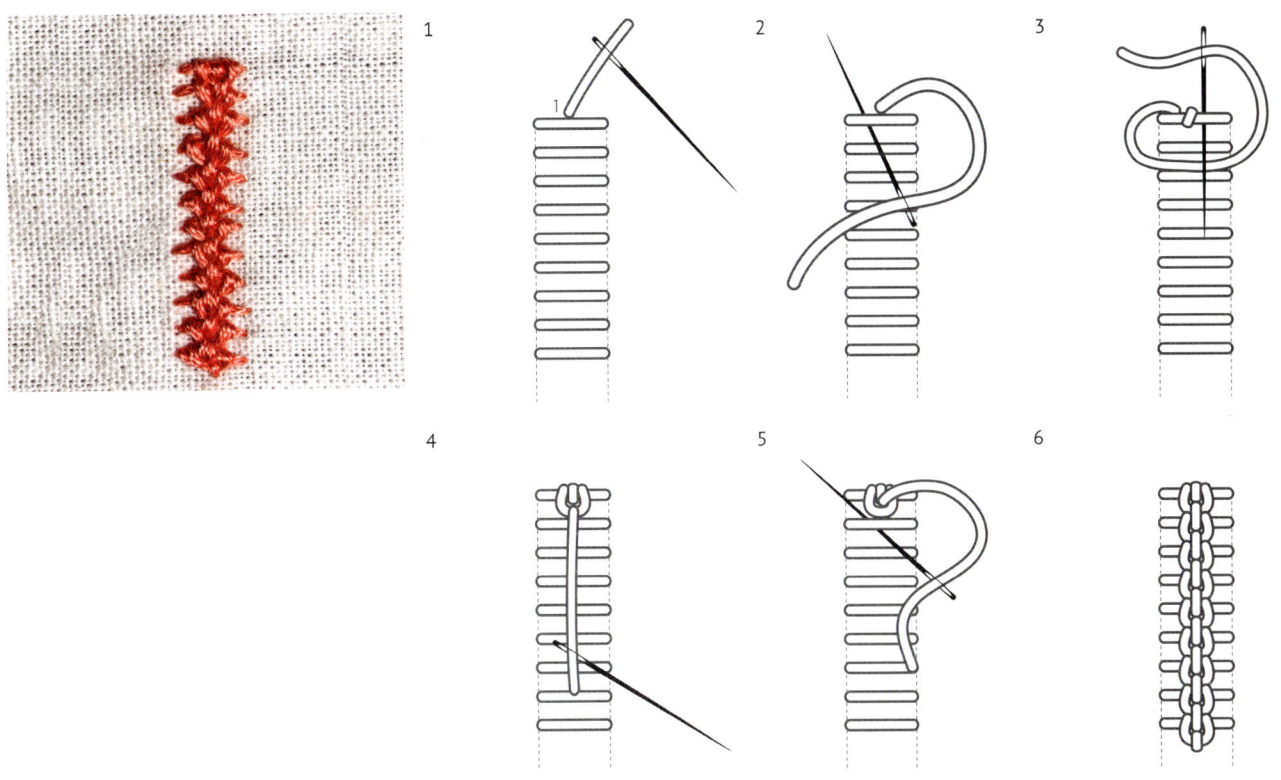

① 일정 간격으로 가로 선을 수놓은 후 1로 바늘을 빼 줍니다.
② 바늘을 첫 번째 스티치 밑으로 넣어 1의 왼쪽으로 빼 줍니다.
③ 그림처럼 바늘을 1의 오른쪽으로 넣어 실을 걸어 줍니다.
④ 실을 당겨 매듭을 만듭니다.
⑤ 두 번째 스티치 아래에서 위로 빼 줍니다.
⑥ 2에서 4를 반복합니다.

178 스파이더웹 로즈 스티치 Spiderweb Rose stitch ★★☆

원에 홀수 개의 스트레이트 스티치를 수놓은 후 거미줄처럼 시계 반대 방향으로 돌려 꽃을 표현하는 스티치입니다.

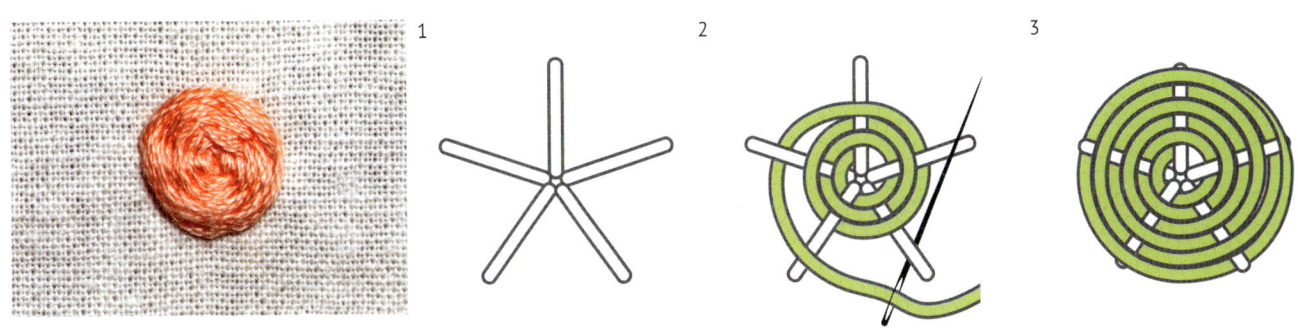

179 립드 스파이더웹 스티치 Ribbed Spiderweb stitch ★★☆

립드는 '골이 지게 짠'이란 뜻으로 골이 진 거미줄 모양의 스티치입니다. 기둥이 되는 스트레이트 스티치의 개수는 자유롭게 해주며 '휘프트 스파이더웹(Whipped Spiderweb) 스티치'라고도 합니다.

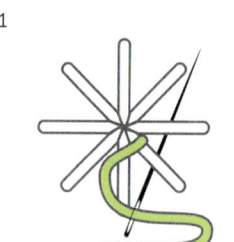

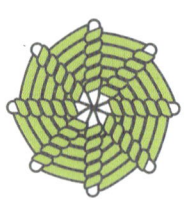

180 레이즈드 스템 스파이더웹 스티치 Raised Stem Spiderweb stitch ★★☆

레이즈드 스템은 '높아진 줄기'란 뜻으로 원에 6, 8개의 반지름을 수놓은 후 시계 반대 방향으로 심지에 스템 스티치를 하는 방법으로 감아나가는 스티치입니다.

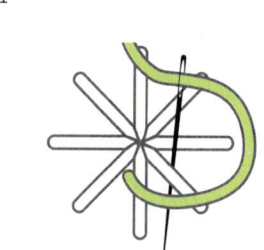
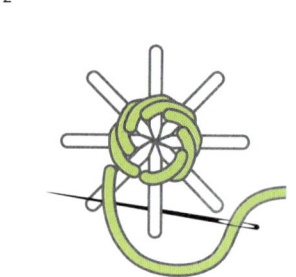

181 휠 스티치 Wheel stitch ★★☆

여러 개의 라인 사이를 립드 스파이더웹 스티치 방식으로 감아 돌려주는 기법으로 입체적인 면을 채울 때 사용합니다.

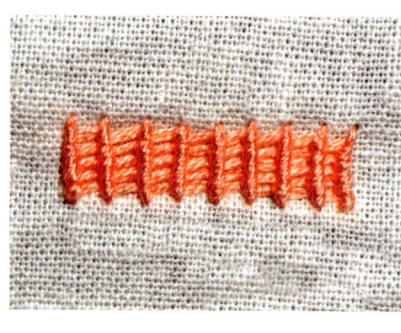
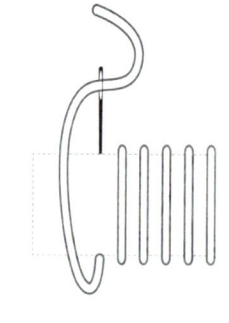
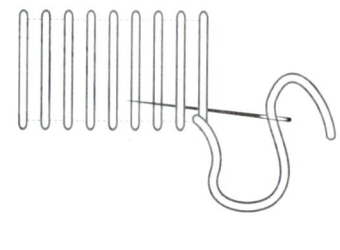
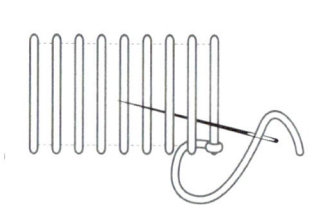
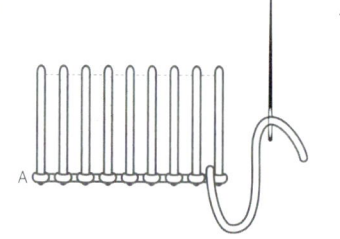
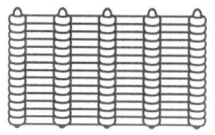

③ 첫 번째 줄이 끝나면 A로 바늘을 넣어 줍니다.
④ 두 번째 줄도 같은 방식으로 반복합니다.

182 로제트 스티치 Rosette stitch ★★☆

로제트는 '장미꽃 모양의 장식'이란 뜻으로 링 모양의 스티치입니다. '로제트 로즈(Rosette Rose) 스티치'라고도 합니다.

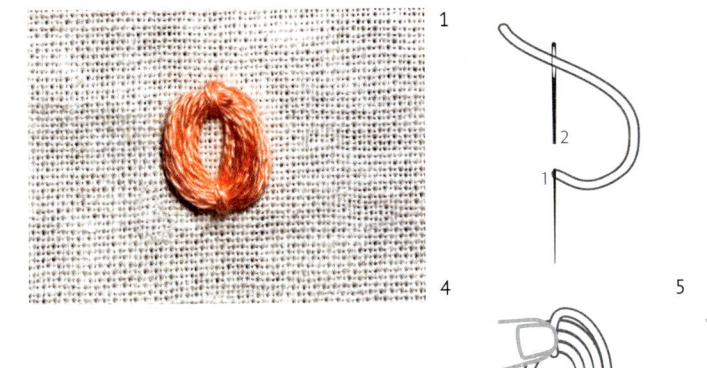
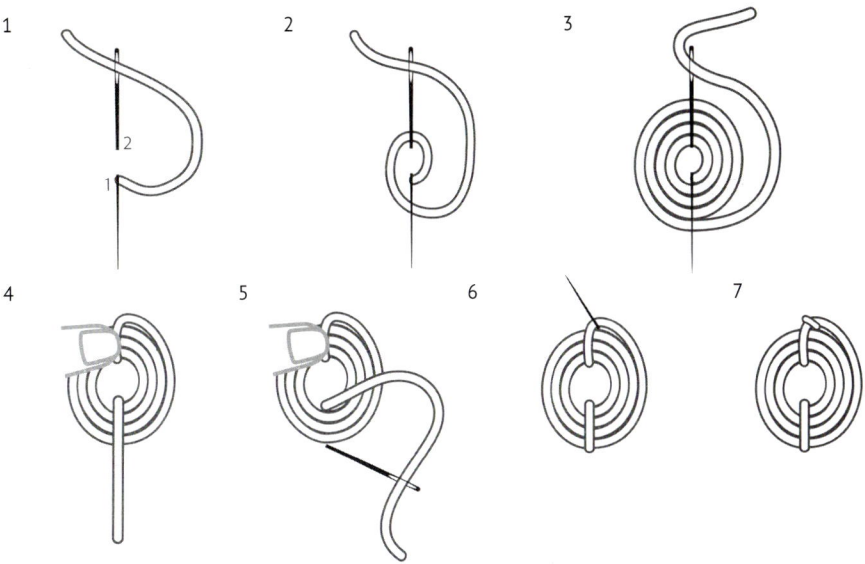

① 1로 실을 빼고 바늘을 2에 넣어 1 바로 위로 빼 줍니다. 바늘은 천에 꽂아 둡니다.
② 그림처럼 실을 바늘에 반시계 방향으로 감아 줍니다.
③ 실이 겹치지 않게 원하는 두께가 될 때까지 감아 줍니다.
④ 윗부분의 실을 원의 크기에 맞추어 왼손 엄지로 눌러 준 후 바늘을 아래로 살살 빼 줍니다.
⑤ 바늘을 그림처럼 아래로 넣어 줍니다.
⑥ 그림처럼 고리 안쪽으로 바늘을 빼 줍니다.
⑦ 바늘을 고리 뒤로 넣어 윗부분을 고정시켜 줍니다.

183 우븐 오벌 스티치 Woven Oval stitch ★★☆

로제트 스티치와 비슷한 모양으로 귀여운 동그라미를 표현할 수 있습니다.

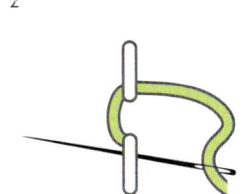
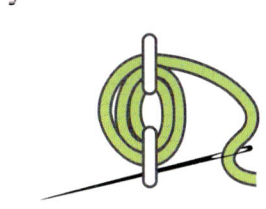

① 같은 길이의 스트레이트 스티치 2개를 해줍니다. 스트레이트 스티치의 길이가 원의 두께가 되고 2개의 스트레이트 사이 간격이 안쪽 원의 크기가 됩니다.
② 아래쪽 스티치의 위쪽 끝 왼편으로 바늘을 뺀 후 시계 방향으로 스티치 아래를 통과하여 실을 감아 줍니다.
③ 스트레이트 스티치가 꽉 차도록 원을 돌려 줍니다.
④ 스트레이트 스티치 아래로 바늘을 넣어 줍니다.

184 블리온 스티치 Bullion stitch ★★☆

바늘을 기둥 삼아서 실을 감아 만들어주는 스티치로 입체적인 모양을 만들어줍니다.

1
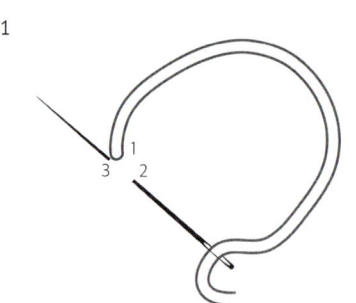

2

3
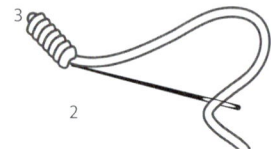

4

① 실의 왼쪽 바로 옆으로 바늘을 빼 주고 오른손으로 실을 잡아 시계 방향으로 2와 3의 길이만큼 바늘에 감아 줍니다.
② 겹치지 않게 가지런히 감아 준 후 왼손으로 감겨진 실을 잡은 상태에서 바늘을 위로 빼 줍니다.
③ 바늘을 뺀 후 2쪽으로 실을 쭉 잡아 당겨 주면 감긴 부분이 더 가지런해집니다. 바늘을 2로 넣어 줍니다.

185 블리온 노트 스티치 Bullion Knot stitch ★★☆

블리온 스티치를 동그랗게 한 후 고정시켜주는 방법입니다.

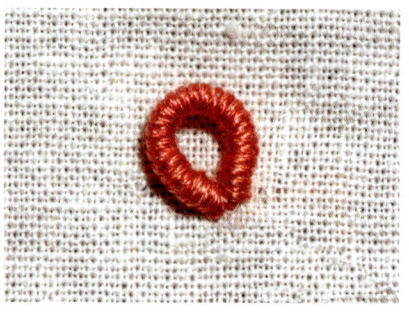

1
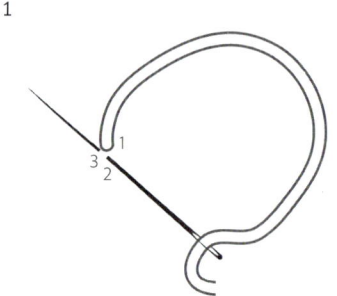

2
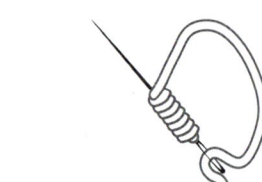

3

4

① 블리온 스티치보다 2와 3의 길이를 아주 짧게 떠 줍니다.
② 바늘에 실을 많이 감아줄수록 원이 크게 만들어집니다.
③ 바늘을 뺀 후 감긴 부분이 가지런하고 동그랗게 될 때까지 실을 2로 쭉 잡아당긴 후 2로 넣어 줍니다.

186 블리온 데이지 스티치 Bullion Daisy stitch ★★☆

블리온노트 스티치를 크게 하여 레이지데이지 꽃 스티치 모양으로 고정해주는 기법입니다.

1
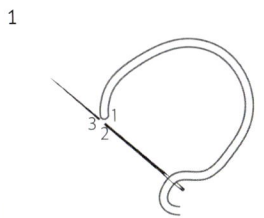

2

3
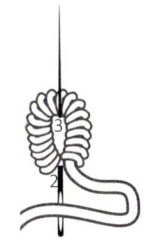

4
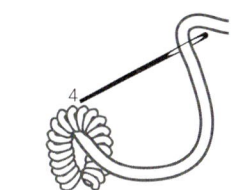

5

① 블리온 스티치보다 2와 3의 길이를 아주 짧게 떠 줍니다.
② 바늘에 실을 많이 감아줄수록 원이 크게 만들어집니다.
③ 바늘을 2로 넣어서 3으로 빼 줍니다.
④ 바늘을 4로 넣어서 고정시킵니다.

187 블리온 로즈 스티치 Bullion Rose stitch ★★★

블리온 스티치로 장미꽃 모양을 만들어주는 스티치입니다.

1 2 3
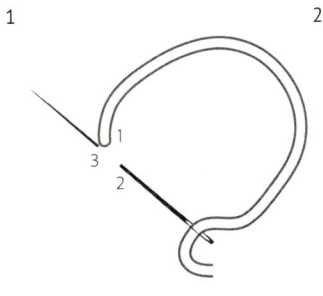  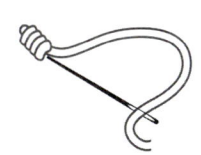

4 5 6
 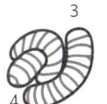

7 8 9
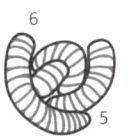 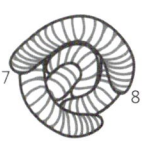 

⑤ 오른쪽 방향으로 반원보다 크지 않게 불리온 스티치를 돌려 줍니다.

188 트라이앵글 블리온 스티치 Triangle Bullion stitch ★★☆

블리온 스티치로 세모 모양을 만들어주는 스티치입니다.

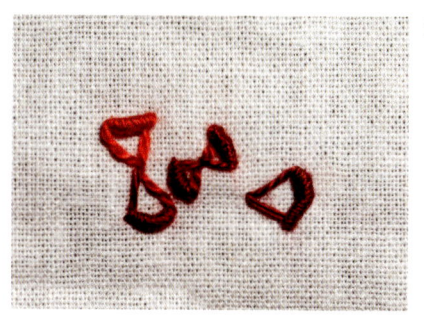
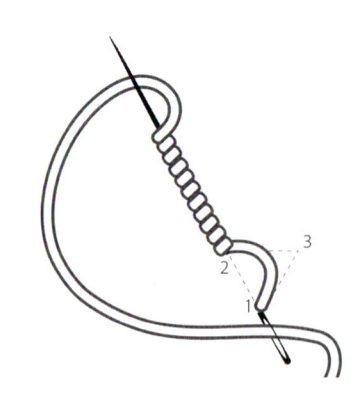
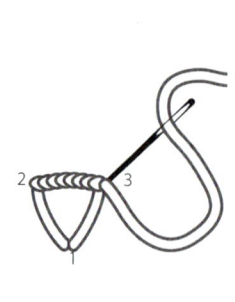

① 원하는 크기의 삼각형을 그린 후 1에 바늘을 넣어 2로 빼 줍니다. 2와 3의 길이만큼 바늘에 실을 감아준 후 바늘을 위로 빼 줍니다.
② 1과 2의 실이 팽팽해지도록 당긴 후 3쪽으로 감긴 부분이 가지런해지게 실을 잡아당긴 후 3으로 바늘을 넣어 줍니다.

189 램블러 로즈 스티치 Rambler Rose stitch ★★★

램블러 로즈는 '덩굴 장미'란 뜻으로 원의 중앙에 스트레이트 스티치로 세모 모양을 두 번 수놓고 땀 길이를 길게 해가며 나선형으로 돌려주는 스티치입니다. 덩굴 장미처럼 꽃잎이 촘촘한 장미꽃 느낌을 표현할 때 사용합니다.

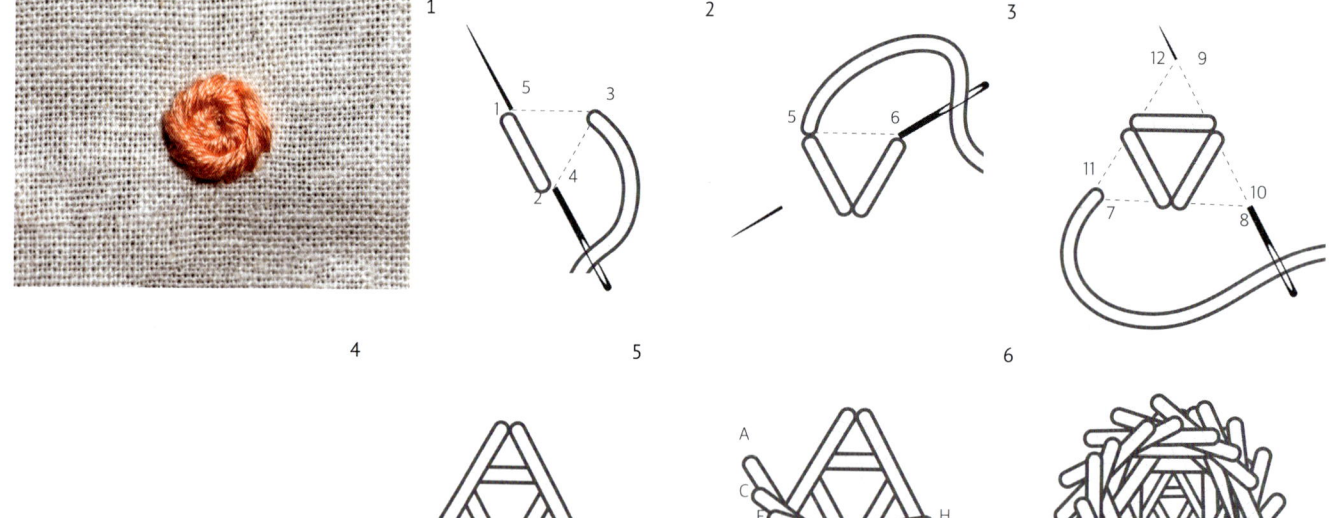

① 작게 삼각형 모양으로 스트레이트 스티치를 해줍니다.
③ 그림처럼 작은 삼각형 바깥으로 두 번째 삼각형을 수놓습니다.
⑤ 그림처럼 조금씩 각도를 달리하며 시계 반대 방향으로 스트레이트 스티치를 해줍니다.

190 캐스트온 스티치 Caston stitch ★★★

캐스트온은 '바늘에 코를 만들다'라는 뜻으로 뜨개를 하듯이 바늘에 실을 걸어 뜨개코를 만들어 입체적인 꽃을 표현하는 스티치입니다.

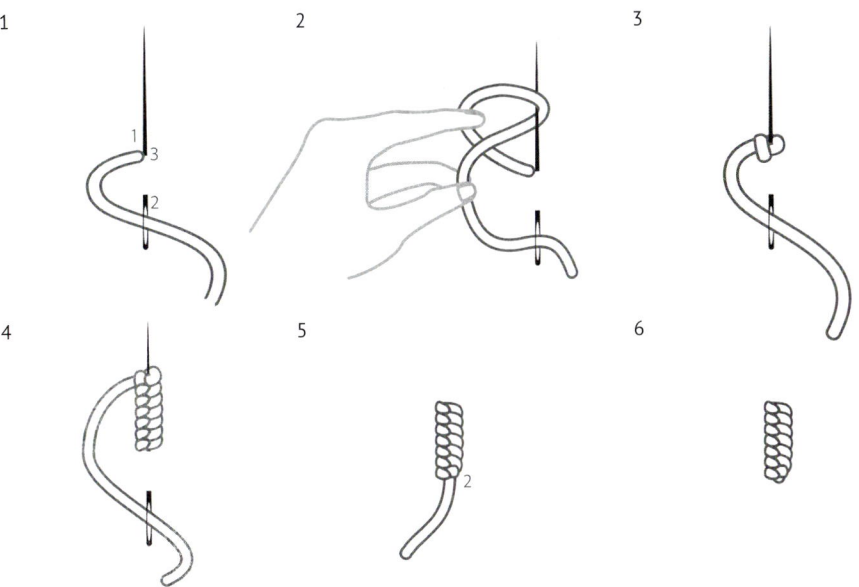

① 1로 실을 뺀 후 2로 넣어 실 오른쪽 바로 옆으로 빼 줍니다.
② 그림처럼 바늘에 실을 걸어 줍니다.
③ 실을 아래쪽으로 꽉 당깁니다.
④ 2와 같은 방식으로 실을 걸고 당겨 가지런하게 감아 줍니다. 감긴 부분을 왼손으로 잡은 상태에서 바늘을 위로 빼 줍니다.
⑤ 실을 아래쪽으로 쭉 당긴 후 2로 넣어 줍니다. 블리온 로즈와 같은 방식으로 돌려 꽃 모양을 만들어줄 수 있습니다

191 캐스트온 링 스티치 Caston Ring stitch ★★★

캐스트온 스티치로 고리 모양을 만들어주는 방법입니다.

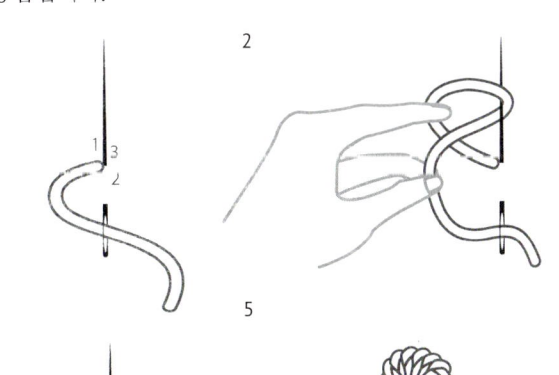

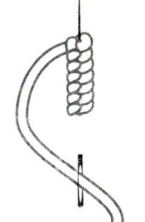
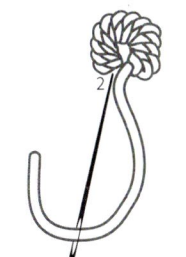

① 캐스트온 스티치보다 2와 3의 길이를 아주 짧게 떠 줍니다.
② 그림처럼 바늘에 실을 걸어 줍니다.
③ 실을 아래쪽으로 꽉 당깁니다.
④ 2와 같은 방식으로 실을 걸고 당겨 가지런하게 감아 줍니다. 실을 많이 감을수록 원의 크기가 커집니다. 감긴 부분을 왼손으로 잡은 상태에서 바늘을 위로 빼 줍니다.
⑤ 동그란 모양이 가지런하게 되도록 실을 쭉 당긴 후 2로 넣어 줍니다.

더블 캐스트온 스티치 Double Caston stitch

★★★

바늘에 실을 좌우로 감아 걸어 뜨개 코를 대칭으로 쌓아 만드는 기법입니다.

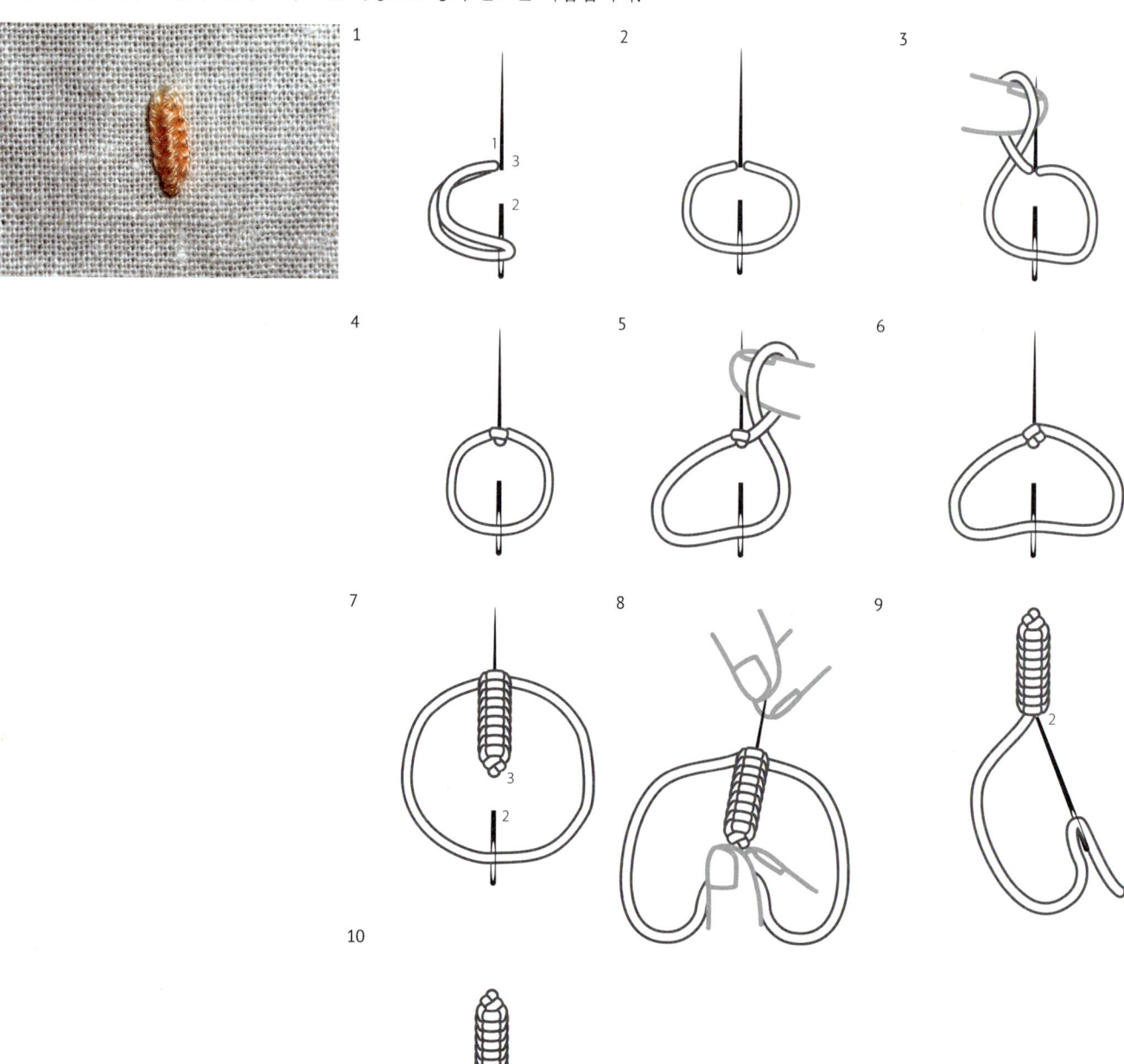

① 실 두 가닥을 바늘에 꽂습니다. 1로 실을 빼서 2로 넣었다가 3으로 빼 줍니다.
② 실 두 가닥을 양옆으로 벌려 줍니다.
③ 그림처럼 왼쪽 실을 바늘에 걸어 줍니다.
④ 실을 아래쪽으로 당겨 줍니다.
⑤ 오른쪽 실도 같은 방식으로 바늘에 걸어 줍니다.
⑥ 실을 아래쪽으로 당겨 줍니다.
⑦ 같은 방식으로 반복하며 캐스트온 스티치를 해줍니다.
⑧ 캐스트온 스티치 부분을 왼손으로 잡고 바늘을 위로 빼 줍니다.
⑨ 실을 끝까지 잡아당긴 후 2로 넣어 줍니다.

193 서큘러 로즈 스티치 Circular Rhodes stitch ★★☆

서큘러 로즈는 '원형의 장미'라는 뜻으로 볼륨감 있는 원을 만들어주는 스티치입니다.

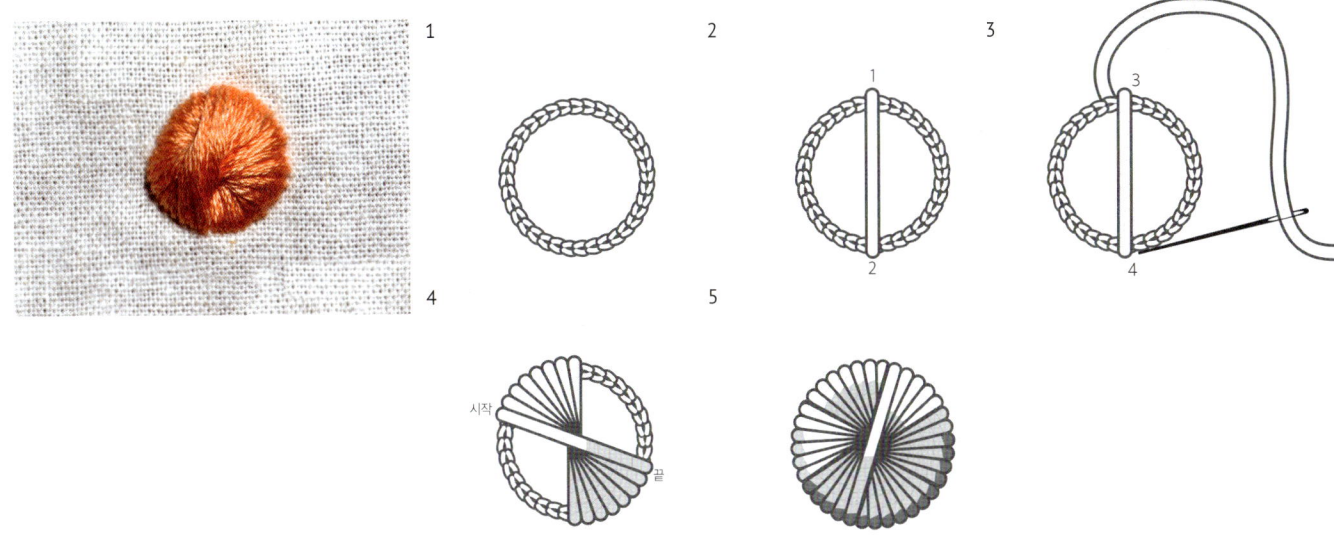

① 스플릿 스티치로 원을 수놓습니다.
② 1로 바늘을 빼서 2로 넣은 후 실을 팽팽하게 당겨 줍니다.
③ 3으로 바늘을 빼서 4로 넣은 후 실을 당겨 줍니다.
④ 같은 방식으로 시계 반대 방향으로 반복하며 촘촘하고 팽팽하게 수를 놓습니다. 스트레이트 스티치의 시작점과 끝점이 맞은편이 되도록 합니다.

194 스템 스티치 로즈 Stem Stitch Rose ★★★

아웃라인 스티치를 원형으로 돌려가며 장미꽃 모양으로 수놓는 기법이며 실을 느슨하게 할수록 풍성한 느낌의 입체 꽃이 만들어집니다. '스템 로즈 스티치', '아웃라인(Outline) 로즈 스티치'라고도 합니다.

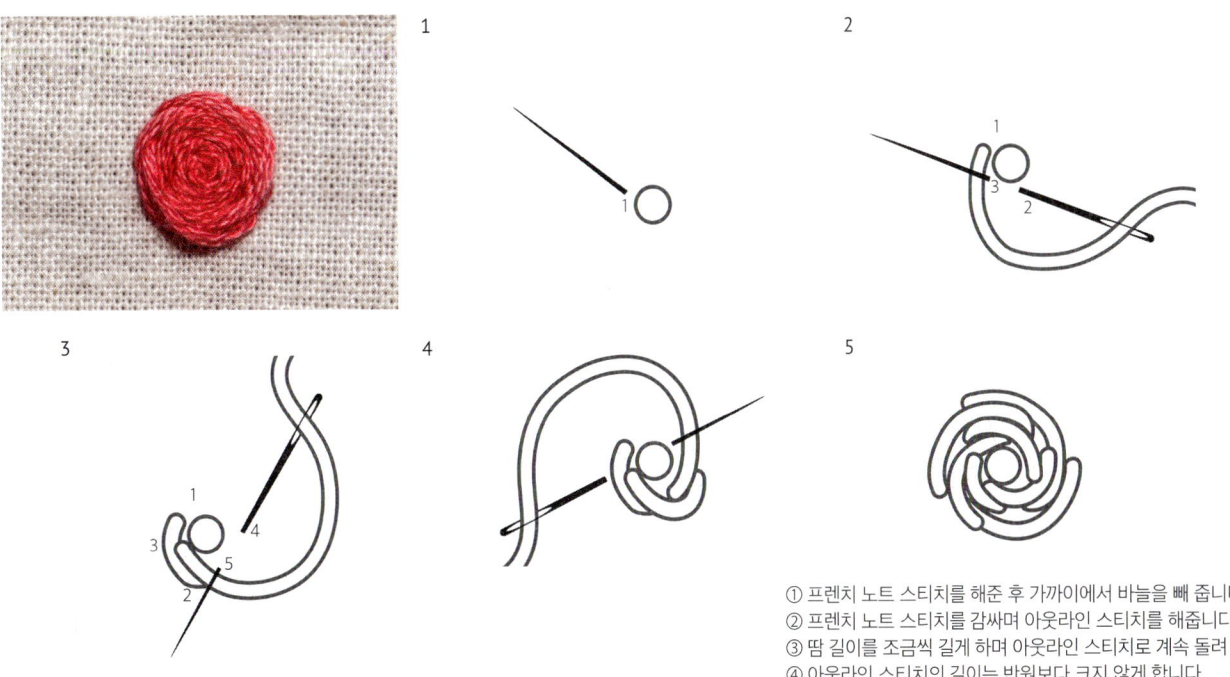

① 프렌치 노트 스티치를 해준 후 가까이에서 바늘을 빼 줍니다.
② 프렌치 노트 스티치를 감싸며 아웃라인 스티치를 해줍니다.
③ 땀 길이를 조금씩 길게 하며 아웃라인 스티치로 계속 돌려 줍니다.
④ 아웃라인 스티치의 길이는 반원보다 크지 않게 합니다.

스미르나 스티치 Smyrna stitch

★★★

스미르나는 터키 지방의 지역이름에서 유래된 명칭입니다. 고리 모양을 고정시키며 여러 겹으로 촘촘히 수놓는 기법으로 고리를 잘라내면 카페트(융단)같은 털 느낌의 효과를 줄 수 있습니다. 카페트 생산지로 유명한 터키에서 연유하여 '터키러그 노트(Turkeyrug Knot) 스티치', '기오르데스노트(Ghiordesknot, 터키 융단의 한 종류) 스티치', '터키 워크(Turkey Work) 스티치' 라고도 합니다. 동물의 털, 풍성한 꽃 등을 표현할 때 효과적인 입체 스티치입니다.

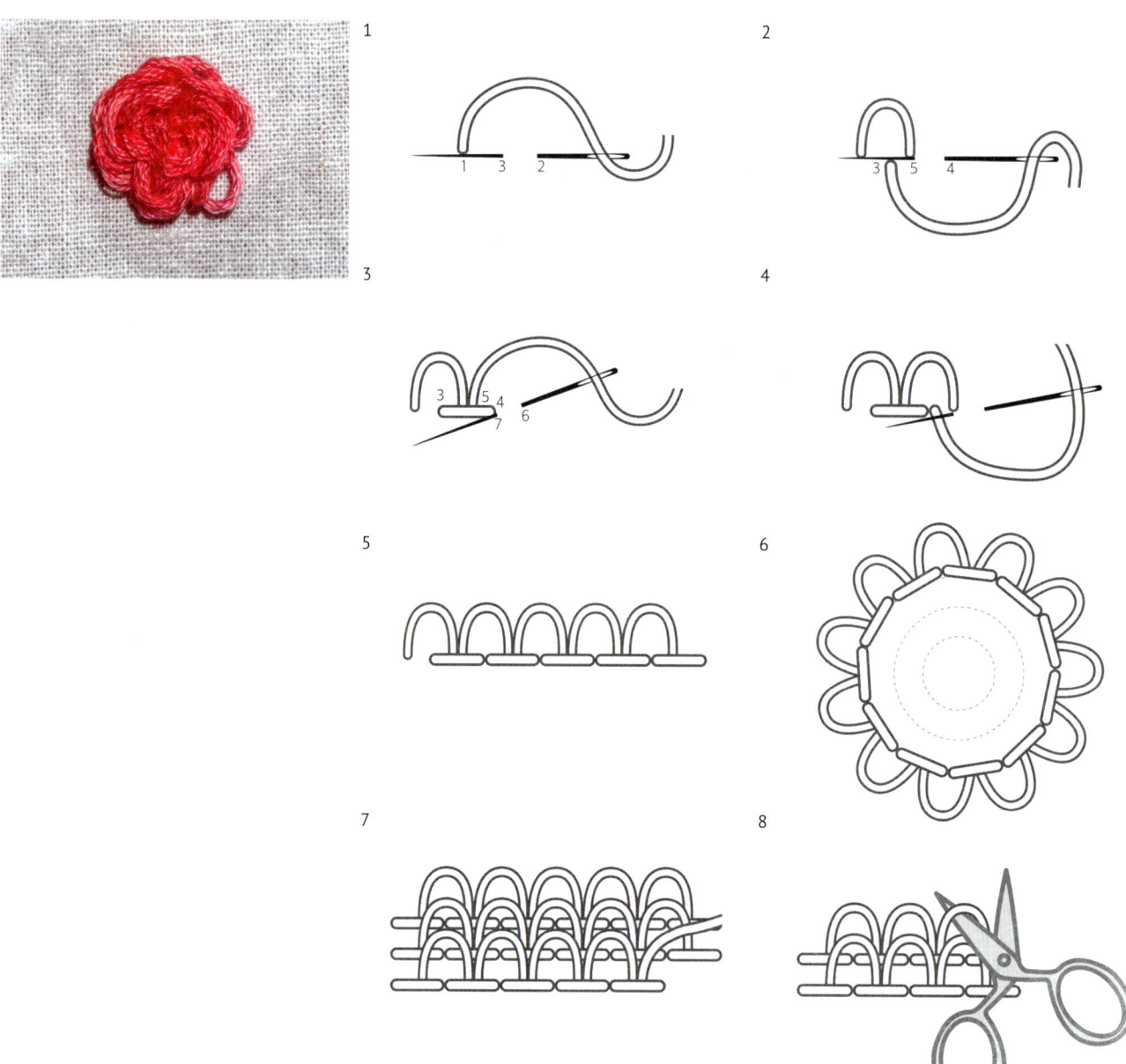

③ 가로로 고리를 잘라 주면 털의 느낌을 표현할 수 있습니다.

> 🐝 비교
>
> **스미르나 스티치(104쪽) vs 루프트 블랭킷 스티치(83쪽)**
> 겹쳐서 수놓은 모양은 비슷하나 루프트 블랭킷 스티치는 고리모양만 돌려주는 기법이고 스미르나 스티치는 고리모양을 고정시키며 돌려주는 차이가 있습니다. 따라서 스미르나 스티치는 고리모양을 잘라 섬세한 털 느낌을 표현할 수 있지만 루프트 블랭킷 스티치는 고리모양을 자르면 실이 뽑힐 수 있습니다.

레이즈드 리프 스티치 Raised Leaf stitch ★★★

시침핀을 사용하여 기둥 삼아 실을 엮어 만드는 입체 꽃 스티치로 '우븐 피코(Woven Picot) 스티치', '니들 위빙(Needle Weaving) 스티치'라고도 합니다.

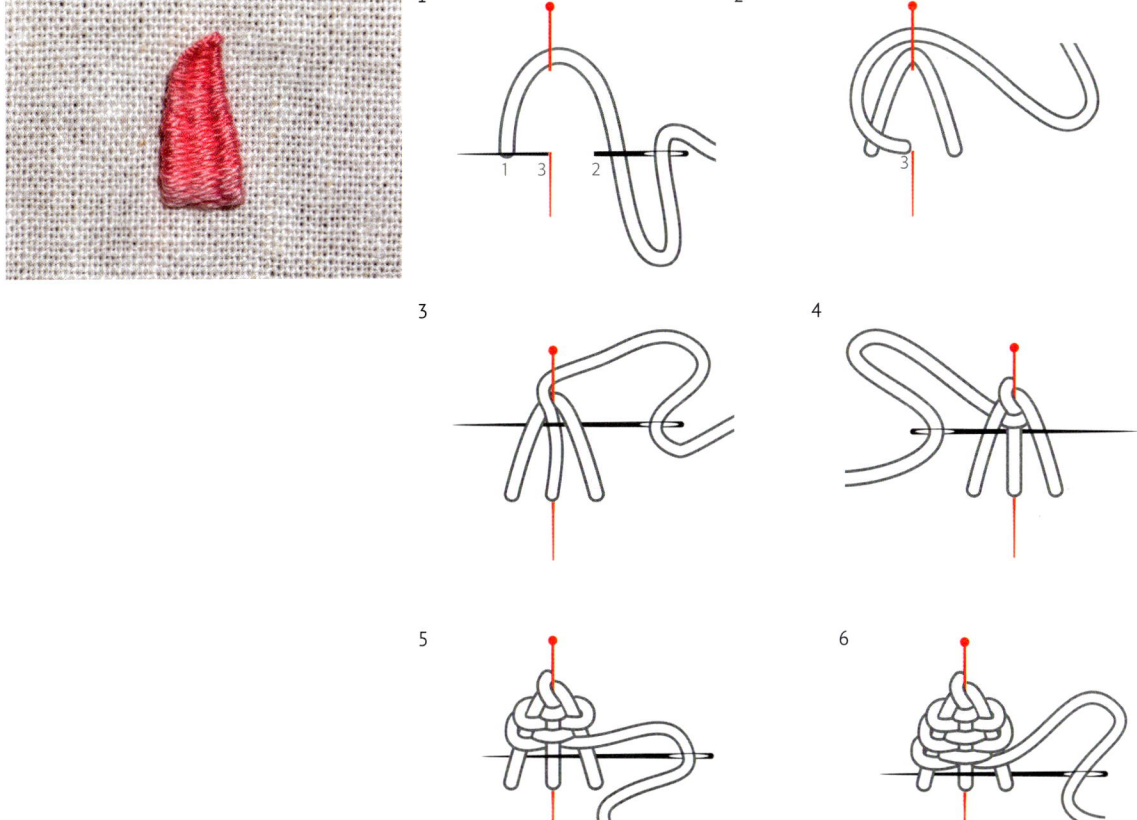

① 원하는 크기에 맞추어 그림처럼 핀을 꽂아 줍니다. 1로 실을 빼서 핀 뒤에 걸어 당겨 주고 2에 바늘을 넣어 핀의 왼쪽 바로 옆으로 빼 줍니다.
② 3으로 뺀 실을 다시 핀 뒤로 걸어 팽팽하게 당겨 줍니다.
③ 그림처럼 3개의 심지 사이를 엇갈려 통과시킨 후 위쪽으로 팽팽하게 당겨 줍니다.
④ 왼쪽에서 오른쪽으로 갈 때는 가운데 심지 밑으로만 통과시켜 줍니다.
⑤ 한 줄씩 만들어 줄 때마다 바늘귀 뒤로 실을 위쪽으로 촘촘히 밀어 줍니다. 이때 가장자리의 모양이 가지런하게 되도록 실을 신경 써서 당겨 줘야 합니다.
⑦ 3개의 심지가 안 보일 때까지 실을 엮어 준 후 핀을 살짝 빼고 마무리합니다.

197 니들 위빙 바 스티치 Needle Weaving Bar stitch ★★★

레이즈드 리프 스티치와 비슷한 모양으로 시침핀을 사용하지 않으며 끝 부분을 고정해주는 입체 스티치입니다.

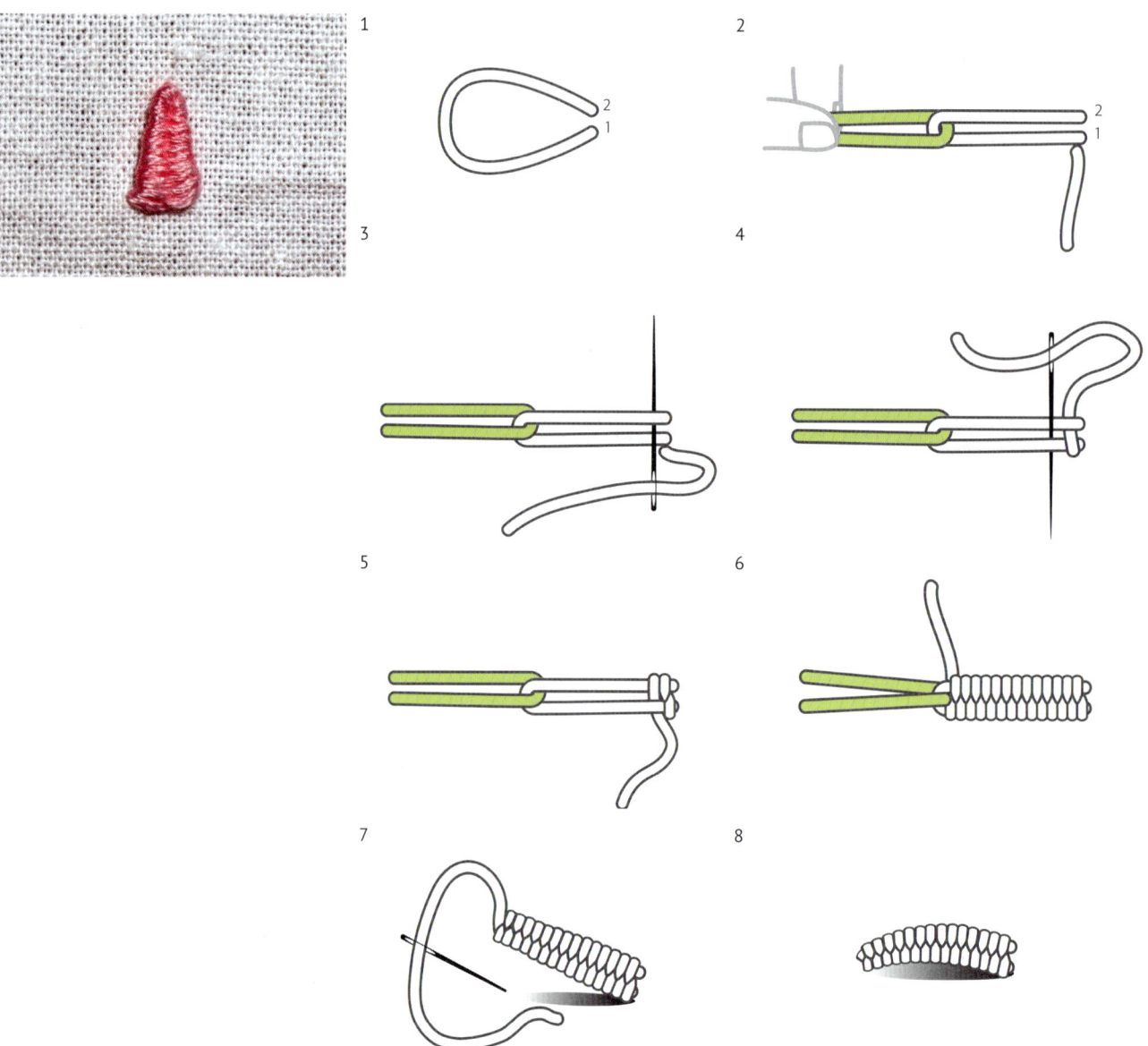

① 실을 1로 빼서 2로 넣어 고리를 만들어 줍니다.
② 고리에 또 다른 실을 걸어 원하는 길이로 잡아 당겨 준 후 1 바로 밑으로 실을 빼 줍니다.
③ 천을 꿰지 않고 그림처럼 바늘을 넣어 줍니다.
④ 위로 뺀 바늘을 다시 그림처럼 실 밑으로 넣어 줍니다.
⑤ 고리의 모양이 찌그러지지 않도록 실을 신경 써서 당겨 줍니다.
⑥ 같은 방식으로 고리의 끝까지 실을 엮어 줍니다. 고리에 걸어 준 또 다른 실은 끝까지 팽팽하게 당겨 주고 고리의 끝까지 엮은 후에 제거합니다.
⑦ 위빙바의 길이 끝 지점에 바늘을 넣어 줍니다. 위빙바의 길이보다 짧게 바늘을 넣어줄수록 위빙바의 모양이 구부러집니다.

랩핑 비즈 스티치 Rapping Beads stitch

★★★

구멍이 큰 비즈를 실로 촘촘히 감싸주는 기법으로 입체적인 열매를 만들 때 사용합니다.

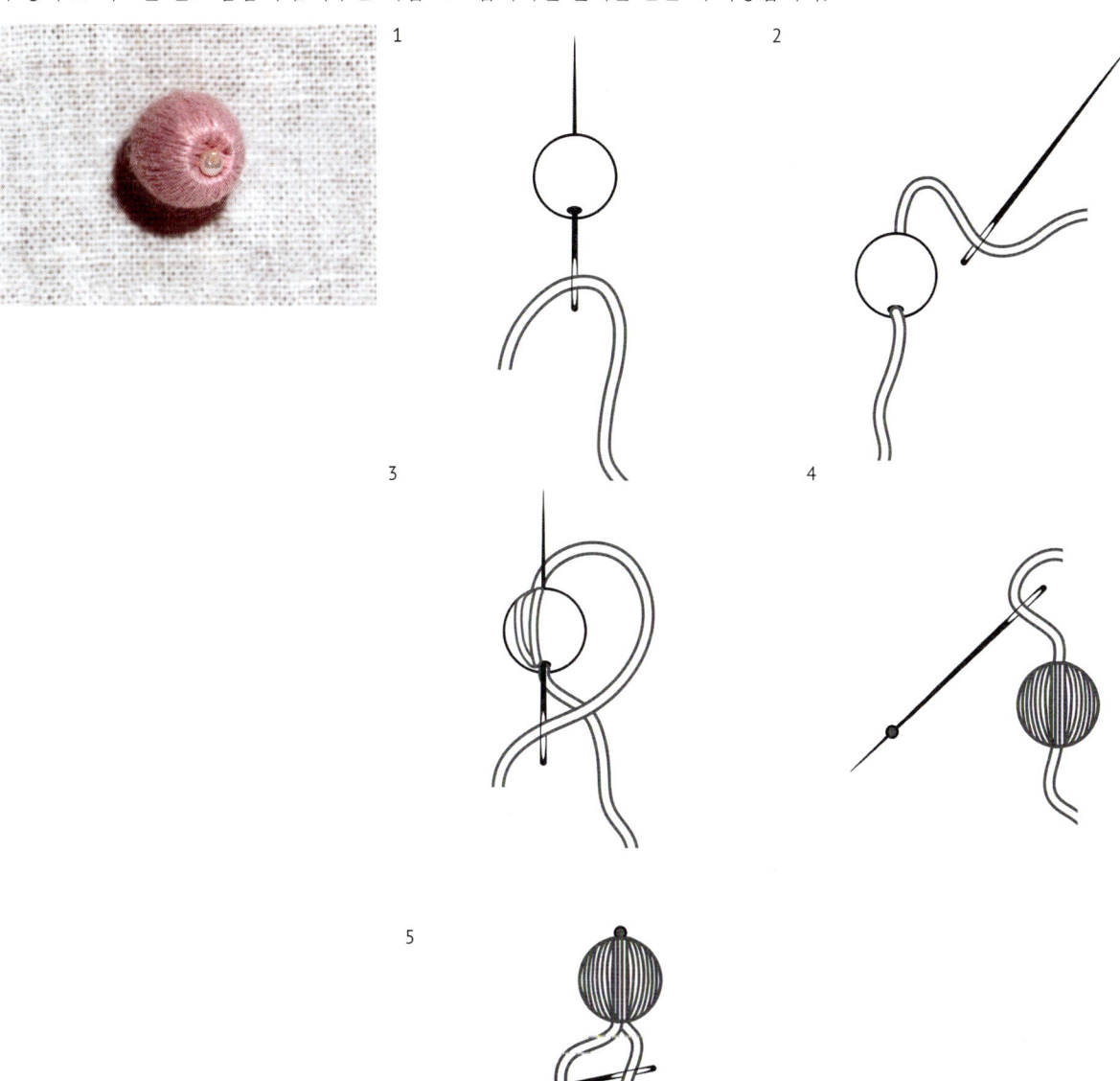

① 실의 매듭을 짓지 않고 바늘을 구슬의 구멍 아래에서 위로 빼 줍니다.
② 구슬 아래쪽 실을 8센티미터 정도만 남깁니다.
③ 아래쪽 실이 빠지지 않게 잡아 주면서 구슬에 실을 가지런하게 감아 줍니다.
④ 실을 촘촘하게 감아준 후 바늘에 작은 구슬을 끼워 위쪽 구멍에서 아래쪽 구멍으로 바늘을 빼 줍니다.
⑤ 두 줄의 실을 바늘에 끼워 원단에 고정시킵니다.

199 와이어 스티치 Wire stitch ★★★

와이어를 원하는 모양으로 고정한 후 롱 앤 숏 스티치나 새틴 스티치로 면을 채워준 후 와이어 가장자리를 잘라 입체적인 꽃이나 잎을 표현하기 좋습니다.

1

2
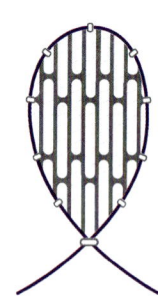

3 4
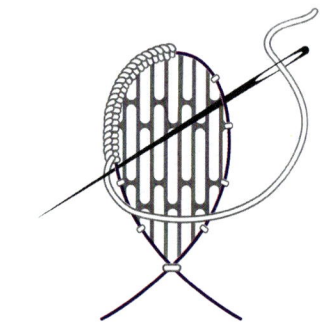 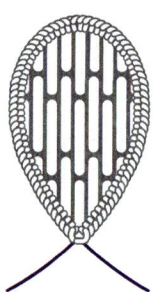

5
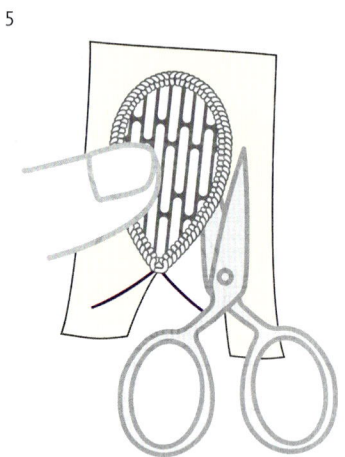

① 도안 선에 맞춰 와이어를 놓고 카우칭 스티치를 해줍니다.
② 안쪽을 채워 줍니다.
③ 안쪽과 같은 색의 실로 와이어를 감싸면서 블랭킷 스티치를 해줍니다. 바늘은 와이어 밑으로 넣고 실은 바늘 아래에 둡니다.
④ 와이어를 완전히 감쌌습니다.
⑤ 실이 잘리지 않게 조심하면서 가위로 오려 줍니다.

엉겅퀴 스티치 200

★★★

카네이션이나 엉겅퀴 꽃을 표현하기 좋은 입체 스티치입니다.

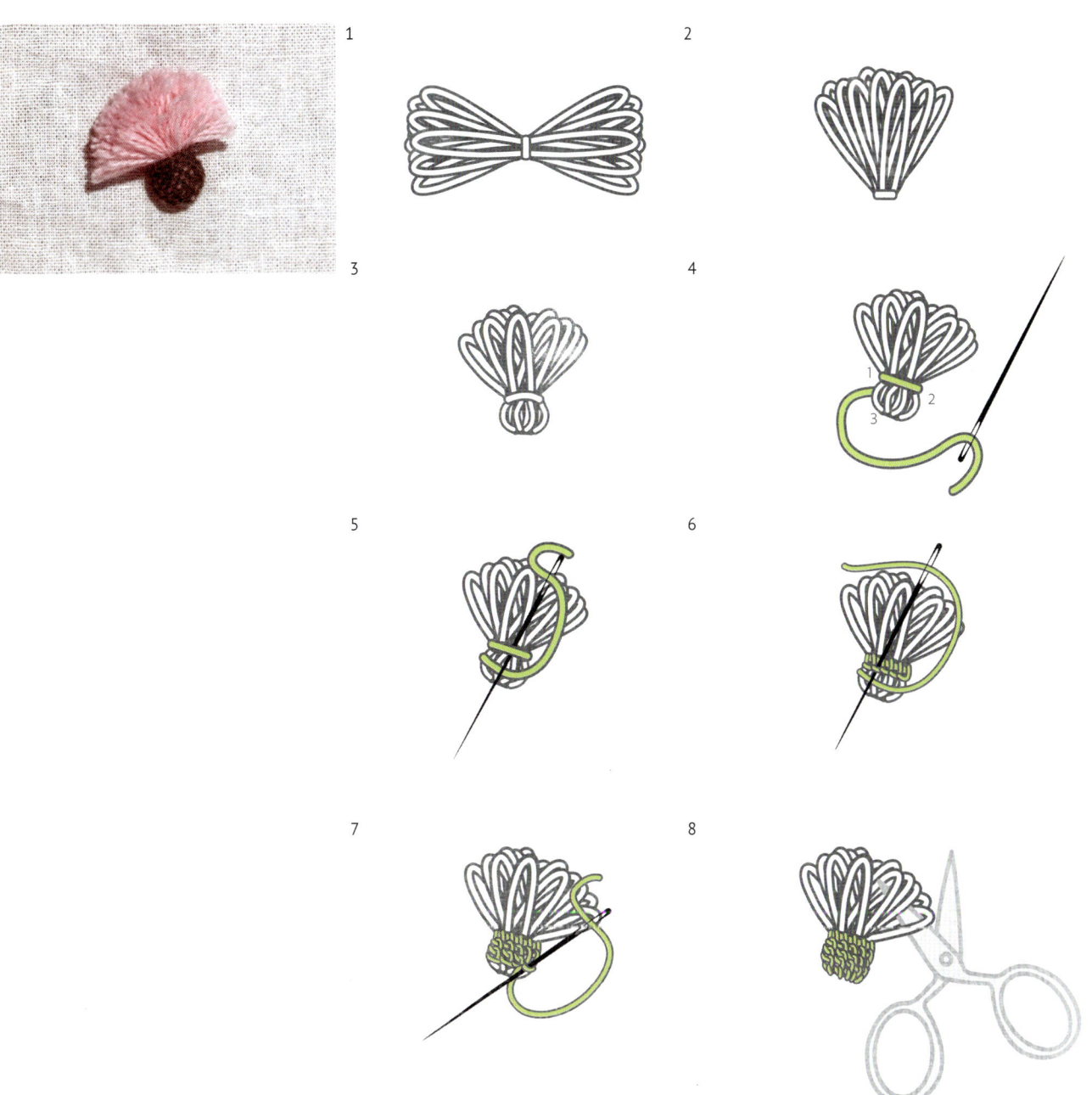

① 카드나 명함에 실을 감아서 빼준 후 가운데 부분을 묶어 줍니다.
② 반을 접어 줍니다.
③ 아래쪽 3분의 1 되는 곳을 꽉 묶어 줍니다.
④ 원단 위에 올려놓고 밑둥 부분의 실을 1로 빼서 2로 넣어 팽팽하게 당겨 주고 3으로 빼 줍니다.
⑤ 그림처럼 실을 걸어 줍니다.
⑥ 첫 번째 줄의 끝을 4에 넣어 주고 5로 빼서 그림처럼 두 번째 줄을 엮어 줍니다.
⑦ 같은 방식으로 밑둥을 둥글게 엮어 줍니다.
⑧ 고리 부분을 가로로 잘라 줍니다.

카네이션 스티치 Carnation stitch

★★★

블랭킷 스티치로 기본틀을 수놓은 후 고리를 겹치게 수놓아 카네이션꽃 모양을 표현하는 스티치입니다.

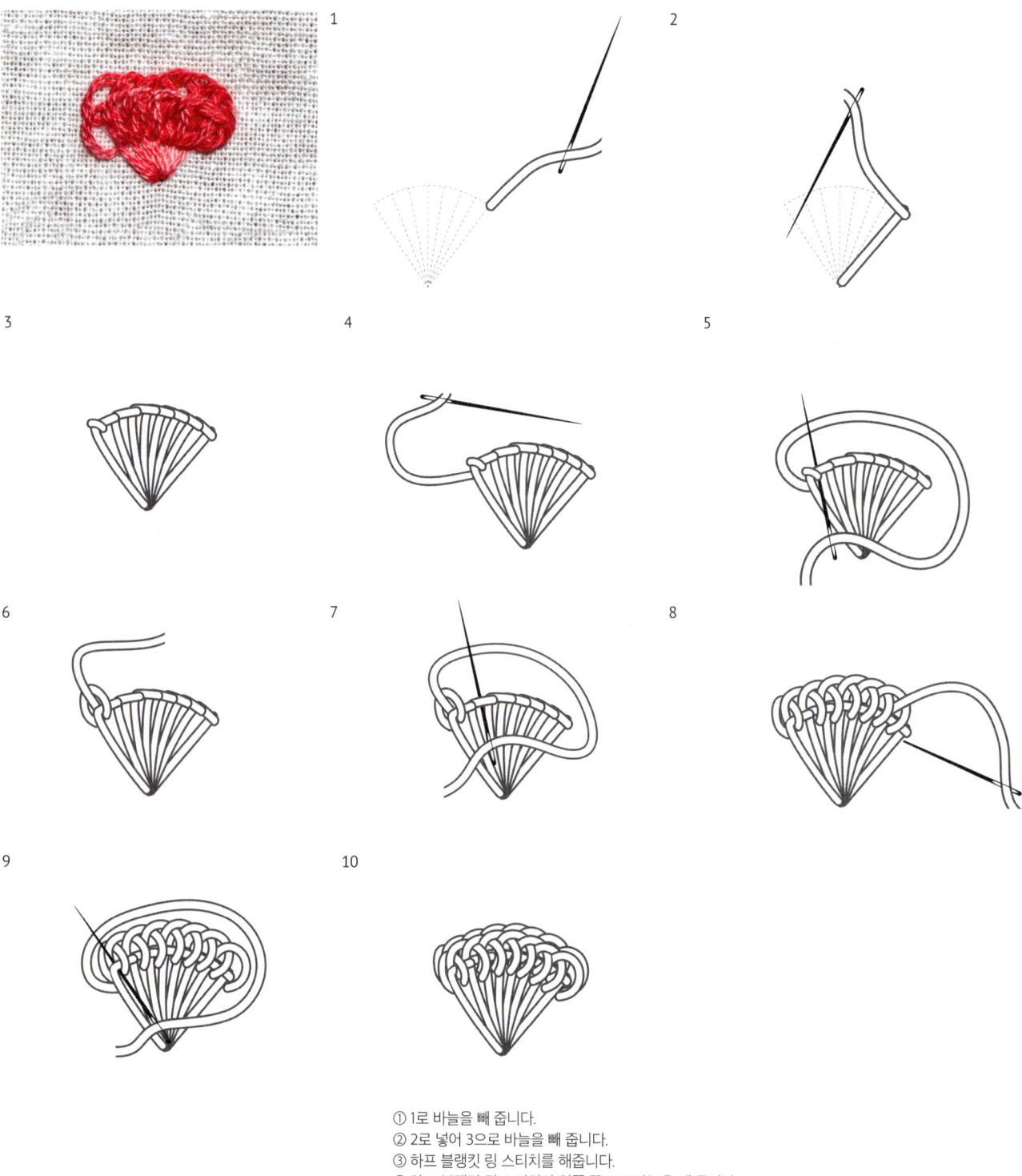

① 1로 바늘을 빼 줍니다.
② 2로 넣어 3으로 바늘을 빼 줍니다.
③ 하프 블랭킷 링 스티치를 해줍니다.
④ 하프 블랭킷 링 스티치의 왼쪽 끝으로 바늘을 빼 줍니다.
⑤ 그림처럼 땀 아래로 고리 바늘을 넣어 줍니다.
⑥ 원하는 크기의 고리를 만들어 줍니다.
⑧ 같은 방식으로 땀에 하나씩 고리를 만들어 준 후 그림처럼 바늘을 넣어 줍니다.
⑨ 다시 왼쪽 끝으로 바늘을 빼서 두 번째 줄의 고리를 만들어 줍니다.

202 레이즈드 로즈 스티치 Raised Rose stitch ★★★

백 스티치로 중앙에 작은 원을 수놓은 후 바늘에 실을 걸어 한바퀴 돌려준 후 디태치드블랭킷 스티치로 장미꽃 모양을 만들어주는 스티치입니다.

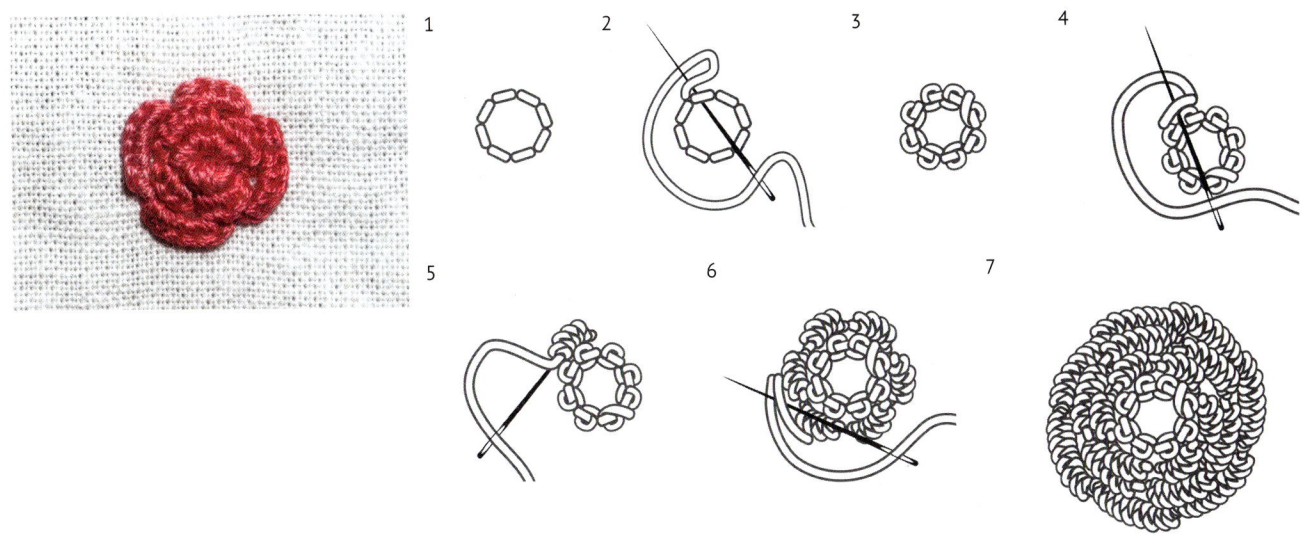

① 백 스티치로 작은 원을 수놓습니다.
② 백 스티치의 바깥쪽으로 실을 빼서 그림처럼 한 땀씩 실을 걸어 엮어 줍니다.
③ 한 바퀴를 돌린 모습입니다.
④ 원의 바깥쪽을 그림처럼 디태치드 블랭킷 스티치 해줍니다.
⑤ 디태치드 블랭킷 스티치로 한 바퀴 돌려 줍니다.
⑥ 그림처럼 좀 더 길게 디태치드 블랭킷 스티치를 해서 두 번째 원을 돌려 줍니다.
⑦ 세 번째, 네 번째 원도 길이를 길게 늘이면서 돌려 주면 됩니다.

203 레이즈드 컵 스티치 Ⅰ Raised Cup Stitch Ⅰ ★★★

블랭킷 링 스티치를 한 후 가장자리에 실을 감아올려 1단이나 2, 3단을 쌓아 올리는 입체 스티치입니다.

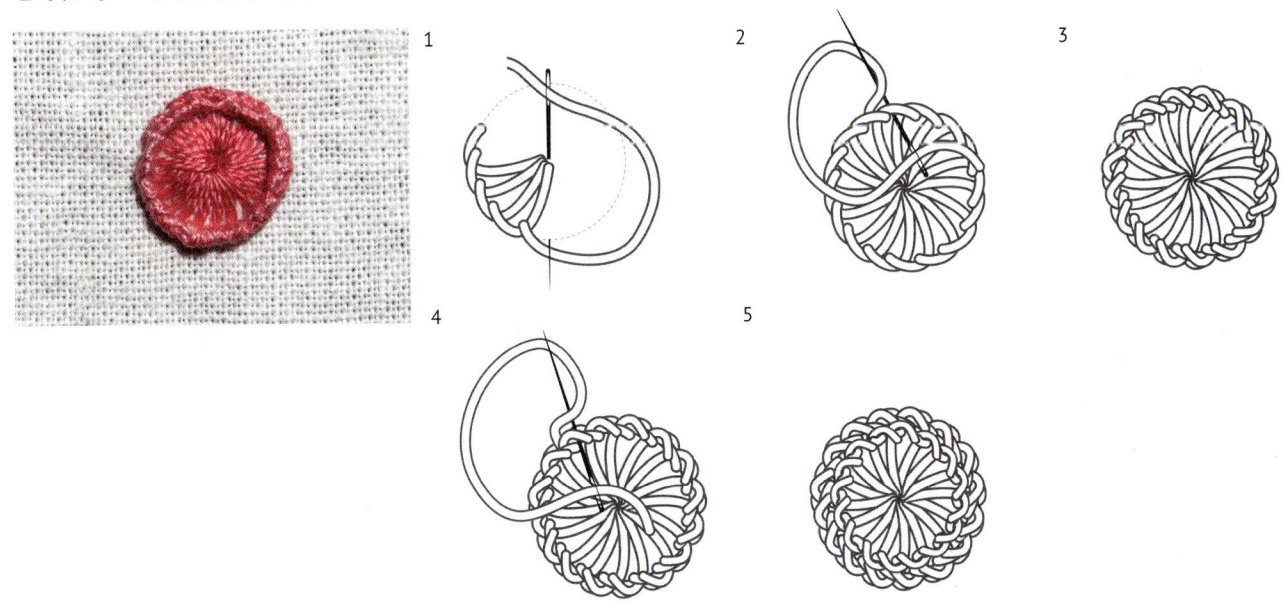

① 블랭킷링 스티치를 해줍니다.
② 시계 방향으로 실을 걸어 당겨 줍니다.
③ 한 바퀴 돌려준 모양입니다.
④ 두 번째 단은 첫 번째 단의 실만 떠서 같은 방식으로 돌려 줍니다.

204 레이즈드 컵 스티치 II Raised Cup Stitch II ★★★

삼각형의 스트레이트 스티치 위에 버튼홀 스티치를 한후 버튼홀 스티치 사이로 바늘을 빼서 감아주는 입체 스티치입니다.

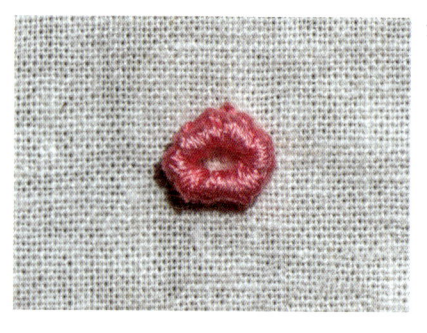

1 　　2 　　3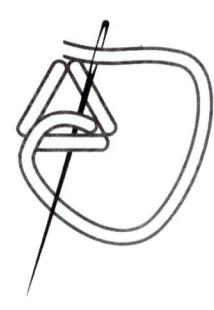

4 　　5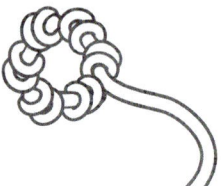

① 삼각형 모양으로 스트레이트 스티치를 해줍니다.
② 삼각형 안쪽으로 실을 빼 줍니다.
③ 그림처럼 바늘을 뺀 후 실을 당겨 매듭을 만들어 줍니다.
④ 삼각형의 한 변에 3과 같은 방식으로 2~3개의 매듭을 만들어 줍니다.
⑤ 그림처럼 동그란 모양이 만들어집니다.

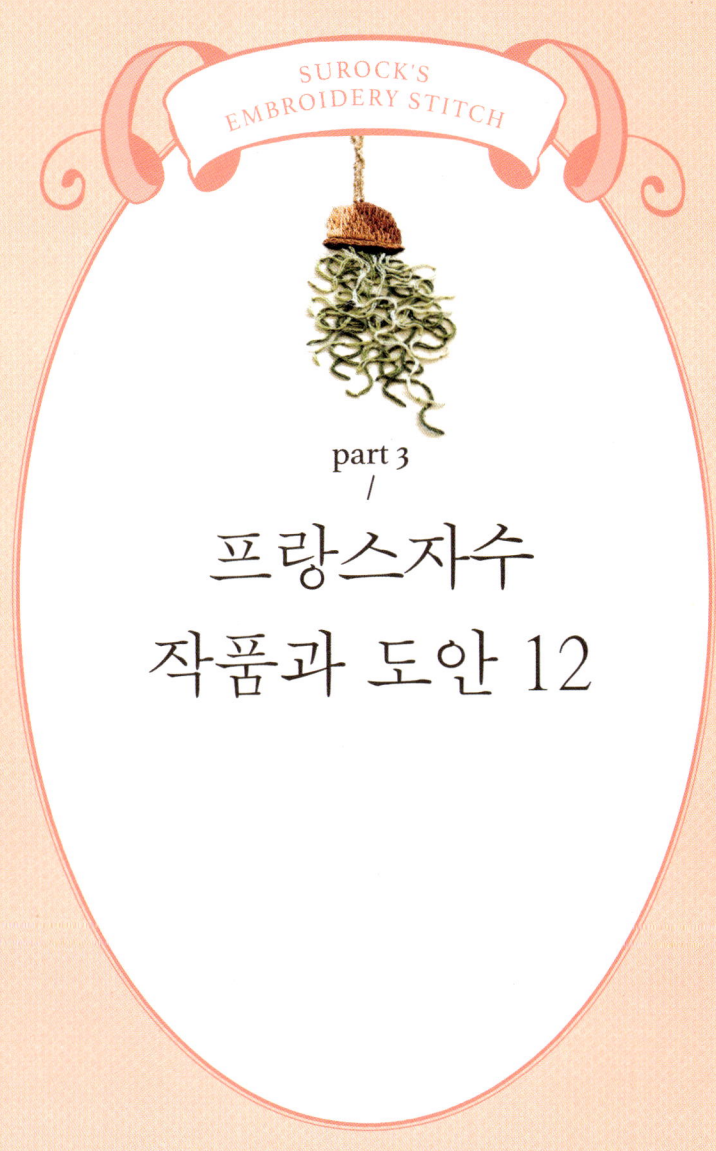

part 3

프랑스자수 작품과 도안 12

작품 1

나무들

119

작품 2

눈 브로치

자수실 : 흰색, DMC 817

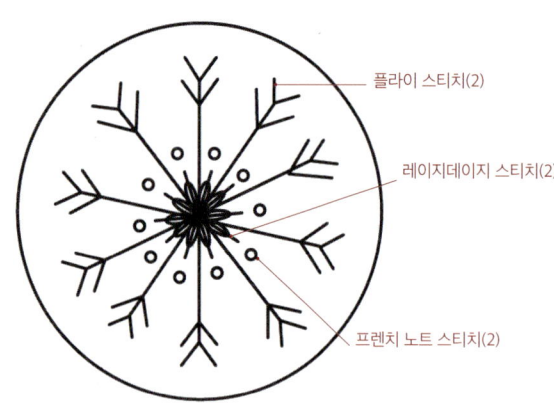
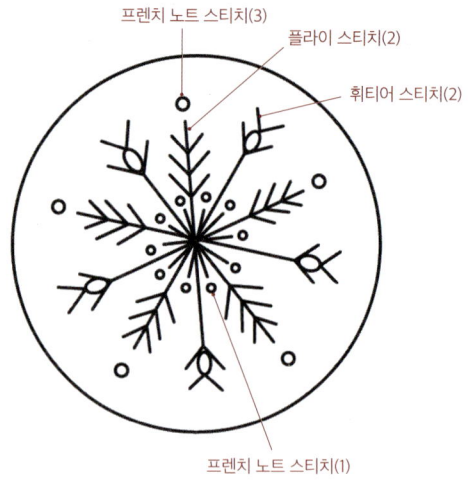
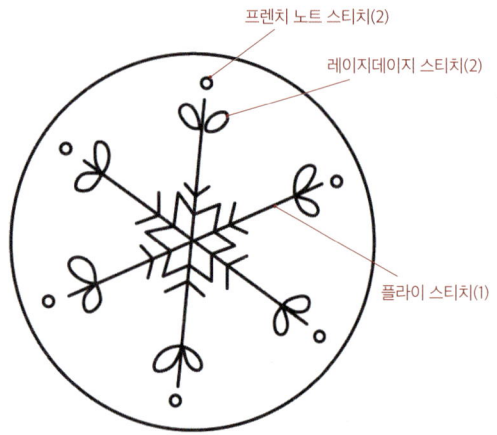
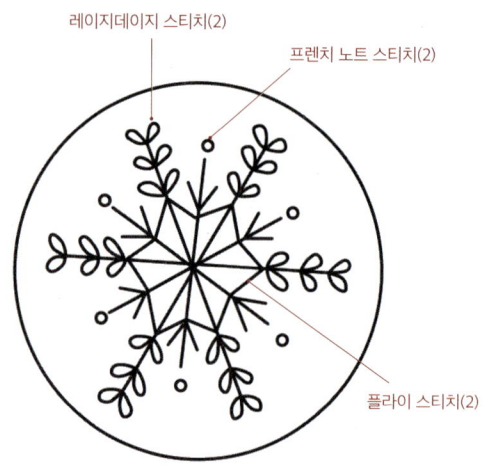
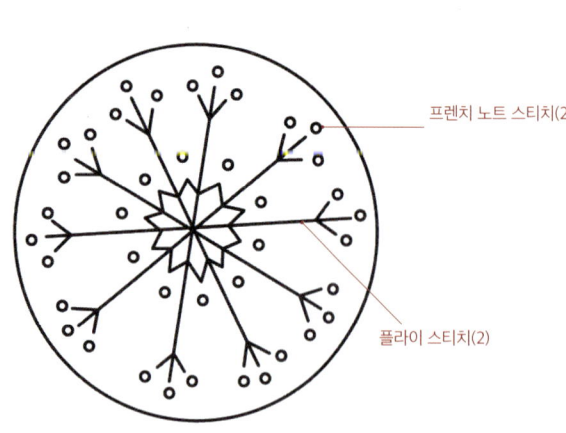
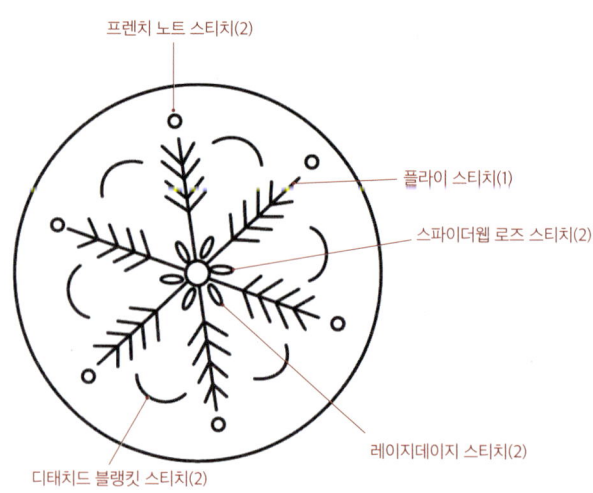

작품 3

어린왕자

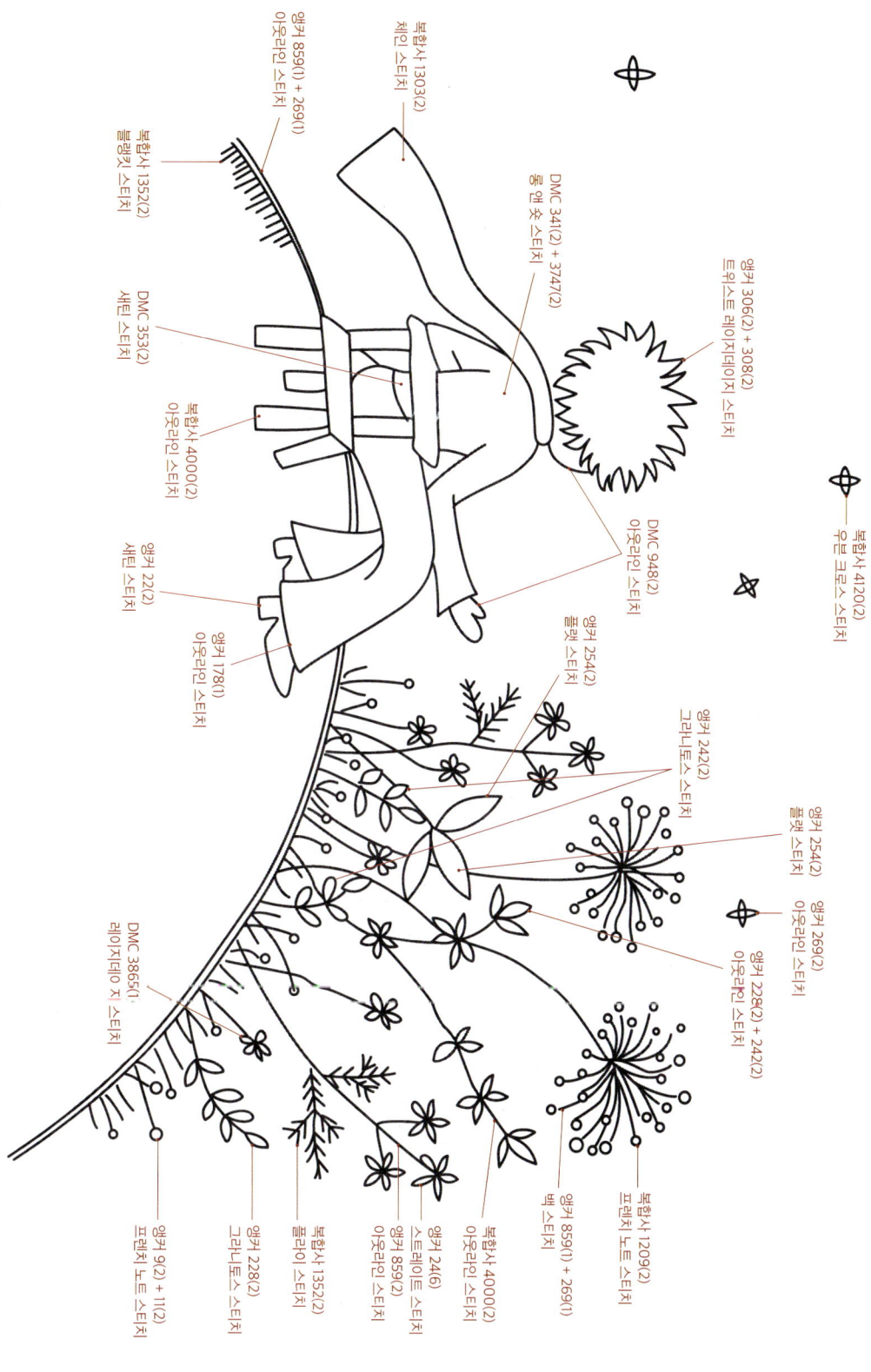

작품 4

알파벳

작품 5

가을 니들 케이스

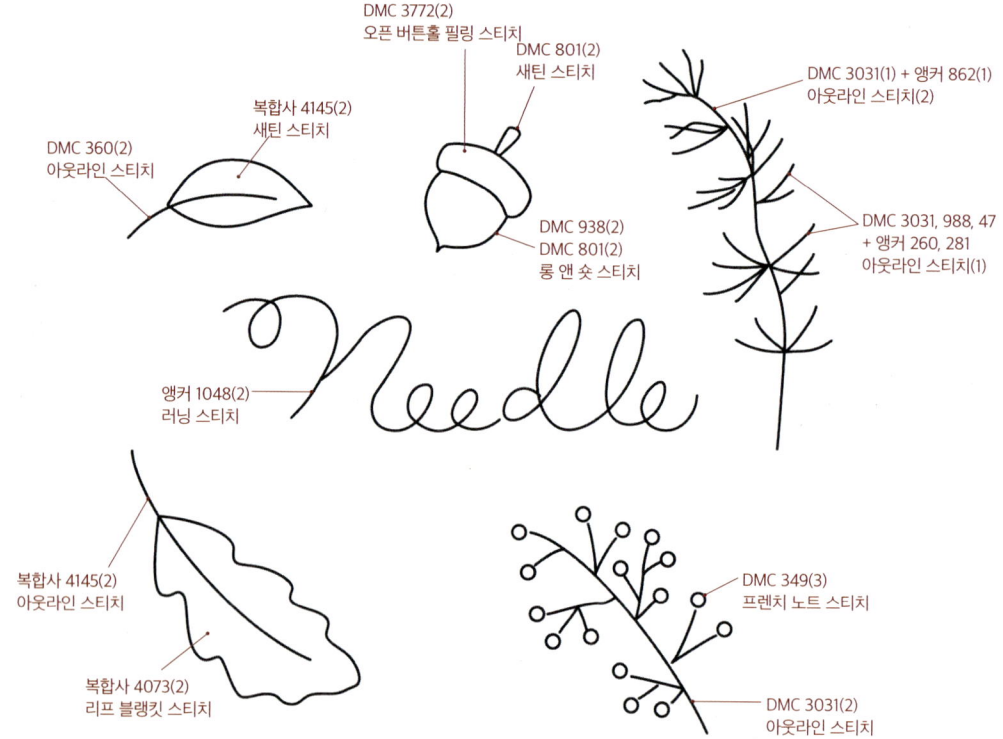

작품 6

야생화 매트

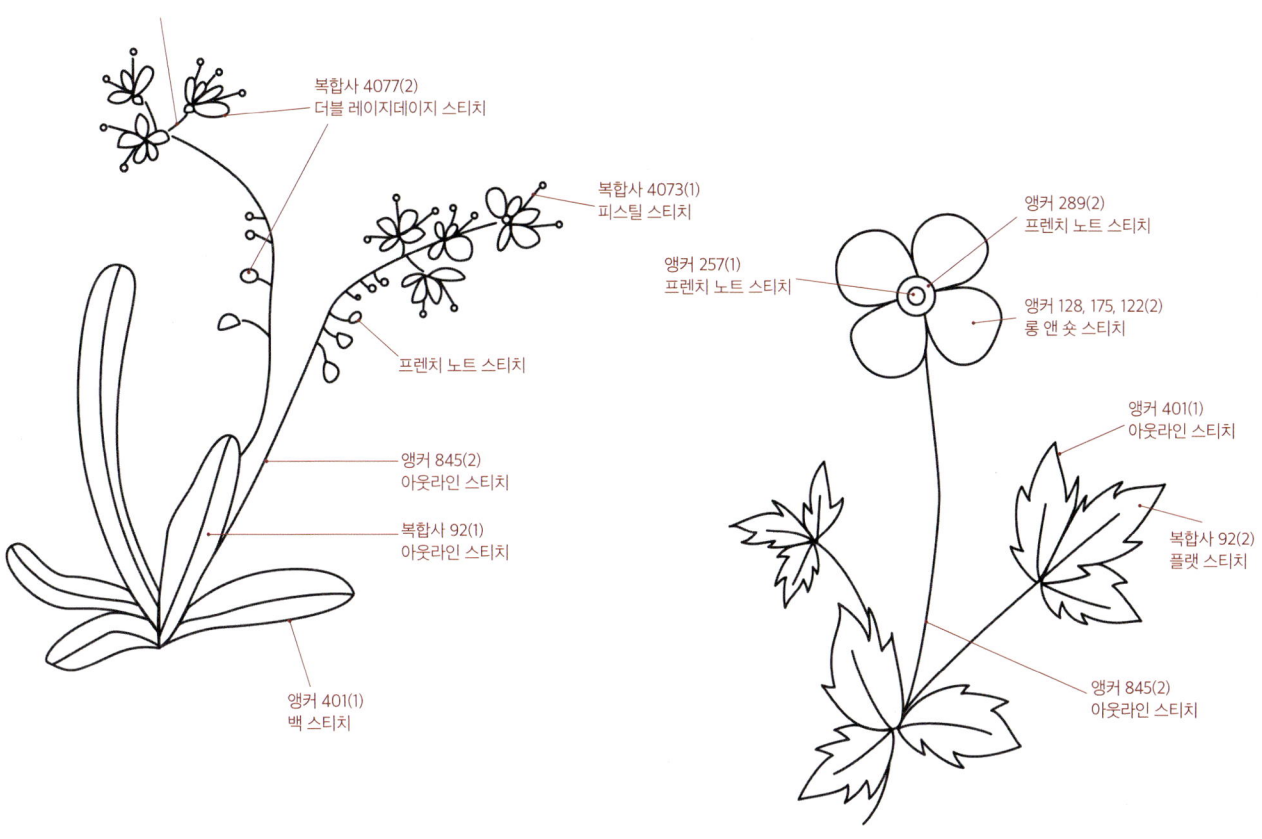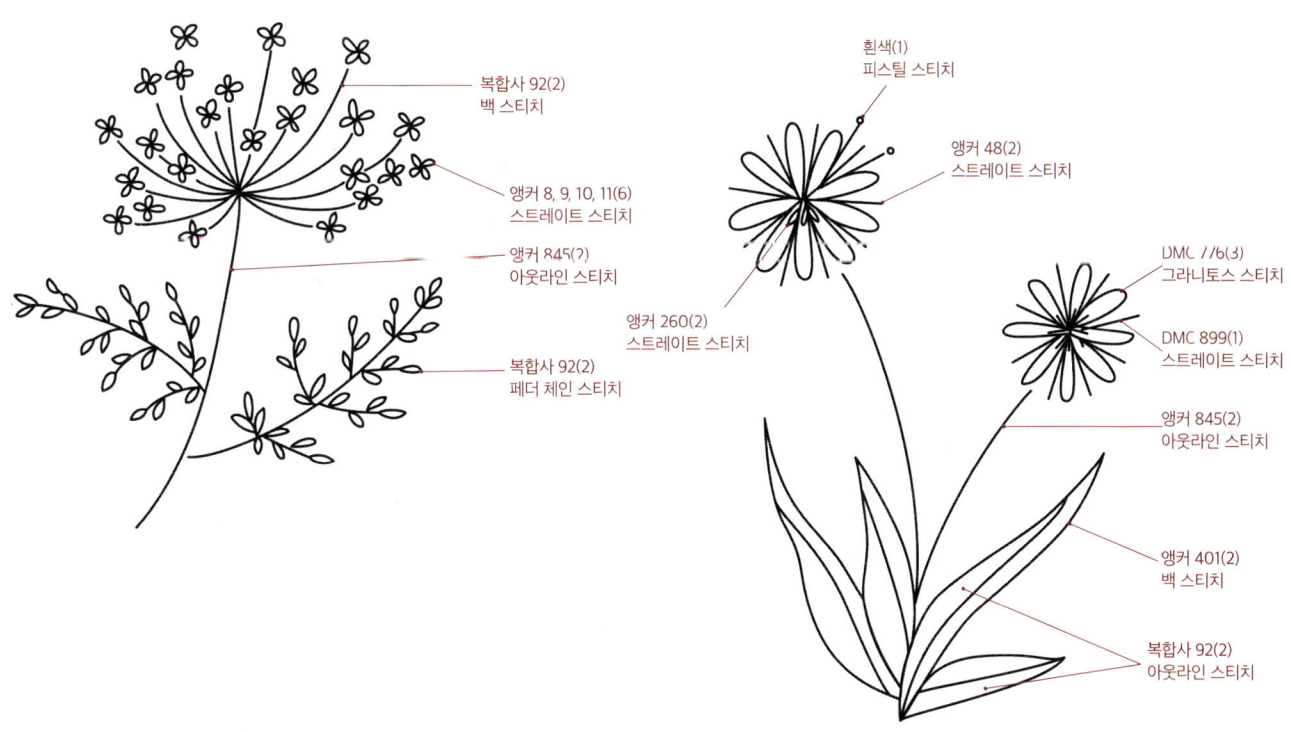

작품 7

웨딩 액자

작품 8

LOVE

DMC 3801, 350, 321
앵커 10, 13, 20, 22, 33
복합사 1202

DMC 726, 973
앵커 301, 302, 303, 311
복합사 1303, 4077

DMC 907
앵커 228, 239, 254, 265
복합사 94, 4069

DMC 798, 996
앵커 1090, 159, 149, 410, 121, 133, 133, 164, 1039
복합사 4237

앵커 401(1)
백 스티치

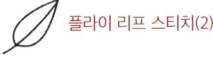 플라이 리프 스티치(2)	 스파이더웹 로즈 스티치(2)	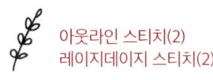 아웃라인 스티치(2) 레이지데이지 스티치(2)	 스트레이트 스티치(2)
 블랭킷 링 스티치(2)	 피스틸 스티치(2)	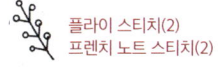 플라이 스티치(2) 프렌치 노트 스티치(2)	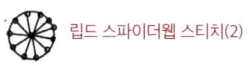 립드 스파이더웹 스티치(2)
하프 블랭킷 링 스티치(2)	레이지데이지 스티치(2)	플라이 스티치(2)	○ 프렌치 노트 스티치(2)

작품 9

플라워 에코백

작품 10

알파벳 스티치 북

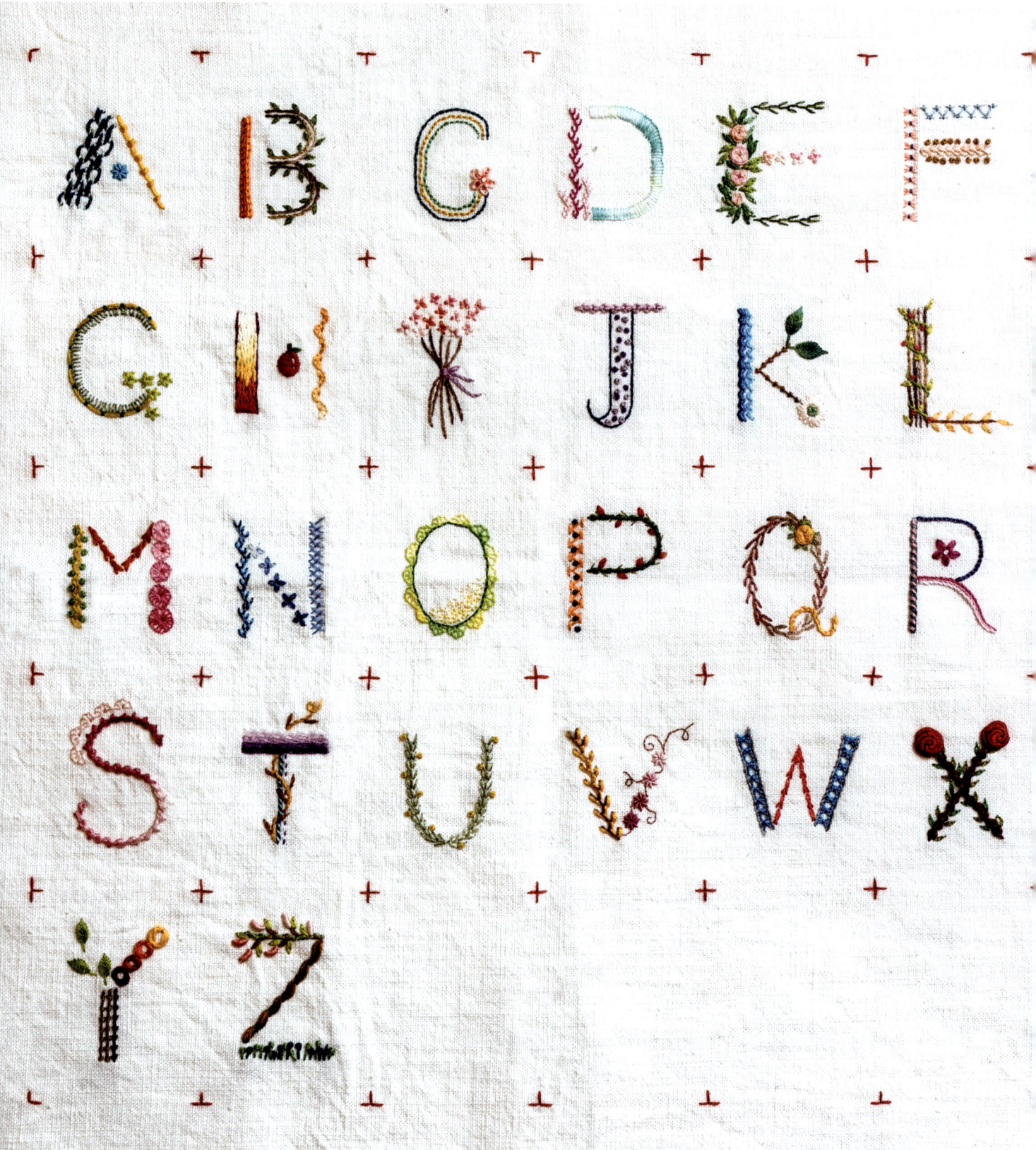

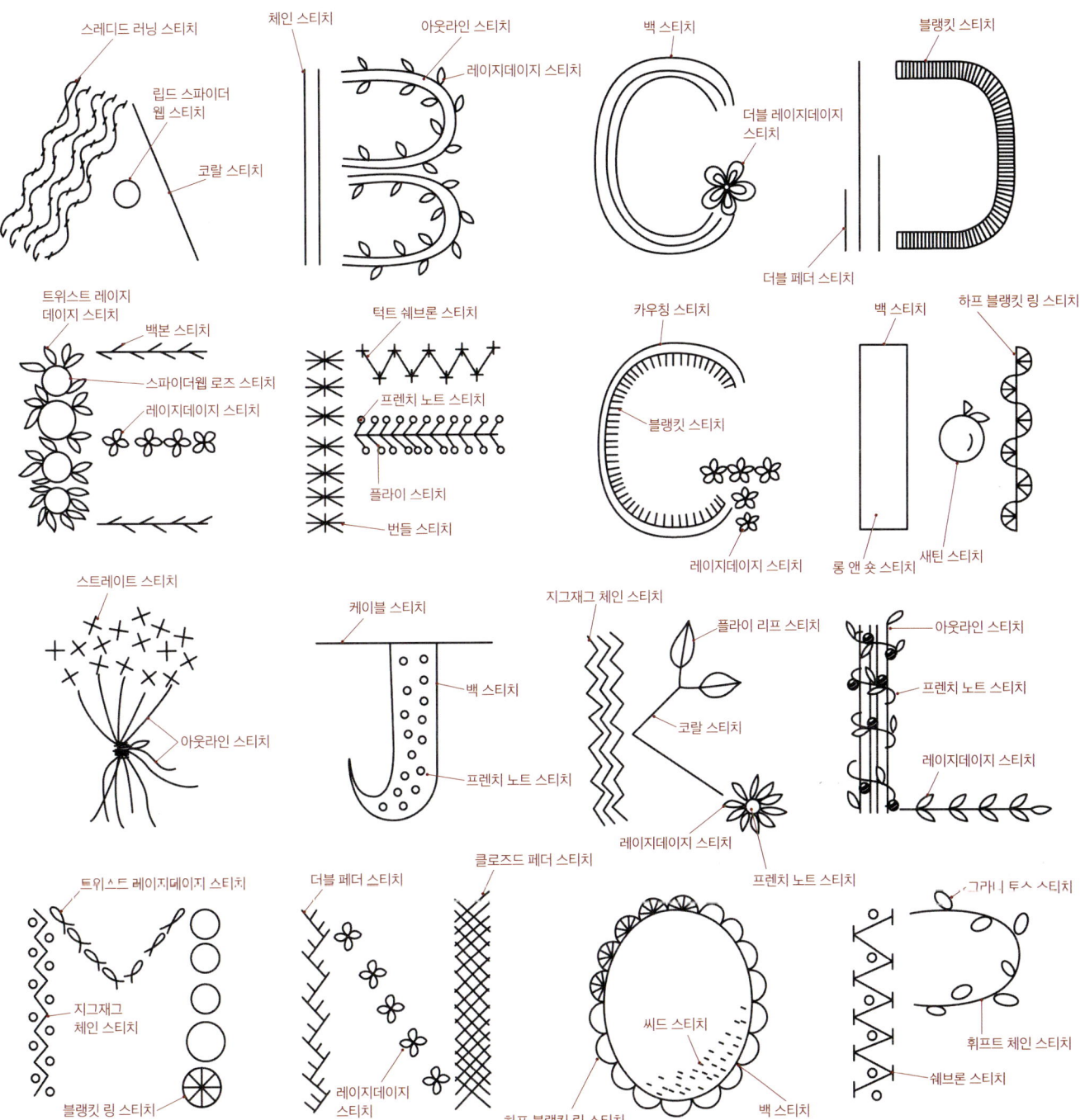

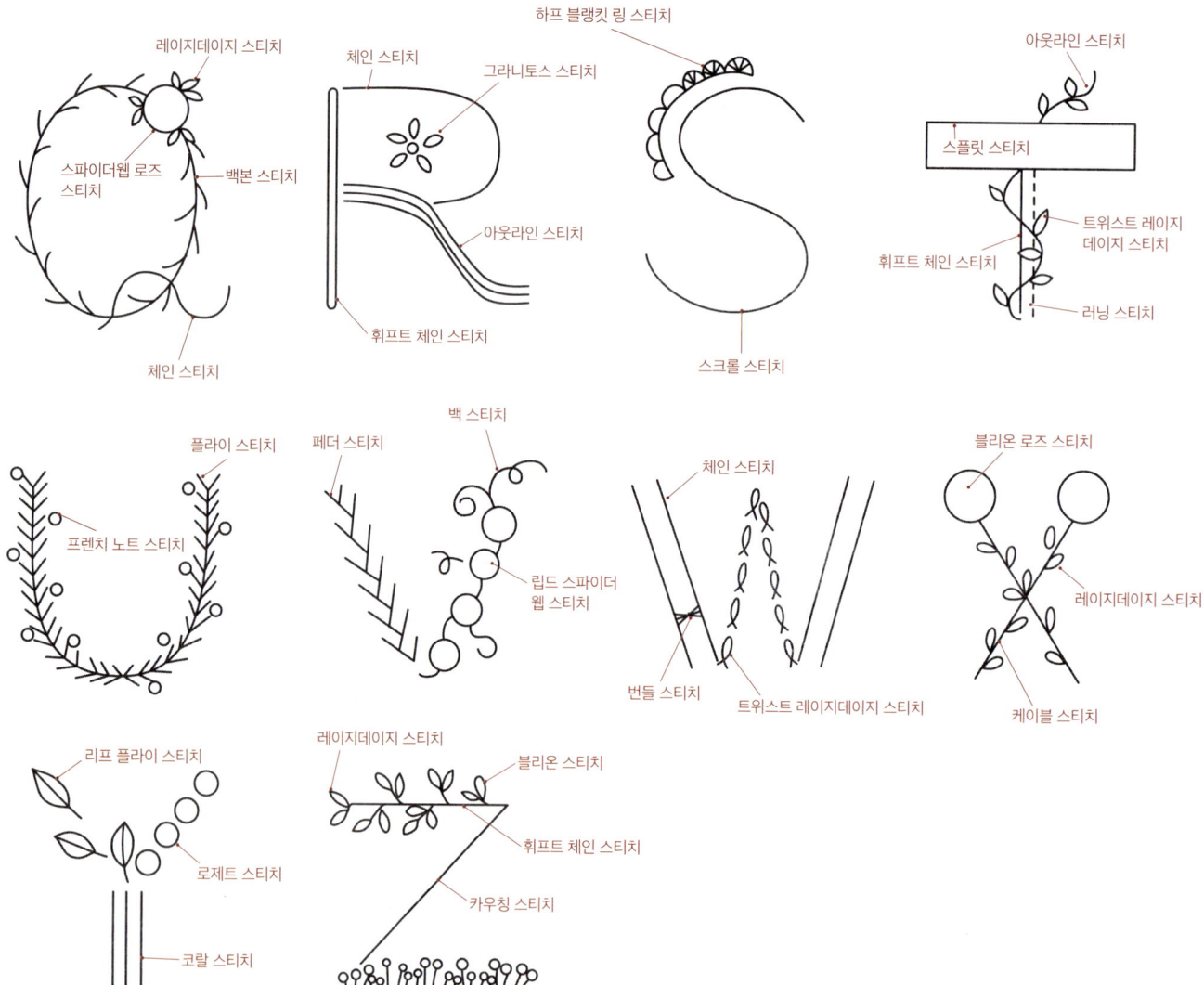

작품 11

화초들

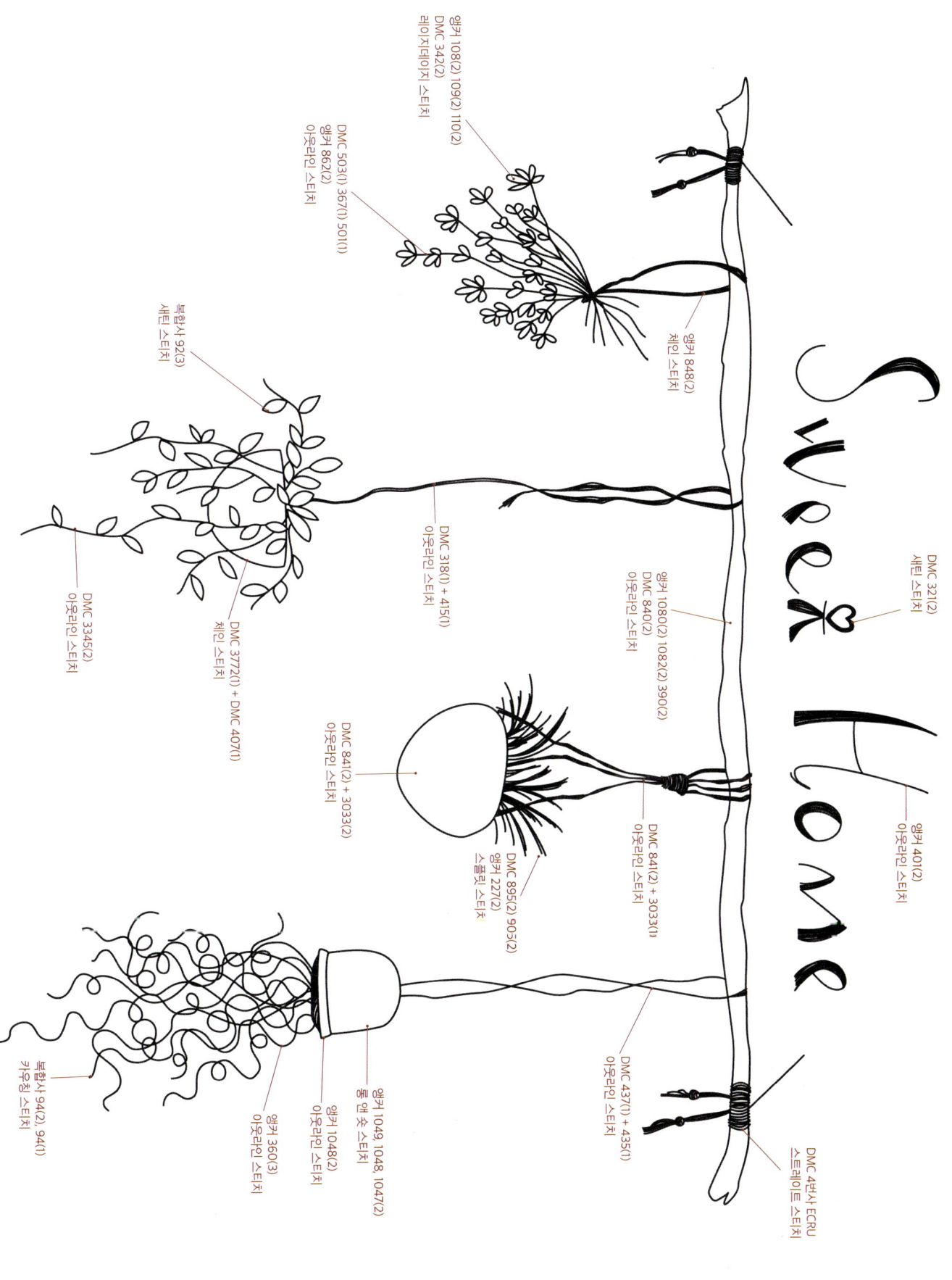

작품 12

우주 가방

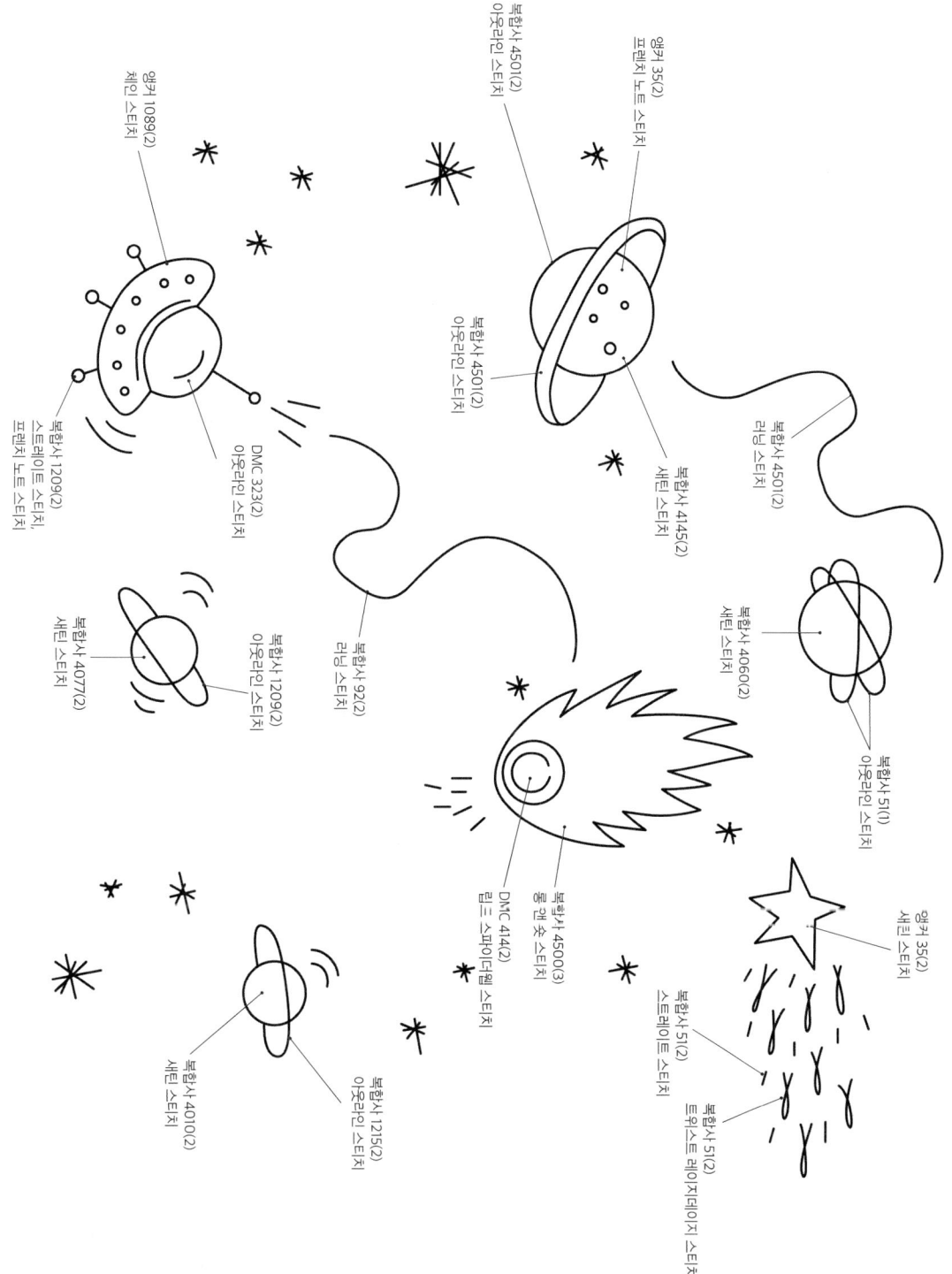

INDEX

그라니토스 스티치 88
글로브 스티치 44
기오르 데스 노트 스티치 104
길로시 스티치 72

노티드 블랭킷 스티치 79
노티드 시프 스티치 71
노티드 체인 스티치 43
노티드 케이블 체인 스티치 40
노티드 펄 스티치 73
노티드 페더 스티치 48
니들 위빙 바 스티치 106
니들 위빙 스티치 105

다닝 스티치 60
다이아몬드 스티치 85
더블 러닝 스티치 27
더블 레이지데이지 스티치 64
더블 블랭킷 스티치 79
더블 쉐브론 스티치 76
더블 아웃라인 스티치 25
더블 체인 스티치 49
더블 캐스트온 스티치 102
더블 페더 스티치 47
더블 페키니즈 스티치 30
더블 헤링본 스티치 67
도트 스티치 61
디태치드 블랭킷 스티치 81

램블러 로즈 스티치 100
랩핑 비즈 스티치 107
러닝 스티치 23
러시안 체인 스티치 37
레이즈드 노트 스티치 74
레이즈드 더블 러닝 스티치 24
레이즈드 로즈 스티치 111
레이즈드 리프 스티치 105
레이즈드 블랭킷 스티치 94
레이즈드 스템 스티치 94
레이즈드 스템 스파이더웹 스티치 96
레이즈드 아웃라인 스티치 25
레이즈드 체인 밴드 스티치 95
레이즈드 컵 스티치 Ⅰ 111
레이즈드 컵 스티치 Ⅱ 112
레이즈드 클로즈 헤링본 스티치 59
레이즈드 피쉬본 스티치 59
레이지데이지 스티치 64
레이지 로프 스티치 65
로만 스티치 72
로제트 로즈 스티치 97
로제트 스티치 97
로제트 체인 스티치 42
롤 스티치 31
롱 앤 숏 스티치 88
롱 프렌치 노트 스티치 63
루마니안 스티치 72
루마니안 카우칭 스티치 90
루프트 블랭킷 스티치 83
리프 스티치 60
리프 블랭킷 스티치 83
리프 플라이 스티치 57
립드 스파이더웹 스티치 96
링 스티치 63

ㅁ

마운트멜릭 스티치 55
밀 플라워 스티치 32

ㅂ

바스켓 스티치 88
바스크 스티치 86
반다이크 스티치 51
백 스티치 28
백 스티치드 체인 스티치 37
백본 스티치 47
백 헤링본 스티치 66
버든 스티치 91
버든 카우칭 스티치 89
버터플라이 체인 스티치 41
버튼홀 스티치 78
번들 스티치 70
베이스 패고트 필링 스티치 70
보닛 스티치 70
브레이드 스티치 53
브로드 체인 스티치 40
브로큰 체인 스티치 38
브르통 스티치 69
브릭 스티치 93
블랭킷 링 스티치 77
블랭킷 스티치 78
블랭킷 체인 스티치 85
블리온 노트 스티치 98
블리온 데이지 스티치 99
블리온 로즈 스티치 99
블리온 스티치 98

ㅅ

새틴 스티치 87
새틴 스티치 다트 87
서큘러 로즈 스티치 103
셰이딩 버튼홀 스티치 84
소르벨로 스티치 73
손 스티치 50
쉐브론 스티치 75
스레디드 러닝 스티치 23
스레디드 백 스티치 29
스레디드 쉐브론 스티치 76
스레디드 헤링본 스티치 68
스미르나 스티치 104
스워드 에지 스티치 34
스캘럽 에징 블랭킷 스티치 82
스퀘어 체인 스티치 37
스크롤 스티치 52
스타 스티치 33
스타 크로스 스티치 33
스타 필링 스티치 33
스템 스티치 26
스템 스티치 로즈 103
스트레이트 스티치 31
스트레이트 스티치 플라워 32
스트로크 로즈 27
스트로크 스티치 27
스파 스티치 30
스파이더웹 로즈 스티치 95
스포크 스티치 32
스플릿 스티치 54
스플릿 백 스티치 54
시프 필링 스티치 71
실론 스티치 92
싱글 노트 스티치 51
씨드 스티치 60

ㅇ

아웃라인 스티치 25
아웃라인 필링 스티치 26
애로헤드 스티치 44
어민 스티치 34
얼터네이팅 블랭킷 스티치 81
업 앤 다운 버튼홀 스티치 84
엉겅퀴 스티치 109
오버캐스트 바 스티치 34
오버캐스트 스티치 31
오븐 피코 스티치 105
오픈 버튼홀 필링 스티치 92
오픈 체인 스티치 37
오픈 크레탄 스티치 48
와이 스티치 45
와이어 스티치 108
우븐 오벌 스티치 97
우븐 크로스 스티치 35
우븐 필링 스티치 88
웨이브 스티치 44
이탈리안 노티드 보더 스티치 86
인덴티드 블랭킷 스티치 80
인크로칭 스템 스티치 27
인터레이스드 러닝 스티치 24
인터레이스드 백 스티치 29
인터레이스드 체인 스티치 38
인터레이스드 헤링본 스티치 68

ㅈ

저먼 노트 스티치 63
저먼 노티드 블랭킷 스티치 82
지그재그 스티치 44
지그재그 체인 스티치 36
지그재그 코랄 스티치 51

ㅊ

차이니즈 노트 스티치 74
체인 스티치 35
체인드 크로스 스티치 75
체인드 페더 스티치 43
체인 앤 플라이 스티치 45
체커드 체인 스티치 39

ㅋ

카네이션 스티치 110
카우치드 트렐리스 스티치 89
카우칭 스티치 55
캐스트온 링 스티치 101
캐스트온 스티치 101
케이블 스티치 53
케이블 체인 스티치 36
코디드 버튼홀 스티치 93
코디드 코랄 스티치 52
코랄 스티치 51
콜로니얼 노트 스티치 62
크레스티드 체인 스티치 39
크레탄 스티치 58
크로스 스티치 32
크로스드 블랭킷 스티치 79
크로스 앤 스트레이트 스티치 72
클로즈드 바스켓 스티치 91
클로즈드 블랭킷 스티치 80
클로즈드 페더 스티치 49
클로즈드 헤링본 스티치 67

ㅌ

터키러그 노트 스티치 104
터키 워크 스티치 104
턱트 헤링본 스티치 68
테일러스 버튼홀 스티치 84
테테 드 보프 스티치 66
트라이앵글 블리온 스티치 100
트위스티드 레이지데이지 스티치 64
트위스티드 체인 스티치 36
트위스티드 플라이 스티치 46

ㅍ

팔레스트리나 스티치 53
패디드 새틴 스티치 87
퍼피 카우칭 스티치 57
펀 스티치 45
펄 스티치 56
페더 스티치 47
페더 체인 스티치 43
페키니즈 스티치 30
페탈 스티치 65
포 레기드 노트 스티치 34
포르투갈 노티드 스템 스티치 28
프렌치 노트 스티치 61
프렌치 노티드 레이지데이지 스티치 65
프렌치 노티드 플라이 스티치 46
프리 라이스 스티치 61
플라이 리프 스티치 57
플라이 스티치 45
플랫 스티치 59
피쉬본 스티치 58
피스틸 스티치 63
필 스티치 87

ㅎ

하프 블랭킷 링 스티치 77
하프 쉐브론 스티치 76
허니콤 스티치 90
헝가리안 브레이디드 체인 스티치 42
헤링본 레더 필링 스티치 69
헤링본 스티치 66
헤비 체인 스티치 41
홀바인 스티치 27
휘트 스티치 50
휘티어 스티치 50
휘프트 더블 러닝 스티치 24
휘프트 러닝 스티치 23
휘프트 백 스티치 29
휘프트 쉐브론 스티치 77
휘프트 스템 스티치 27
휘프트 스파이더웹 스티치 96
휘프트 체인 스티치 35
휘프트 카우칭 스티치 56
휠 스티치 96

수록의
프랑스자수 스티치 대백과

1판 1쇄 발행 2019년 6월 30일
1판 5쇄 발행 2024년 8월 10일

지은이   박성희
펴낸이   한승수
펴낸곳   티나
마케팅   박건원
디자인   이유진

등록번호   제2016-000080호
등록일자   2016년 3월 11일
주소   서울시 마포구 동교로27길 53 지남빌딩 309호
전화   02-338-0084
팩스   02-338-0087
이메일   moonchusa@naver.com

ISBN   979-11-88417-07-0 13590

티나(teena)는 문예춘추사의 취미·실용 브랜드입니다.

* 이 책의 번역·출판·판매 등 모든 권한은 티나에 있습니다. 간단한 서평을 제외하고 티나의
  서면 허락 없이 책의 내용을 인용, 촬영, 녹음, 재편집하거나 전자 문서 등으로 변환할 수 없습니다.
* 책의 전부 또는 일부를 이용하려면 반드시 저자와 티나의 서면 동의를 받아야 합니다.
* 책값은 뒤표지에 있습니다.
* 파본은 구입하신 곳에서 교환해 드립니다.